ROBERT S. WISTRICH

Ein Wochenende in München

*Kunst, Propaganda und Terror
im Dritten Reich*

Berater: Luke Holland
Aus dem Englischen von
Vladimir Delavre

Insel Verlag

Originaltitel: *Weekend in Munich. Art, Propaganda and Terror in the Third Reich*,
London: Pavilion Books Ltd. 1995
Text Copyright © Robert Wistrich 1995
Vorwort Copyright © Luke Holland
Farbfotos Copyright © YILDIZFilm/ZEF Productions 1995

Für meine jüngste Tochter Sonia

Erste Auflage 1996
© Insel Verlag Frankfurt am Main und Leipzig 1996
Alle Rechte vorbehalten
Satz: MZ-Verlagsdruckerei GmbH, Memmingen
Druck: Butler & Tanner, Frome
Printed in Great Britain

INHALT

VORWORT DES VERFASSERS

Dieses Buch hat sich aus der englischen Fernsehdokumentation im »Channel Four« *Good Morning, Mr. Hitler!* entwickelt, mit der ich als Kommentator und historischer Berater verbunden war. Ich möchte mich bei dem Koproduzenten und Koregisseur Luke Holland herzlich für die Idee bedanken, ein auf diesen Filmbildern basierendes Buch zu schreiben. Freundlicherweise konnte mir Luke Holland umfangreiches Material zum Tag der deutschen Kunst, der von den Nazis im Juli 1939 in München organisiert wurde, zur Verfügung stellen. Die Geschichte und Bedeutung dieser Filmdokumentation wird in diesem Band in eine umfassendere Studie der Wechselwirkung zwischen verschiedenen Aspekten von Kunst, Propaganda und Politik in Nazi-Deutschland integriert.

Dieses Buch ist in gewisser Weise ein Experiment, obwohl es keinen Anspruch auf absolute Neuartigkeit erhebt. In meiner Eigenschaft als Historiker habe ich über viele Jahre über das Dritte Reich geschrieben und sogar eine Enzyklopädie zu diesem Thema verfaßt. Dies ist jedoch das erste Mal, daß ich meine Aufmerksamkeit auf die Bedeutung der ästhetischen Dimensionen des Nazismus gelenkt habe. Es ist auch das erste Mal, daß ich mit dem Problem konfrontiert wurde, mit und *gegen* einen großen Fundus von Bildmaterial aus der Zeit des Dritten Reiches zu schreiben. Die sich daraus ergebenden Schwierigkeiten werden in diesem Buch diskutiert, was hoffentlich nicht nur die Bilder in den richtigen Zusammenhang stellt, sondern auch einen Teil ihrer suggestiven Potenz neutralisiert. Meine Anmerkungen sind als selbständiger Text entstanden, als eine Interpretation dieser Epoche, und stehen daher nicht immer im direkten Bezug zu den Abbildungen. Umgekehrt sind auch die Bilder, von wenigen Ausnahmen abgesehen, nicht als visuelle Ergänzung des Textes ausgewählt worden. Dennoch existiert zwischen beiden eine subtile Verbindung, vielleicht sogar eine Dialektik von Wort und Bild, die meiner Darstellung implizit zugrunde liegt. Das Ziel liegt darin, etwas von der visuellen Anziehungskraft der nazistischen Ära zu vermitteln als auch gleichzeitig ihre Bedeutung zu analysieren. Man bewegt sich hier auf einem schmalen Grat zwischen dem notwendigen Verständnis eines Phänomens in seinem eigenen Kontext und den starken Gefühlen des Widerwillens, das es hervorrufen kann. Es ist schwierig, zu neuen und erhellenden Erkenntnissen zu kommen, wenn man seine Vorstellungskraft nicht ausreichend bemüht und so ein Verständnis der Gedankenwelt derart widerwärtiger historischer Gestalten, wie es die Nazis waren, zu erreichen. Gleichzeitig handelt es sich hier um ein Thema, das vom Historiker einen Sinn für moralische Verantwortung und eine besondere Sensibilität für seine vielen Nuancen verlangt und als jemand, der nach der Nazizeit geboren wurde, empfinde ich eine gewisse Freiheit, diese düstere Phase der Geschichte in einer neuen und unabhängigeren Weise zu betrachten. Als ein Humanist, der voller tiefem Abscheu gegenüber dem Faschismus ist, und als Sohn polnischer Juden, die dem Holocaust nur knapp entkommen sind, liegen meine Sympathien unwiderruflich auf der Seite der Opfer.

Es ist vielleicht symbolisch, daß diese Worte am Abend des Laubhüttenfestes in Israel geschrieben werden; denn es war einst dieses Land, in dem die Propheten ihre donnernde Stimme gegen Götzendienst und Götzenbilder erhoben. Die Bedeutung ihrer Botschaft muß für unsere Zivilisation erhalten bleiben, wenn wir die in ihr liegenden Ursprünge, die zur Geburt der nazistischen Heilslehre führten, überwinden wollen.

Robert Wistrich
Jerusalem, September 1994

VORWORT VON LUKE HOLLAND

Wenn man die Farbbilder dieses Buches betrachtet, so sollte man sich unbedingt daran erinnern, daß sie nicht für die gedruckte Seite, sondern als bewegte Sequenz für die Leinwandprojektion aufgenommen wurden. Es sind Auszüge aus einem Schmalfilmstreifen von etwa dreißig Minuten Länge, der von einer Gruppe enthusiastischer und außerordentlich befähigter Filmamateure aufgenommen wurde, alle von ihnen Mitglieder des Münchner Amateurfilmvereins. Das Filmmaterial Kodachrome war erst ein bis zwei Jahre vor der Aufnahme dieses Films auf den Markt gekommen. Für die Münchner Filmamateure bedeuteten die Dreharbeiten die Erprobung einer neuen und aufregenden Filmtechnik.

Mit der Wiedergabe dieser Filmbilder als statische Einzelabbildungen geht man verschiedene Risiken ein, nicht zuletzt die, daß man den Zugang auf eine Serie suggestiver und potentiell gefährlicher Bilder ermöglicht. Man riskiert auch eine humanisierende Darstellung Hitlers und seiner Gefolgsleute, wenn man ihrem faschistischen Prunk verführerische lebensechte Farbtöne verleiht. Für diejenigen unter uns, die ihre Kenntnisse der Nazi-Ära ausschließlich aus den körnigen Schwarzweiß-Wochenschauen der damaligen Zeit bezogen haben, sind Hitler und seine im Stechschritt marschierenden Anhänger bereits in eine gedanklich archivierte Vergangenheit abgesunken. Sie wurden Teil einer abgeschlossenen Geschichtsschreibung. Die satten Farben des Münchner Amateurfilms lassen die Bilder der Personen auf einmal in einem harten, modernen Relief erscheinen. Die Wochenschau hat plötzlich die Dringlichkeit der neuesten Nachrichten angenommen, in der Hitler mit der gelegentlich etwas ruckartigen und verschwommenen Gegenwärtigkeit eines Politikers zur Hauptsendezeit wieder auftaucht.

Hitler war einzigartig, und sein völkermordendes Regime war ebenfalls von einzigartiger Schrecklichkeit. Nicht immer kann man aus Vergleichen lernen. Dennoch kann dieser Farbfilm, insbesondere die verführerisch-suggestiven Bilder eines faschistischen Feiertages im Vorkriegs-München uns als Durchsichtsvorlage dienen, durch die wir sowohl die Vergangenheit als auch die politische Landschaft unserer allgegenwärtigen Zukunft betrachten können. Es besteht die Hoffnung, daß dieses Buch mit seinen teilweise beunruhigenden Bildern und Robert Wistrichs profunder Analyse auch als rechtzeitige Warnung für die künftige Gesundheit unserer Gesellschaft dienen kann.

Die besondere Herausforderung bei der Auswahl der hier gezeigten Bilder bestand darin, einerseits die für die gedruckte Seite besten Bilder nach den üblichen Kriterien auszusuchen und andererseits den Eindruck des größtenteils unbearbeiteten Originalfilms der Vorkriegszeit nicht zu verfälschen. Während wir einerseits versuchten, den propagandistischen Ton der in diesem Streifen gezeigten Nazi-Feierlichkeiten zu dämpfen und die Vorzüge des neuen Farbfilmmaterials herauszustellen, bringen einige künstlerische und fotografische Gesichtspunkte (zu denen die Nazi-Ästhetik nicht unwesentlich beigetragen hat und die wir oft unwissentlich übernehmen) uns immer wieder dazu, die »besten« und optisch plakativsten Fotos auszusuchen, oft auf Kosten anderer Abbildungen, die den ursprünglichen Eindruck des gelegentlich bizarren Privatfilms enthusiastischer Filmamateure vielleicht besser wiedergeben. Das Dritte Reich hat seinen langen Schatten auf unsere Arbeit geworfen.

Bei einem derartigen Projekt muß man sich auch mit dem möglichen Vorwurf auseinandersetzen, daß man sein Geld mit einem Material verdient, das – in »falschen Händen« – auch als »Hitleriana« bezeichnet werden könnte. Dennoch sind diese Bilder zu wichtig, um in einem Archiv zu verstauben. Vielleicht sind sie, wie bereits gesagt wurde, ähnlich gefährlich, wie eine unentdeckte Tretmine, jedoch würde die Unterdrückung ihrer Publikation sie möglicherweise noch gefährlicher machen.

Robert Wistrich war für uns eine wichtige Stütze bei der Bearbeitung und Interpretation dieses Schmalfilms aus dem Jahre 1939, der 1993 im englischen ›Channel Four‹ als Dokumentation unter dem Titel *Good Morning, Mr. Hitler!* gezeigt wurde. Mit dem hier vorliegenden Buch ist der Autor zu diesem Material zurückgekehrt, um es zu zerlegen und seine vielfältige Bedeutung zu analysieren und damit auch den suggestiven Eindruck auf den Betrachter in gewisser Weise auszugleichen. Es war für mich eine Ehre, mit Wistrich zusammenzuarbeiten. Bei dieser Gelegenheit möchte ich auch meine Dankbarkeit

gegenüber meinem Kodirektor Paul Yule ausdrükken und nochmals meiner Erleichterung darüber Ausdruck verleihen, daß unsere Freundschaft das Trauma der Zusammenarbeit an diesem Film überstanden hat.

Mein Dank gilt auch Alexander van Dülmen, der als enger Mitarbeiter und Mitproduzent an diesem Filmprojekt beteiligt war und der einen großen Anteil daran hatte, daß dieser Münchner Schmalfilm an die Öffentlichkeit gekommen ist. Jeder Berater braucht seinerseits einen Berater, und deswegen richtet sich mein besonderer Dank an meine Mutter, die trotz der tragischen Umstände ihres seinerzeitigen Abschieds glücklicherweise genug gesunden Menschenverstand besaß, um Wien rechtzeitig verlassen zu können.

Luke Holland
London, September 1994

KAPITEL 1:

Nazismus: Leitbilder, Kult und Mythos

»Faschismus ist die Ästhetisierung der Politik.«
WALTER BENJAMIN

Die Bilder dieses Buches stammen von einem besonders spektakulären nationalsozialistischen Jubeltag, dem Tag der deutschen Kunst, der vom 14.-16. Juli 1939 in München begangen wurde. Es war das dritte und letzte Mal, daß dieser beliebte Festtag in der bayerischen Hauptstadt stattfand, wenn auch die damit verbundenen Kunstausstellungen über die meisten der kommenden Kriegsjahre weitergeführt wurden.

Was dieses spezielle Münchner Ereignis so interessant macht, ist die Tatsache, daß kürzlich eine bemerkenswerte Filmdokumentation entdeckt worden ist, die im Jahre 1939 von einem talentierten Amateurfilmer, Hans Feierabend, gedreht wurde. Es handelte sich um einen Farbfilm, dessen einmalige Bilder hier zum ersten Mal reproduziert werden. Die Aufnahmen sind weder gestellt noch auf irgendeine Weise von der Nazi-Propagandamaschine manipuliert. Sie zeigen uns daher das Dritte Reich aus einem anderen Blickwinkel, der täuschend normal, entspannt und freundlich erscheint.

Die Wirkung der Farbe scheint auf einen plötzlichen psychedelischen Trip in eine finstere, traumatische Vergangenheit zu führen, wo wir schließlich auf überraschende Visionen der Unschuld und Freude stoßen. Dies ist eine beunruhigende und in mancher Hinsicht sogar eine schockierende Erfahrung. In der englischen TV-Dokumentation im »Channel Four« *Good Morning, Mr. Hitler!*, die auf dem Originalschmalfilm aus dem Jahre 1939 aufbaut, wird dieser dissonante Eindruck durch die Interviews mit gewöhnlichen deutschen Bürgern, die an diesem Ereignis teilgenommen hatten, noch weiter verstärkt. Ihre Stellungnahmen, die in diesem Buch auszugsweise wiedergegeben werden, bieten einen interessanten Einblick in die Alltagserfahrungen unter dem Nationalsozialismus. Sie erinnern uns daran, daß die meisten »normalen« Bürger (ein Begriff, der im Dritten Reich automatisch Juden, Kommunisten, Homosexuelle, Zigeuner sowie körperlich und geistig Behinderte ausschloß) dennoch in relativem Frieden unter einem kriminellen Regime leben konnten.[1] Dieser scheinbar unschuldige Eindruck, den der Nationalsozialismus auf so viele Deutsche in dieser Zeit machte, wirft ernsthafte methodologische und ethische Fragen für den Historiker auf. Wie, wenn überhaupt, kann man die Alltagsgeschichte mit ihrer Betonung der privaten und eher banalen Aspekte des Lebens in der Hitlerzeit mit der öffentlichen Tatsache der Naziverbrechen vereinbaren? Läßt sich irgendeine Brücke zwischen den deutschen und den jüdischen Erinnerungen an das Dritte Reich finden? Riskieren wir nicht mit jedem Versuch, unser historisches Bewußtsein der Nazizeit zu »normalisieren«, den Verlust der Erinnerung an das *einzigartig* Böse, das von Hitlers Reich verkörpert wurde? Diese Fragestellung taucht immer wieder in den Debatten über die »Historisierung« und Relativierung des Nationalsozialismus auf.[2] Obwohl dieses Buch nicht als eine umfassende

Sozial- und Kulturgeschichte des Dritten Reiches gedacht ist, bin ich mir des hier geschilderten Dilemmas sehr bewußt gewesen, das Teil jeder verantwortlichen Behandlung der Nazi-Periode ist. Gleichzeitig sind aber persönliche Lebenserfahrungen, trotz ihrer Subjektivität und Unvollständigkeit eine wertvolle Ergänzung, sogar ein Korrektiv, zu den üblichen Interpretationen. Sie können uns neue Einsichten zu der schwierigen Frage liefern, wie Menschen im Rahmen ihres örtlichen und sozialen Umfeldes in die Realität der Nazi-Zeit verwickelt wurden; wie sie auf bestimmte Ereignisse reagierten und wie sie sich heute daran erinnern. Letzteres geschieht oft mit einer entlarvenden Mischung aus Mehrdeutigkeit, Peinlichkeit, Ausflüchten und sogar selbsterzeugter Amnesie. Unter der Voraussetzung, daß man solche Erinnerungen, die immer wieder die unpolitische »Normalität« des Alltags unter der Naziherrschaft widerspiegeln, in kritischer Weise den kriminellen Dimensionen des politischen Systems gegenüberstellt, kann man die Gefahr der Trivialisierung vermeiden.

Bei der Aufarbeitung des Bildmaterials zu diesem Buch gibt es jedoch für den Historiker noch ein anderes ethisches Problem. In der Mythologie der Nazis ist eine enorme suggestive Kraft verborgen, die mit den von ihr ausgelösten Emotionen, Bildern und Phantasien eine verführerische Wirkung zeigt, die man nicht unterschätzen sollte. Die Schnelligkeit, mit der die Unterhaltungsmedien diesen Aspekt des Nazismus seit den siebziger Jahren in Kinofilmen und Fernsehsendungen vermarktet haben, ist ein warnendes Signal. Auch wenn rein kommerzielle Interessen zweifellos eine ebenso wichtige Rolle bei diesem Hitler-Boom spielten wie eine mögliche dunkle Sehnsucht nach der Nazi-Vergangenheit, so bietet diese Erkenntnis nur einen schwachen Trost.[3] Auch die Pop Art hat ihre Rolle bei dieser Nivellierung und Aushöhlung des Geschichtsgedächtnisses gespielt. Dies läßt sich überall in der Art und Weise beobachten, wie Nazi-Insignien und -Abzeichen, Embleme und Symbole des Dritten Reiches von Hakenkreuzen und »Sieg Heil«-Grüßen bis zu schwarzen Springerstiefeln,

zum Bestandteil einer Popkultur geworden sind. Uniformen der SS und der Sturmtruppen, Hitler-T-Shirts und die gewaltverherrlichende Musik der Skinheads und Neonazis wirken immer noch anziehend auf Teile der Jugendkultur in Ost und West. Für einige junge Leute mögen diese Symbole nicht viel mehr als ein zeit- und altersgemäßer sozialer Protest sein. Für andere scheinen Nazi-Embleme nichts weiter als politisch inhaltslose Dekorationen darzustellen.

Hinter diesen Symbolen verbirgt sich jedoch ein tödliches Gift, das man nicht übersehen darf. Hitlers Name und der mit ihm verbundene Kult symbolisieren die nihilistischen Impulse der westlichen Kultur in ihrer gesamten Düsternis. Dennoch ist der Nationalsozialismus, der beispiellose Verbrechen hervorgebracht hat, indem er die schlimmsten Zerstörungstriebe der Menschheit freisetzte, heute zu einem beliebigen Mode- und Unterhaltungsthema der zeitgenössischen Massenkultur verkommen.[4]

Die Politik des Vergessens läßt sich auch auf einem wesentlich subtileren Niveau des Geschichtsverständnisses wiederfinden. Der Historiker Saul Friedländer hat seine kritischen Eindrücke bei der Betrachtung von Joachim Fests faszinierendem Film *Hitler: Eine Karriere* wie folgt festgehalten: »Alles ist darin zu finden: der glänzende Aufstieg, die titanische Energie und der höllische Absturz. Über die Auslöschung des jüdischen Volkes fallen nicht mehr als ein paar beiläufige Worte; ein eher bedeutungsloser Schatten, der auf das grandiose Bild fällt. Für den, der die Tatsachen nicht kennt, bleiben die Kraft und die Glorie mit der nachfolgenden fürchterlichen Rache der Götter voll erhalten... Die mystische Einheit zwischen der braunen Revolution und ihren Märtyrern bleibt unverändert bestehen.«[5]

Die Tatsache, daß sogar ein so herausragender Historiker des Dritten Reiches wie Joachim Fest von der Faszination des Nazi-Spektakels verleitet werden konnte, ist beunruhigend, aber kein Einzelfall. Wie Friedländer bemerkt, ist es nur eines von vielen Beispielen für die vom Nationalsozialismus erzeugten Schauergefühle und ihrer seltsamen Auswirkungen auf unsere Kultur.[6] Die Kraft dieses Einflusses hat wahrscheinlich ebensoviel mit der Macht von Kitsch, Bildern und modernen Mythen zu tun wie mit dem Sadismus und der Kriminalität der Nazis, die ihren Höhepunkt im Massenmord an europäischen Juden fanden. Es ist oft schwierig, sich von dieser entgleisten Ästhetik nicht anstecken zu lassen, dennoch müssen wir versuchen, ihre Anziehungskraft kritisch zu analysieren und letztlich zu neutralisieren.

In all dem wird eine wichtige zeitgenössische Resonanz sichtbar. Wir leben in einer Kultur, die sich mehr und mehr von der Kraft der Bilder leiten läßt, die schließlich unseren Blick auf die objektive Realität verändern. Auch die Politik selbst ist seit langem ein Teil der schönen neuen Welt der Bildersprache geworden. In der westlichen Welt wird man heute keinen ernsthaften Kandidaten für ein hohes Amt finden, der nicht von seinem Troß von Presseagenten, Wahlstrategen, Meinungsforschern, Werbegurus, Redenschreibern und Medienberatern umgeben ist. Ein politischer Wahlkampf ist ohne die bekannten Fototermine, Talkshows, persönlichen Interviews, Fernsehspots, Pressekonferenzen und endlosen Hintergrundgespräche undenkbar.

Der Personenkult wird wichtiger als die politischen Programme, das Leistungsimage wichtiger als die tatsächlich erbrachten Leistungen und die Meinungsumfragen entscheidender als die wahren Bedürfnisse des Wählers. Die Kunst der Rhetorik wird auf die Klangqualität der Stimme reduziert, die Kunst der Überzeugung durch PR-Tricks ersetzt und die Realität einer Handlung durch ihre kunstvolle visuelle Verpackung und Präsentation. In der Politik scheint es keine großen Ideen oder Visionen mehr zu geben, nur noch das Image und die Darstellung eines Kandidaten und die Art und Weise, wie er (oder sie) dem Publikum »verkauft« wird. Der Unterschied zwischen Realität und Phantasie verschwindet hinter der Kunst meinungsbildender Maßnahmen, so daß schließlich die Politik zu einem Zweig der Werbung und des Medien-Marketings wird. Die Form triumphiert endgültig über den Inhalt.[7] Außerdem ist den heutigen Image-Spezialisten die goldene Regel der politischen Propaganda –

die Notwendigkeit ständiger Wiederholungen – nur zu sehr vertraut. Die Wiederholungsmöglichkeit immer gleicher Aussagen durch die Politiker scheint fast unbeschränkt zu sein.

Ohne daß es ihnen klar wird, und ohne daß sie

Adolf Hitler probt ...

deren politische Ansichten und moralische Wertungen teilen, sind die modernen »Image-Macher« in vieler Hinsicht die Kinder von Hitler und Goebbels. Schließlich waren die Nazis Meister der Präsentation, der Verpackung von Ideen, der öffentlichen Meinungsbildung und der visuellen Propaganda. Seit den Anfängen verließ sich ihr politisches System auf die sorgfältigste Organisation öffentlicher Veranstaltungen, vorsichtiger Nachahmung, beständiger

Stimulation und eines ausgeklügelten Bühnenmanagements ihrer Massenversammlungen. Insbesondere Goebbels war ein Meister in der Nutzung moderner Massenmedien und in ihrem einseitigen Einsatz für Propagandazwecke. Was die Choreographie und

Von Anfang an erfaßte Hitler das Wesen der neuen Massenpolitik besser als irgendeiner seiner bürgerlichen oder marxistischen Gegner. Gemeinsam mit Goebbels war er vielleicht der erste politische Führer des zwanzigsten Jahrhunderts, der die

. . . für das 1000jährige Reich im Münchner Studio . . .   *. . . des mit ihm befreundeten Photographen Heinrich Hoffmann.*

Dramaturgie ihrer Massenveranstaltungen anbetrifft, so haben die Nazis ein gutes Stück von Hollywood gelernt. Sie haben jedoch in der Vermarktung Adolf Hitlers und der Schaffung des nazistischen Mythos selbst die besten amerikanischen Werbetechniken übertroffen, die zu der damaligen Zeit zur Verfügung standen. Bereits damals führten sie die Personifizierung der Politik zu solchen Extremen, wie kaum jemand nach ihnen.

Ähnlichkeit zwischen dem Verkauf einer Handelsware und der Vermarktung eines Politikers erkannt hatte[8], der die Massentechniken politischer Agitation auf kalkulierte und intensive Weise nutzte; der den Wert von Schocktaktiken zur Erzeugung von Aufmerksamkeit in den Medien verstand und begriff, daß die endlose Wiederholung einfacher Parolen wichtiger für die Beeinflussung der Massen war, als eine politisch konsistente Doktrin oder ein starres

Parteiprogramm. Er teilte mit Goebbels die gleiche zynische Ansicht von der Natur des Menschen, die auch für viele zeitgenössische Image-Spezialisten in der Politik Gültigkeit zu haben scheint. Das einzige, was letztlich zählt, ist nach den alten und neuen Machiavellisten die Macht und der Erfolg. Die Mittel, die zum Ziele führen und moralische Fragen sind ganz und gar zweitrangig.

Natürlich war für Hitler und die Nazis die Propaganda viel mehr als nur eine Verkaufstechnik. Ihre radikalen Methoden umfaßten auch eine Art von Terrorismus und Akte der Einschüchterung, wie sie in unseren liberalen Demokratien kaum zu finden sind. Ihre Ansichten zur Propaganda, Massenagitation und Parteiorganisation waren viel eher mit denen der Bolschewiken als mit denen der westlichen bürgerlichen Parlamentsparteien vergleichbar. Ihr brutales Konzept der Politik als ein darwinistischer Kampf des Willens, der Zwang, Gewalt, offene Lügen und Manipulation einschließt, wird sicherlich nicht von der Allgemeinheit der Werbeleute geteilt. Ihre direkte und brutale Verachtung der Demokratie und ihr offener und fanatischer Antisemitismus (den Hitler als eine tödliche Waffe in seinem Propagandaarsenal ansah) unterscheiden sie sehr deutlich von fast allen heutigen Fachleuten für politische Imagebildung in den westlichen Ländern. Jedoch sollten uns diese und andere offensichtliche Unterschiede zur heutigen Zeit, die sich eher auf die soziale Struktur und die elektronischen Medien der westlichen Nachkriegsgesellschaft beziehen, nicht zu einer satten Selbstzufriedenheit führen.

Hitler und die Nazis verstanden es in ausgezeichneter Weise, die zu ihrer Zeit verfügbare Technologie zu nutzen und ihre Propaganda den vorhandenen Möglichkeiten anzupassen. Nach 1929 hatten sie auch die Unterstützung des konservativen Großindustriellen Alfred Hugenberg, dessen Presse- und Filmimperium die Propagandamöglichkeiten der Nazis massiv verstärkte. Auch aus dem Bereich der Schwerindustrie floß immer mehr Geld in ihre Kassen.[9] Die Weiterentwicklung von Mikrophonen und Lautsprechern ermöglichte es den Nazis, Großveranstaltungen zu organisieren und damit ihre Zuhörerschaft zu vervielfachen. Im Wahlkampf des Jahres 1932 war Hitler der erste deutsche Politiker, der ein Flugzeug benutzte, um damit eine bisher unerreichte Zahl öffentlicher Wahlauftritte absolvieren zu können. Der Propagandawert dieser »Hitler über Deutschland«-Kampagne war im Hinblick auf die Allgegenwart, Energie, Geschwindigkeit und die »übermenschliche« Reichweite der Nazibewegung außerordentlich. Nach 1939, als Joseph Goebbels alle vorhandenen Möglichkeiten der Massenkommunikation monopolisiert hatte, war der Durchgriff der Nazipropaganda auf die Bevölkerung und deren Möglichkeiten, die öffentliche Meinung zu formen, wesentlich ausgeprägter. Hitlers Erfolge in der Innen- und Außenpolitik gaben der Nazi-Propaganda eine neue Glaubwürdigkeit, die durch die Verbreitung des Radios weiter verstärkt wurde. Es war Marshall McLuhan, der vor dreißig Jahren als erster auf die volksverbindende Resonanzwirkung des Radios hinwies, »auf seine Kraft, die Psyche und die Gesellschaft in eine einzige Echokammer zu verwandeln«.[10] Hitler verstand es wie kein anderer politischer Führer seiner Zeit, auf dieser völkischen Trommel zu spielen, um damit tiefe und archaische Kräfte zu wecken und mit Hilfe der modernen Technologie die neuerwachten nationalistischen Gefühle zu stimulieren. Die Kraft seiner Botschaft wurde nach McLuhan besonders dadurch verstärkt, daß in Deutschland die völkische Vergangenheit niemals ihre realitätsgestaltende Wirkung auf die nationale Psyche verloren hatte.[11]

Auch andere moderne Technologien wurden von den Nazis trotz ihrer Haßkampagnen gegen sogenannte ›degenerierte‹ Modernismen in pragmatischer Weise genutzt. In Bereichen wie zum Beispiel Industriearchitektur, Werbung, Gebrauchsgraphik, Verbrauchsmöbel und Konsumgüter wurden moderne Formen den praktischen Notwendigkeiten der Massenproduktion angepaßt. Gelegentlich, so etwa bei den Autobahnen, die alleine schon eine bemerkenswerte Leistung der modernen Technologie darstellten, wurde die Übereinstimmung von Fortschritt und nationalsozialistischer Ideologie ausdrucksvoll betont. Kommentatoren wiesen auf die

Harmonie zwischen Autobahn und deutscher Landschaft hin, ebenso wie auf die dadurch entstehende Verbundenheit des deutschen »Lebensraumes«.[12] Die neuen Schnellstraßen wurden zu politischen Symbolen der »Einheit und Autorität des neuen Reiches« und gleichzeitig zu einer Form einer »Gemeinschaftsarchitektur«.[13] Die Autobahnen wurden »Straßen Adolf Hitlers« genannt, um ihm so als politischem Baumeister, der persönlich gemäß seinen eigenen grandiosen Ideen das neue Deutschland wieder aufbaute, Tribut zu zollen.[14] Der Ingenieurkünstler Fritz Todt, der am engsten mit dem Bau der Autobahnen verbunden war, wurde oft als ein idealer »arischer« Typ und Befreier der deutschen Technologie von einem veralteten materialistischen Denken gerühmt.[15] Er wurde als lebendige Verkörperung einer glücklichen Verbindung zwischen technischer Rationalität, nationalsozialistischer Ideologie und der deutschen Seele dargestellt.[16]

Hitler begrüßte diese romantische Betrachtungsweise der Technologie, weil sie angeblich »arischen« kreativen Willen verkörperte und ebenso den militärischen Interessen Deutschlands diente. Wie Goebbels sah er auf pragmatische Weise in der modernen Technologie ein lebenswichtiges Element der Massenpropaganda, der »spirituellen« Mobilisierung des Volkes und der Ausdehnung der Macht Deutschlands. Goebbels faßte in einer Rede vom Februar 1939 die geltende Anschauung der Nazis in der Behauptung zusammen, daß »der Nationalsozialismus es verstanden hat, mit der seelenlosen Welt der Technologie fertig zu werden, und sie mit dem Rhythmus und den lebendigen Impulsen unserer Zeit zu füllen«.[17] Die Produktion des Volkswagens – ein weiteres eindrucksvolles Beispiel moderner Massentechnologie – wurde als herausragendes Vorbild für die neue »stahlharte Romantik« angeführt, die Deutschlands Seele und technische Perfektion verbinden sollte.

Wenn aber die Technik unter bestimmten Umständen auf die Ebene einer Kunstform angehoben werden konnte, was galt dann für die gerühmten Bereiche der »wahren« Kunst, die die Nazis als Ausdrucksform ewiger Werte ansahen? Auf diesem Gebiet waren viele ihrer Vorstellungen widersprüchlich und konfus, so daß sie kaum zu einer kohärenten Theorie oder Praxis der kulturellen Entwicklung führen konnten. Dennoch stellten sie die Kunst und Kultur in den Mittelpunkt der Aufgabe, einen neuen »arischen« Menschen und ein neues Jahrtausend zu erschaffen. Die Initiative kam von Hitler persönlich, in seiner Rolle als selbsternannter Beschützer der Künste und des gewöhnlichen Bürgers. Er war der Ansicht, daß ein kultureller Umschwung der Schlüssel für ein besseres Leben der Massen war. Jedoch mußte sich die Nazi-Kultur auch dem Geschmack und den Vorurteilen der Allgemeinheit anpassen. Daher erwartete man von Künstlern und Designern, daß sie ein vernünftiges Gleichgewicht zwischen dem Funktionalen und dem Schönen, dem Nützlichen und dem Traditionellen einhalten sollten und daß sie gleichzeitig Produkte entwickelten, die sich jedermann leisten konnte.

Daß hinter der Entwicklung des »Autos für das Volk« stehende Credo sollte auch für die Musik, Bildhauerei, Malerei und das Theater gelten. Die Nazis haben immer für sich in Anspruch genommen, daß sie die Kunst zu den Massen bringen. Die Musik von Brahms, Beethoven und Wagner war nicht mehr für eine Elite bestimmt, sondern für Herrn Jedermann. Die Organisation »Kraft durch Freude« ermöglichte der Arbeiterklasse verbilligte Theaterbesuche. Die KdF-Abteilung »Schönheit der Arbeit« versprach als Teil ihrer Propaganda bei den Industriearbeitern bessere Arbeitsbedingungen in den Fabriken. Sport, Gymnastik und Volkstanz wurden auf nationaler Ebene mit einem fast messianischen Enthusiasmus als gesunde Gruppenaktivitäten, die zu Ertüchtigung, Moral und einem schönen Körper führen sollten, gefördert. Bei jeder Gelegenheit wurde die Liebe zur Natur und zum einfachen Leben als erstrebenswerte Eigenschaft dargestellt, und zwar nicht nur wegen der tatsächlichen Vorzüge einer solchen Lebenseinstellung, sondern auch als Mittel, die Verbindung zu einer idyllischen, traditionellen und vorindustriellen Lebensweise herzustellen. Auch von der Kunst wurde erwartet, daß sie sich von alten Gebräuchen anregen ließ, so etwa von den

Liedern und mündlichen Überlieferungen, die man auf die zugrunde gelegte nordische, germanische Vergangenheit zurückführte. Gleichzeitig wurden eindrucksvolle öffentliche Festlichkeiten inszeniert, um den Glauben zu stärken, daß die Deutschen nicht nur über eine einzigartige kulturelle Erbschaft verfügten, sondern daß sie auch in einer besonders bedeutenden und glücklichen Zeit leben. Damit sollte der Eindruck erweckt werden, daß der Nationalsozialismus die langerwartete kulturelle Renaissance einer großen neuen Epoche herbeiführen würde.

Auf den ersten Blick scheinen die meisten dieser allgemeinen kulturellen Aktivitäten weder besonders originell noch sonderlich verurteilenswert zu sein. Sie konnten sowohl an frühere geschichtliche Ereignisse in Deutschland als auch an parallele Entwicklungen in anderen Ländern anknüpfen. Darüber hinaus war die Nazi-Bewegung weder die erste noch die einzige, die davon ausging, daß die Kunst eine politische Botschaft tragen sollte und im Dienste der Nation mobilisiert werden mußte. Auch der Wunsch der Nazis, alle künstlerischen Unternehmungen ihren Ideologie- und Propagandazwecken zu unterstellen, erscheint in diesem Zusammenhang nicht besonders einzigartig. Der englische Schriftsteller George Orwell wies 1941 darauf hin, daß die Grenzen zwischen Kunst und Propaganda sowohl überall in der westlichen Welt als auch in der Sowjetunion zunehmend verwischt wurden. Seit der großen Wirtschaftskrise im Jahre 1929 hatte sich die alte liberale Doktrin der »reinen Kunst« als unzutreffend erwiesen.[18] Die Betonung künstlerischer Eigenheiten und die Behandlung eines Kunstwerks »als Gegenstand von eigenem Wert« paßte besser in ein Zeitalter, das von bürgerlichem Reichtum und sicheren Lebensumständen geprägt war. Im härteren Klima der dreißiger Jahre führten Lebensumstände und Politik zur Zerstörung solcher rein ästhetischer Illusionen. Vor allem die Literatur wurde sehr stark in die Politisierung einbezogen und von Propaganda und dogmatischer Ideologie überschwemmt. Alle Künste wurden von der Parteilichkeit überzogen. In einer Welt, in der Faschismus und Demokratie einen bitteren Kampf gegeneinander austrugen, war ein Abseitsstehen nicht mehr möglich. Die dreißiger Jahre erinnerten die Menschen daran, daß »Propaganda in der einen oder anderen Form in jedem Buch versteckt ist, daß jedes Stück Kunst seine Bedeutung und seinen Zweck – d.h. seinen politischen, sozialen oder religiösen Zweck – in sich trägt, und daß unsere ästhetischen Urteile immer von unseren Vorurteilen und Glaubenssätzen getrübt sind«.[19] Sogar in den westlichen Demokratien wurde die Integrität des Künstlers durch das, was wir heute politische Korrektheit nennen, ernsthaft bedroht. In erster Linie waren es aber die totalitären Regierungen, die alle schriftstellerischen und künstlerischen Arbeiten auf ihren Propagandazweck reduzierten. Die Autonomie des Individuums und die Freiheit des Denkens fielen als erste dem totalitären Wunsch zum Opfer, nicht nur die Gedanken der Menschen, sondern auch ihre Gefühle zu kontrollieren. Der Versuch, eine solche meinungskontrollierende Politik durchzusetzen, führte überall zu katastrophalen Ergebnissen. Nach Orwells pessimistischer Feststellung war das Verbrennen von Büchern die charakteristischste Aktivität der Nazis. Solange der Totalitarismus als Ganzes nicht besiegt war, würde es nirgendwo auf dem Planeten eine Zukunft für Literatur und Künste geben.[20]

Im Dritten Reich war es zweifellos das Ziel der neuen Herrscher, das gesamte kulturelle Leben zu vereinheitlichen und es, soweit wie möglich, von ausländischen Einflüssen abzuschirmen. Alles, was als »undeutsch«, »jüdisch«, »bolschewistisch« oder auf dekadente Weise »modern« definiert wurde, war für die Flammen bestimmt. Schon der bloße Versuch, Kunst in Frage zu stellen, zu kritisieren, zu bewerten oder zu analysieren, wurde als subversiv angesehen. Alle Aspekte der Kultur hatten sich dem ästhetischen Diktat der Partei und des Staates unterzuordnen. Als Folge dieser Entwicklung wurde das gesamte Kulturleben in den Dienst rassistischer Klischees gestellt, die den Unterschied zwischen Leben und Tod bedeuten konnten.

Im hysterischen Ansturm der Nazis gegen die moderne Avantgarde steckte eine Art von verrückter Logik. Sie gründete sich auf die wohlbekannte

LINKS: *Baumumrankte Parolen: Ein typisches Spruchband im bayrischen Dorf Rosenheim, 1939.*
RECHTS: *Nach dem Feuer. Eine ausgebrannte Synagoge, eine von Tausenden, die in der Nacht vom 9. November 1938 in ganz Deutschland zerstört wurden. In München lebten vor 1938 über 10 000 Juden. Nur 200 von ihnen sollten den Holocaust überleben.*

Antithese zwischen einer verwurzelten deutschen *Kultur* und einer fremden westlichen *Zivilisation*, auf einen völkischen Mythos, einer konservativen Gegenbewegung zur Moderne und dem generellen Spießertum der deutschen Mittelklasse. Die nationalsozialistische Betrachtungsweise der Kultur war mit den spezifischen Sprachfloskeln von Gemeinschaft, Blut und Rasse durchtränkt, die sich in Deutschland und Österreich seit mindestens vierzig Jahren vor der Machtergreifung ausgebreitet hatte.[21] Während der Weimarer Republik hatten konservative Intellektuelle vom rechten politischen Flügel mit ihrer unablässigen Kritik der Kultur der liberalen Moderne den Boden für diese Entwicklung bereitet. Walter Benjamin bemerkte, daß diese Intellektuellen vor allem deswegen vom Nationalsozialismus ange-

zogen wurden, weil sie von ihm eine mögliche Lösung der kulturellen Krise erwarteten. Sie dachten fälschlicherweise, daß von dieser Bewegung eine neue Kreativität, Schönheit, Ästhetik der Form und »spirituelle Einheit« der Nation ausgehen würde, um das form- und seelenlose Chaos von Liberalismus und marxistischem Materialismus zu ersetzen.[22]

Für die meisten Konservativen verstand es sich ebenso wie für die Nazis von selbst, daß – um die Worte Ernst Jüngers zu gebrauchen – die dem Volke innewohnenden Ideale von Form und Schönheit notwendigerweise die Juden von der nationalen Gemeinschaft ausschlossen.[23] Der kulturelle Antisemitismus in Deutschland hatte eine beständige Verbindung zwischen den Juden und dem jüdischen Glauben mit dem gierigen Materialismus der Moderne und den Ungerechtigkeiten von sowohl Kapitalismus als auch Sozialismus geschaffen, wobei die Juden gleichzeitig als Parasiten der Gesellschaft verleumdet wurden. In den Augen ihrer Feinde verkörperten sie Eigenschaften wie Spekulations- und Gewinnsucht, wurzelloses Weltbürgertum und ätzenden Intellektualismus. Sie waren es in erster Linie, die für den moralischen Verfall der Großstädte, die bestechungsanfällige Presse und die Diktatur des Geldes über Politik und Kultur verantwortlich waren. In ihrem abstrakten Rationalismus, ihrer überentwikkelten Intellektualität und ihrer urbanen Ruhelosigkeit waren sie die lebende Antithese zum irrationalen ›Blut und Boden‹-Mythos, der von völkischen Ideologen, konservativen Romantikern und nazistischen Idealisten verbreitet wurde. Als Archetyp stand der Jude für alles Wurzellose, Internationale, Abstrakte und Universelle. Daher mußte er oder sie definitionsgemäß ein Gegner jeder *nationalen* Kultur sein – besonders dann, wenn sie sich dem arischen Mythos einer überlegenen germanischen Rasse verschrieben hatte.[24] Darüber hinaus behaupteten die Antisemiten, daß der »jüdische Geist« letztlich jede kulturelle Aktivität auf ihren Handelswert reduzierte und sie damit jedes authentischen Ideals beraubte.

Hitler, Goebbels und Rosenberg machten aus diesen fest verwurzelten Vorurteilen, die von Deutschlands kultureller Elite weitgehend akzeptiert wurden, unverrückbare rassistische Glaubenssätze.

Die traditionelle Abneigung rechter Intellektueller gegenüber dem »jüdischen Geist« wurde von den Nazis auf eine fanatische biologische Grundlage gestellt. Dies war der Hintergrund für die unablässigen Bemühungen der Nazikultur, alle Spuren jüdischen Einflusses in den Künsten ebenso wie in der Gesellschaft, der Wirtschaft und Politik nach 1933 auszulöschen.

Der Ausdruck »entartete Kunst« reichte in der Praxis weit über den jüdischen Anteil hinaus und schloß die gesamte moderne *Avantgarde*-Kultur ein, die als unvereinbar mit dem Dritten Reich angesehen wurde. In der politischen Verfolgung aller Bestrebungen in Malerei, Plastik und angewandten Künsten, die als experimentell, innovativ oder

»formlos« definiert wurden, waren die Nazis nicht immer konsistent. Sie hatten aber einen tiefen Abscheu vor abstrakter Komplexität, Vieldeutigkeit, der Fragmentierung von Standpunkten und der dynamischen Sicht der Realität, wie sie in der modernen Kunst sichtbar wurde. Eine Bewegung wie der Kubismus war für Hitler beispielhaft für die kühne und bedrohliche Befreiung von allen statischen Ordnungen. Er fühlte dessen revolutionäre Eigenschaften und übersetzte sie sofort in einen politischen Kontext, der dem Kubismus selbst völlig fremd war. Hitler schreibt in *Mein Kampf*: »Denn wenn das Perikleische Zeitalter durch den Parthenon verkörpert erscheint, dann die bolschewistische Gegenwart durch eine kubistische Fratze.«[25] Es ist zweifellos signifikant, daß die sogenannten marxistischen Kritiker in Moskau während der dreißiger Jahre ebenfalls den Kubismus verteufelten und ihn zusammen mit dem Dadaismus, Surrealismus und Expressionismus als modern und dekadent verurteilten.[26] In diesen dunklen Jahren zeigt die verleumderische Praxis des stalinistischen Rußlands auf den Gebieten der Kunst und Kultur viele Parallelen mit den Vorgängen in Nazi-Deutschland. Für die Führungen beider Länder waren die modernen Künste – was so gut wie alle Kunstwerke nach 1870 umfaßte – unpassend und konnten so als »fremd« gebrandmarkt werden. Was von den Nazis als »entartet« verurteilt wurde, wurde gewöhnlich von den Stalinisten als »formalistische« Kunst abgestempelt.

Gleichzeitig wurde der Kunst eine Schlüsselrolle in der Verbreitung der Ideologie und der zum Massenspektakel verkommenen Politik des Dritten Reiches zugewiesen. Die Bedeutung dieses Themas wurde in der allgemeinen Literatur über den Nationalsozialismus lange ignoriert oder in hochspezialisierten Abhandlungen über Faschismus und Nazi-Kunst bearbeitet.[27] Darüber hinaus gab es bis vor kurzem so gut wie keine Versuche, die auf der Großen Deutschen Kunstausstellung in München zwischen 1937 und 1944 gezeigten Kunstwerke zu analysieren, wobei man davon ausging, daß diese »Nicht-Kunst« ihrer Natur nach barbarisch und abstoßend war. Der Zugang zu diesen Werken, die heute in einem Münchner Zollager aufbewahrt werden, ist immer noch stark beschränkt. Es bleibt weiterhin eine kontroverse Frage, ob diese Gemälde wieder öffentlich ausgestellt werden sollen. Was aber klar erscheint, ist die Tatsache, daß ein umfassendes Verständnis des Nationalsozialismus ohne eine unbefangene und kritische Überprüfung *aller* relevanter Kunstwerke dieser Zeit nicht möglich sein kann. Darüber hinaus werden wichtige Aspekte der Popularität des NS-Regimes unerklärbar bleiben, wenn man die unzweifelhaft breite Anziehungskraft der Nazikulturindustrie – die nicht nur auf geschickte Propaganda zurückzuführen war – nicht gründlich zu verstehen sucht.

Kunst und Kultur hatten im Dritten Reich viele verschiedene Funktionen zu erfüllen, die auf den folgenden Seiten näher aufgeschlüsselt werden. Auf dem einfachsten Niveau stellten die Künste eine dekorative Fassade für ein Regierungssystem dar, das einerseits die Zustimmung des Volkes suchte und andererseits mit den Mitteln des Terrors und der zynischen Propaganda regierte. Indem sie sich auf einen Bereich »ewiger Werte« jenseits der Belange des Alltags konzentrierte, war die Kunst dazu bestimmt, moralisch zu erheben und ein Bewußtsein einer höheren Bestimmung zu liefern. Gleichzeitig sollte die Kunst »bodenständig« und »realitätsnah« und für den einfachen Mann verständlich sein.

Insbesondere waren es die Architektur und Plastik, die dazu bestimmt waren, die Macht und Großartigkeit des Dritten Reiches widerzuspiegeln. Ihre symbolische Funktion und öffentliche Rolle als Vehikel einer »heroischen« Ideologie und des Willens zur Macht war für die Nazis von großer Bedeutung. Es sind die bildenden Künste – aus verständlichen Gründen unser Hauptthema in dieser Abhandlung –, die uns am besten den Größenwahn, den Monumentalismus und Drang nach Vorherrschaft zeigen, die charakteristisch für das Reich Hitlers waren. Diese Tendenz schloß die selektive Adaption von Teilen der architektonischen Erbschaft der Moderne (technischer Rationalismus, ökonomische Bauweise, Nüchternheit und Funktionalismus) an das Nazi-Bauprogramm nicht aus. Andererseits sind es

gerade die in dieser Zeit entstandenen Skulpturen, die die beste optische Illustration der Nazi-Ideale von Jugend, Schönheit und »arischer« Männlichkeit bieten. In ihrer Behandlung der menschlichen Form und ihrer Entwicklung einer neuen Betrachtungsweise des Körpers bezog sich die Kunst der NS-Zeit jedoch auf eine alles andere *ausschließende* Sichtweise einer übermenschlichen Perfektion, die genauso erdrückend war wie der Monumentalismus der öffentlichen Gebäude.

Diese Besessenheit spiegelt sich auch in der Malerei mit ihrem Drang nach Vollkommenheit des nackten Körpers und der Reinheit der Form wieder, ohne jedoch damit in den Augen der Nazis eine gleichwertige Resonanz oder Bedeutung zu erreichen. Die lähmenden Konsequenzen der Ausrottung der modernen Kunst werden in dem verbliebenem offiziell genehmigten Kunststil nur allzu deutlich sichtbar. Die langweilige Flachheit in der Abbildung idyllischer Landschaften, gesunder Bauernfamilien und pastoraler »Blut und Boden«-Themen tritt überdeutlich zutage. Hitlers eigener provinzieller Geschmack auf diesem Gebiet hatte eine verheerende Wirkung.

Da dies ein Buch über Bilder und ihre Beziehung zum Dritten Reich ist, ist es unvermeidbar, daß Literatur, Theater und sogar Musik nur am Rande behandelt werden können (mit der Ausnahme von Richard Wagner). Dennoch sollen hier einige Punkte festgehalten werden. Für Hitler und die Nazis war das *gesprochene* Wort viel wichtiger als das geschriebene Wort. Die Nationalsozialisten verachteten und haßten literaturbewandte Intellektuelle, auch wenn die Zusammenarbeit mit ihnen für notwendig gehalten wurde. Es war den Nazis wohl bewußt, daß die besten deutschen Autoren, einschließlich Thomas und Heinrich Mann, Bertolt Brecht, Jakob Wassermann, Franz Werfel und Stefan George, Deutschland nach 1933 verlassen hatten. Sie wußten auch, daß die im ganzen Reich stattfindenden Bücherverbrennungen ein vernichtendes Urteil im Ausland fanden. Es ist richtig, daß es einige wichtige Schriftsteller gab, wie den expressionistischen Dichter Gottfried Benn, dessen ästhetischer Nihilismus ihn für kurze Zeit dazu führte, den Nationalsozialismus als einen großen historischen Durchbruch zu loben. Hierher gehört auch die ungewöhnliche Anlehnung an nationalsozialistische Ideen durch Deutschlands charismatischsten Philosophen Martin Heidegger. Obwohl er sich bald aus allen politischen Aktivitäten zurückzog, sind die Ähnlichkeiten zwischen seiner Gedankenwelt und dem Nazi-Ideengebäude nicht zu leugnen.[28] Auch andere wichtige Denker, wie Oswald Spengler, Carl Schmitt und Ernst Jünger können gleicherweise als Sympathisanten, Vorläufer oder literarische Komplizen des Nazismus angesehen werden, ohne daß sie jedoch die NS-Bewegung offiziell unterstützt hätten. Aber auch sie verloren später ihre Illusionen und zogen sich in irgendeine Form der »inneren Emigration« zurück. Was die Nazi-Muse selbst betraf, so zeigt eine auch nur flüchtige Bekanntschaft mit den im Dritten Reich entstandenen Gedichten, Theaterstücken und Erzählungen ihre erschreckende geistige Armut und Schwäche.

Musik, die in der romantischen Tradition seit langem als ein spezielles Reservat der »deutschen Seele« angesehen wurde, war ein besonderer Fall. Der deutsche (und österreich-deutsche) Beitrag zur Musik der Welt stand unangefochten an erster Stelle, und die Nazis verstanden sehr gut, wie wichtig es für ihr Prestige und die Legitimation des Systems war, diese musikalische Tradition aufrechtzuerhalten. Hitler nannte die Musik das »Kronjuwel« der Künste und seine Leidenschaft für die Oper dürfte allgemein bekannt sein. Für ihn, wie für viele seiner Landsleute, war die Musik am ehesten imstande, die Größe und Unvergänglichkeit des deutschen »Geistes«, seine Ernsthaftigkeit, seine Begeisterungsfähigkeit und Lebensfreude, seine majestätischen Höhen und schwindelerregenden Abgründe, auszudrücken. Die Nazis versuchten daher, sich die klassische deutsche Musiktradition anzueignen, die sie gleichzeitig auf pompöse Weise um eine »heroische« Dimension zu erweitern versuchten. Sie versicherten sich der Dienste von Richard Strauss (damals Deutschlands berühmtester lebender Komponist) als ersten Präsidenten der Reichsmusikkammer, ebenso

wie der Mitarbeit des hervorragenden Dirigenten Wilhelm Furtwängler – auch wenn beide in der Folgezeit in Widerspruch zu dem Nazi-Regime gerieten.[29] Die von Hitler finanziell unterstützten Bayreuther Festspiele wurden zu einem jährlichen Höhepunkt im Nazi-Kalender. Es gab große Bemühungen, die Musik zu popularisieren und den Massen nahe zu bringen. Der Erfolg zeigte sich im eindrucksvollen Anstieg von Konzert- und Opernbesuchen während der Nazi-Zeit.[30]

Auch wenn die nazistische Kulturpolitik auf dem Gebiet der Musik ebenso populär war wie in den anderen Künsten, so trug sie doch letztlich weit mehr zu der Zerstörung von Deutschlands großer musikalischer Tradition bei als zu ihrer Wiederbelebung. Es gab einen großen Exodus musikalischer Talente, weil die Nazis alles, was modern, atonal, vom Jazz oder »jüdischer« Inspiration beeinflußt war, verurteilten. Führende Köpfe der musikalischen *Avantgarde*, wie die Komponisten Arnold Schönberg, Alban Berg, Anton von Webern, Hanns Eisler, Kurt Weill und Paul Hindemith wurden ebenso wie viele Spitzendirigenten zur Auswanderung gezwungen. Goebbels erregte sich über Hindemiths atonale Experimente und bezeichnete sie als »die fürchterlichste Dissonanz einer musikalischen Unfähigkeit«, während seine Gefolgsleute gegen die Gefahren fremder und »Neger«-Einflüsse wüteten, die eine Bedrohung für die Einheit der Volksgemeinschaft seien.[31] Amerikanischer Jazz, das Produkt »unverhohlener Rassenmischung«, wurde als besondere Gefahr gebrandmarkt und als Beispiel einer heimtückischen jüdischen Unterwanderung deutscher Kultur angesehen, die damit einer »barbarischen Invasion« ausgesetzt würde.

In ihrem Kampf gegen die sogenannte »Verjudung« der deutschen Musik beriefen sich die Nazis auf Richard Wagners berüchtigte antisemitische Hetzschrift aus dem Jahre 1850. Berge von Papier wurden dafür verschwendet, um führende Musiker jüdischer Abstammung und jeden, der mit ihnen verbunden war, zu verteufeln.[32] Seit der Zeit von Meyerbeer und Offenbach lautete die beständige Anschuldigung, daß sie die Musik zu einem Objekt

finanzieller Spekulationen hätten verkommen lassen. Auf dem Gebiet der Musik wurde den Juden
jede kreative Fähigkeit abgesprochen (eines von Hitlers Lieblingsgerüchten), ihre Kompositionen als
»orientalisch« und »undeutsch« abgewertet, wobei
ihnen angebliche Sympathien mit dem »kulturellen
Bolschewismus« unterstellt wurden.

Das Wagnersche Vermächtnis an die Nazis umfaßte mehr als die antisemitische Besessenheit des
großen Komponisten, seinen völkischen Glauben
und seine Liebe zu den nordischen Mythen. Das
künstlerische Arrangement und die Inszenierung
der großen Nazi-Feierlichkeiten hatte dem Wagnerschen Gespür für die Gemeinschaftsfunktion der
Kunst viel zu verdanken. Sein Hang zu heroischen
Tugenden und zu einer mythischen germanischen
Welt, sein Geschick, dramatische Effekte auf die
Bühne zu bringen, seine Fähigkeit, einen hypnotischen, wahnhaften Zauber einer aufgehobenen
Realität zu erschaffen, waren für die manipulativen
Absichten der Nazis ideal geeignet. Sogar Martin
Heidegger war in den späten Dreißigern vom Wa-
gnerschen Ideal des *Gesamtkunstwerks* äußerst beein-
druckt und fand diesen Ausdruck in sich selbst
höchst bedeutsam:

> Die Künste sollen nicht mehr nebeneinander
> verwirklicht werden, sondern in einem Werk zu-
> sammengeschlossen werden. Aber über diese
> mehr zahlen- und mengenmäßige Vereinigung
> hinaus soll das Kunstwerk eine Feier der Volksge-
> meinschaft sein: *die* Religion.[33]

Heideggers Berufung auf das ›Gesamtkunstwerk‹ als
einer neuen Religion für die völkische Gemeinschaft ist von großer Bedeutung für unser Thema.
Von Wagners romantischem Mythos einer klassenlosen Volksgemeinschaft inspiriert, versprach dieser
Gedanke eine mystische Vereinigung und eine organische Einheit zwischen Kunst und Politik, zwischen der Seele und den Sinnen und den Regieren-
den und den Regierten zu fördern. Wagner hatte
versucht, in seiner Musik den archaischen Sinn für
Einheit, Beständigkeit und zeitlose Werte einzu-
fangen. Nach zeitgenössischer Ansicht waren die
Inhalte dieser ästhetischen Botschaft in der Person

Hitlers verkörpert, der die Rollen eines Politikers,
Priesters, Künstlers und eines Wagnerschen mythischen Helden in sich vereinte. Die für Parteiversammlungen komponierte Musik spiegelte diesen
Hitlerkult wider.[34] Bald darauf verwandelte und
pervertierte die Propaganda den Wagnerschen
Traum in eine Verherrlichung des ersten Künstler-
Politikers des Reiches. Hinzu kam, daß die Nazis
von der Zerstörung und einem ritualisierten, stili-
sierten Todeskult, der gleichfalls von Wagner inspiriert war, fasziniert waren.[35]

Joachim Fest, einer der scharfsinnigsten Biogra-
phen Hitlers, schrieb über die Vereinigung dieser
Elemente im Führungsstil Hitlers folgendes:

> … und es waren wirkliche Höhepunkte der von
> ihm erstmals planvoll entwickelten künstleri-
> schen Demagogie, wenn er auf dem Königsplatz
> in München oder auf dem Nürnberger Partei-
> tagsgelände bei düsterer Hintergrundsmusik die
> breite Gasse zwischen Hunderttausenden zur To-
> tenehrung schritt. In solchen Szenerien eines po-
> litisierten Karfreitagszaubers, in denen, ganz wie
> man von der Musik Richard Wagners gesagt hat,
> »der Glanz für den Tod Reklame« machte, kam
> Hitlers Vorstellung ästhetisierter Politik zur Dek-
> kung mit dem Begriff.[36]

Jedoch waren solche pompösen Todesfeiern nur eine
Seite der symbolischen Politik des Nationalsozialismus. Die Ästhetisierung sozialer Beziehungen bedeutete ebenfalls die Erschaffung einer Atmosphäre
von Schönheit, Harmonie und von »Kraft durch
Freude«. Sogar während der Weimarer Zeit wußten
die Nazis immer, wie man eindrucksvolle Auftritte
inszeniert; ihre besondere Art der Massenauftritte
hatte sich schon damals deutlich von dem düsteren
Einerlei des Lebens in den Depressionsjahren abge-
zeichnet. Ihre meisterhafte Inszenierung von Massenveranstaltungen und perfekt beherrschte Darstel-
lungskunst schafften nach 1933 eine Welt der Illusion
und eingeübter Wirkungen, die wesentlich dazu bei-
trug, sie an der Macht zu halten.[37] Die Manipulation
der Künste war ein bestimmendes Element ihrer Fähigkeiten, die die deutsche Öffentlichkeit dazu
brachten, sich mit der Regierung und dem Führer zu

identifizieren. Die eindrucksvolle Choreographie von Feierlichkeiten, wie etwa des Tages der Deutschen Kunst, trug dazu bei, ihr Prestige als »Hüter der Kultur« in der Heimat und im Ausland zu stärken.

In ihrer Kulturpolitik konnten die Nazis auf einem großen Vorteil aufbauen: Sie wußten, daß viele Deutsche ihren Geschmack teilten und sogar ihren diffamierenden Angriffen gegen die moderne Kunst zustimmten. Darüber hinaus konnten sie sich – jedenfalls bis zum Kriegsausbruch im September 1939 – auf die weitverbreitete Ansicht verlassen, daß Hitler in der Tat »Normalität«, Ordnung und Anständigkeit in der deutschen Gesellschaft wieder hergestellt hatte. Dieser fälschliche Eindruck reflektiert die außerordentliche Gleichgültigkeit vieler Deutscher gegenüber der Verfolgung der Juden, politisch linksgerichteter Gegner sowie verschiedenen Randgruppen, wie Homosexuellen, Zigeunern sowie sogenannten Meinungsabweichlern unter den Künstlern und Intellektuellen.[38]

Als im Sommer 1939 der Farbfilm aufgenommen wurde, aus dem die Bilder dieses Buches entnommen sind, konnte sich Hitler sicher genug fühlen, um die früheren Mehrdeutigkeiten seiner Politik hinter sich zu lassen und die heuchlerische Fassade eines Friedensstifters abzuwerfen. Er hatte den Krieg schon immer als den natürlichen Zustand der Menschheit und als letztes Ziel der Politik betrachtet. Zu diesem Zeitpunkt war die Entscheidung für den Angriff auf Polen bereits gefallen – eine Tatsache, die sehr sorgfältig vor der Mehrheit der Deutschen verborgen wurde. Das in München inszenierte Schauspiel bot, ebenso wie die Bayreuther Festtage von Ende Juli 1939, eine willkommene Abwechslung vom Nervenkrieg dieses Sommers. Die Veranstaltungen dienten auch als weitere Ablenkungs- und Täuschungsmanöver gegenüber der in- und ausländischen Öffentlichkeit.

Man sollte sich daher bei der Betrachtung der Abbildungen dieses Buches unbedingt daran erinnern, daß wir eine *inszenierte* Veranstaltung beobachten. Mehr als vielleicht für jedes andere Regierungssystem wurde der Drang zur Selbsterhaltung zu einer Zwangsvorstellung der Nazis. Ihre Führer erkannten

die besondere Bedeutung des veröffentlichten Bildes und verstanden es, die fast unbegrenzten manipulativen Möglichkeiten, die sich damit boten, auszunutzen.[39] Sie wußten, wie wirksam ein visuelles Bombardement war, um den Widerstand und die kritische Entschlossenheit des Durchschnittsbürgers zu überwinden. Es wurde ihnen klar, wie leicht ein normaler Beobachter eine für ihn aufgebaute Illusion mit einer authentischen Erfahrung verwechseln kann. Die Nazis waren auch die Erben eines der Moderne eigenes Problem, nämlich der Schwierigkeit, die Vergangenheit historisch zu interpretieren, »so, wie sie wirklich war«. Ihre Antwort auf diese Fragmentierung der historischen Objektivität war typisch totalitär – man müßte die Vergangenheit so verändern, daß sie in das Bild einer utopischen Zukunft passe. Geschichte als Mythos und Propaganda zugleich!

Hans Feierabends Schmalfilm aus dem Jahre 1939 gehört nicht in diese Kategorie, auch wenn er ein Ereignis dokumentiert, das als Bestandteil einer manipulierten kollektiven Darstellung der deutschen Vergangenheit angesehen werden kann. Das Gefühl dieses Films für die normale physische Realität und Struktur des Alltagslebens, die dargestellten kleinen Zufallsereignisse, die sich abseits der programmierten Szenen dieses Münchner Festtages und der Kunstausstellung abspielten, unterscheiden ihn von anderen Filmdokumenten. Im Gegensatz zu der offiziellen Filmversion der Nazis, die das gleiche Ereignis in Schwarzweiß dokumentiert, gibt es in Feierabends Film keine speziellen dramatischen Effekte, begeisterte Menschenmengen oder grandiose Gesten. Sein Hitler ist kein apokalyptischer Reiter, der schreiend das Ende der Menschheit verkündet, noch ist er der mythische Übermensch der nazistischen Legendenbildung. Eher erscheint er als ein leicht nervöser Zeremonienmeister, der sich darum sorgt, daß seine große Schau ohne Schwierigkeiten über die Bühne geht. Im Haus der deutschen Kunst konnte Hitler seinen Tagträumen frönen. Er konnte sich ausmalen, daß er ein Erbe der Griechen und ihres Ideals der *polis* als »Kunstwerk« war, daß er die moderne Synthese zwischen »Form« und Politik entdeckt hatte, daß der Nationalsozialismus eine

»Was Menschen Übles tun . . .«.
WILLIAM SHAKESPEARE, *Julius Caesar.*

neue Rasse »arischer« Helden erschaffen würde, die die griechischen Götter herausfordern würden.[40] Der Zeichner David Low bemerkte über Hitler: »Seine politischen Vorstellungen waren die Vorstellungen eines Künstlers, er sah schwungvoll ausgelegte Formen, in denen Fehler übermalt und Einzelheiten für später aufgehoben wurden, einen kühnen unbeirrten Ansatz. Im Grunde genommen war er ein einfacher Kopf, der sich nicht durch Mitleid verwirren ließ.«[41]

Hitler war in der Tat einer dieser »schrecklichen Vereinfacher«, der die Gabe hatte, komplexe Probleme auf ihre elementaren Grundlagen zurückzuführen. Ob er sich nun mit der Kultur, der Wirtschaft oder der Politik befaßte, war sein mächtiger, wenn auch begrenzter Verstand imstande, die großen Züge der Geschichte zu erfassen und die zur Verfügung stehenden Möglichkeiten mit eiskalter Berechnung zu analysieren. Es dürfte ein seltenes Ereignis sein, daß soviel Mittelmäßigkeit, Gewöhnlichkeit, Grausamkeit und Dogmatismus sich in ein und derselben Person mit soviel politischer Geschicklichkeit und genialen propagandistischen Fähigkeiten vereinigten. Genauso selten findet man eine solche Mischung aus selbstbewußter barbarischer Grausamkeit und einem besessenen Interesse für den Zustand der Künste.

Die Nazi-Kunst läßt sich jedoch nicht ausschließlich auf ihre propagandistischen Elemente reduzieren oder als primitive Werbung für das System abtun. Trotz der ihr eigenen großen Verzerrung war sie imstande, an die romantischen und klassischen Elemente der deutschen kulturellen Tradition anzuknüpfen. Letztlich trennte sich jedoch die nazistische »Ästhetik« von jeder sichtbaren Verankerung in Vernunft, Moral oder humanistischen Anschauungen. Ihre Kraft lag in ihrem Rückbezug auf eine explosive Mischung archaischer Mythen, irrationaler Wünsche und insbesondere moderner Ängste. Hitlers geheimnisvolle Fähigkeit, die geheimen Ängste und Wünsche von Millionen Deutschen in seiner Person sichtbar werden zu lassen, bildete die psychologische Grundlage seiner anfänglichen Anziehungskraft. Das unablässige Trommelfeuer von Propaganda, Terror und kunstfertigen Symbolen in Verbindung mit den tatsächlichen Leistungen der Nazis vor 1933 festigte seine emotionale Kontrolle über die Massen. Wenn wir nach dem »essentiellen« Kern in der Tiefe des Nazi-Phänomens suchen, beginnen alle rationalen Erklärungen zusammenzubrechen, so, als würde man in das Nichts eines Schwarzen Loches blicken.

KAPITEL 2:

Adolf Hitler: Kunst und Größenwahn

»Hitler war auch nicht irgendein unwichtiger Verdreher der Idee der deutschen Romantik.
Er war in vieler Hinsicht ihr extremster Interpret: der allergrößte, weil der verrückteste, unter
allen deutschen Romantikern. Man sagt von ihm − weil er die Aufnahmeprüfung
zur Akademie nicht bestand −, daß er ein verkrachter Künstler war, der Politiker werden wollte;
Hitler war aber ein Monster, eben deswegen, weil er im Grunde eher Künstler als Politiker war.«
ANDREW GRAHAM-DIXON, *Independent*, 1994

Adolf Hitler wurde am 20. April 1889 in Braunau am Inn, nahe der österreichisch-deutschen Grenze, geboren. Der Sohn eines Habsburger Zollbeamten und einer ihn abgöttisch liebenden Mutter war ein durchschnittlicher Schüler, der seine Linzer Schule im Alter von fünfzehn Jahren verließ. Es war sein größter Wunsch, Künstler zu werden, jedoch fiel er im Alter von neunzehn Jahren bei der Aufnahmeprüfung für die Wiener Kunstakademie durch. Zwischen 1907 und 1913 führte er ein zielloses Wanderleben in der Hauptstadt Wien, wobei er die letzten Jahre so heruntergekommen war, daß er in einem Männerheim wohnte. Er fristete sein Leben mit dem Verkauf von Bildchen, die er von Postkarten abmalte, während er sich gleichzeitig für die Wiener Architektur und die Opern Richard Wagners begeisterte. Später behauptete er, daß Wien ihm die »eherne Grundlage« seiner nationalsozialistischen Weltanschauung vermittelt habe.

Die von ihm dort zunächst entworfene Ideologie, die in den Jahren nach 1918 in München weiter entwickelt wurde, war eine bizarre Mischung aus Sozialdarwinismus, großdeutschem Nationalismus (in der Hoffnung auf die Vereinigung aller Deutschen in einem Reich), biologischem Rassismus, Slawophobie und einem extremen Antisemitismus. Für den jungen Hitler war das Leben ein gnadenloser Existenzkampf aller gegen alle. Die Deutschen waren ein Herrenvolk, die ein göttliches Recht besaßen, ihren Lebensraum nach Osten auszudehnen; der Schlüssel zu ihrer Zukunft als Großmacht lag in der Bewahrung ihrer Rassenreinheit. Eine Massenbewegung mit dem Ziel einer deutschen Wiedergeburt sollte die Bedrohung durch Marxismus und jüdisches Gedankengut beseitigen. Diese Pläne ließen sich jedoch nicht von einem zerfallenden Österreich aus organisieren. Daher sah Hitler seine Zukunft im benachbarten Deutschen Reich. Es sollte die süddeutsche Kunststadt München sein, wo er seine große rhetorische Begabung, die später die Massen begeisterte, entdecken würde. München war der Ort, wo die Nazi-Bewegung geboren wurde, und wo sie ihre frühen Triumphe und Niederlagen erleiden sollte. Nach einem vierjährigen Bohemien-Dasein in Wien kam Hitler 1913 erstmals in die bayerische Hauptstadt, weil er dem Militärdienst in seiner österreichischen Heimat entgehen wollte. Zunächst führte er dort eine unsichere Existenz und lebte vom Verkauf von Aquarellen, Plakaten und Zeichnungen Münchner Gebäude, bis ihn der erste Weltkrieg aus seinem einsamen Dasein erlöste. Während seiner militärischen Dienstzeit erwies er sich als ein fähiger

Kriegsfeier: Der junge Hitler in einer jubelnden Menschenmenge, die auf dem Münchner Odeonsplatz am 2. August 1914 den Ausbruch des Ersten Weltkrieges feiert.

und tapferer Soldat. Obwohl er nie über den Rang eines Gefreiten hinauskam, wurde ihm im August 1918 das Eiserne Kreuz erster Klasse verliehen. 1919 kehrte er nach München zurück und diente dort für kurze Zeit in der Propagandaabteilung der Reichswehr, bevor er zunächst Mitglied und dann Vorsitzender einer kleinen sektiererischen rassistischen Bewegung, der Deutschen Arbeiterpartei, wurde, die sich später zum Kern der NSDAP entwickelte.[1] In den überfüllten und verrauchten Bierkellern dieser Stadt begann sich Hitlers Ruf als fanatischer nationalistischer Redner und lokaler Aufrührer zu entwickeln. Durch seinen Mentor, den bayerischen Dichter Dietrich Eckart, wurde er in die Münchner Gesellschaft eingeführt. München war auch der Ort, wo er den Kern seiner engsten Gefolgschaft kennenlernte, darunter Hermann Göring, Rudolf Heß, Alfred Rosenberg, Gottfried Feder, Hermann Esser,

Max Amann und Heinrich Hoffmann, seinen persönlichen Photographen.[2]

Bis zu seinem gescheiterten Münchner Putsch vom 9. November 1923 war der junge Hitler immer noch eher ein provinzieller Bierzeltagitator als eine nationale Figur.[3] Auch wenn er, nach Ansicht einiger seiner Gefolgsleute, bereits mit Benito Mussolini verglichen werden konnte und ein Lokalreporter ihn sogar »die einzige Münchner Sehenswürdigkeit neben dem Hofbräuhaus« nannte.[4] Zu diesem Zeitpunkt sah sich Hitler selbst immer noch als »der Trommler«, der Deutschlands künftigem Führer, der noch nicht gefunden war, den Weg bereiten sollte.

Seine beeindruckende Rede vor dem Münchner Volksgericht im März 1924 und der Anschein des Märtyrers, den ihm seine kurze Haftzeit wegen Landesverrats (während der er sein Buch *Mein Kampf* diktierte) einbrachte, trugen zur Verwandlung des

Hitler-Bildes bei. Der »Führermythos«, der um Hitlers Person aufgebaut wurde, wurde nach seiner Entlassung aus dem Gefängnis im Jahre 1925 zu einer vereinigenden Kraft in der zersplitterten Nazi-Partei. Mit der beginnenden wirtschaftlichen Depression und der wachsenden Zahl der Nazi-Sympathisanten begann dieser Personenkult zu einem nationalen Phänomen zu werden. Bei dem Versuch der Nazis, das breite Publikum zu erreichen, wurde die Verehrung Hitlers zu einem wesentlichen Faktor, der beinah religiöse Dimensionen erreichte.[5] Er wurde immer öfter als Prophet, politischer Heilsbringer und Erretter eines in einer tiefen wirtschaftlichen Krise versunkenen Deutschlands betrachtet.

Nach der nazistischen Machtergreifung 1933 wurde der Hitler-Mythos durch den Propagandaapparat Joseph Goebbels weiter gefestigt und zu neuen Höhen geführt. Hitler wurde erfolgreich als »Mann des Volkes« und wahrer »Volkskanzler« vermarktet.[6]

OBEN: *Neue Nazistandarten: Die erste SA-Parade in München am 23. Februar 1923.*
UNTEN: *Der Schriftsteller: Hitler, Rudolf Heß und seine Gefängniskameraden posieren 1925 im Landsberger Gefängnis für die Kamera. Hier schrieb Hitler während seiner kurzen Haftzeit nach dem fehlgeschlagenen Münchner Putsch von 1923 das Werk »Mein Kampf«.*

In den Festreden zu seinem Geburtstag wurde der Führer als ein »politisches Genie« bezeichnet, der in einem einsamen Handstreich Leben, Ehre und Freiheit nach Deutschland gebracht hatte. Sein eiserner Wille habe die Nation vom »Joch« des Versailler Vertrages befreit, seine Diplomatie Macht und Ansehen Deutschlands wiederhergestellt, seine Wirtschaftspolitik das Problem der Massenarbeitslosigkeit gelöst. Gegen 1936 hatte die geschickte Nazi-Propaganda die schon vorhandene echte Popularität Hitlers in ein Ritual der Anbetung verwandelt. Auf dem Nürnberger Reichsparteitag 1936 sprach Hitler jetzt selbst über die mystische Bindung zwischen ihm und dem deutschen Volke: »Das ist das Wunder unserer Zeit, daß ihr mich gefunden habt, daß ihr mich gefunden habt unter so vielen Millionen! Und daß ich euch gefunden habe, das ist Deutschlands Glück.«[8]

Hitlers Person verkörperte nicht nur die Partei und die deutsche Nation, er war nicht nur Deutschlands unfehlbarer Führer, vielmehr berief er sich in seinen eigenen Reden immer wieder auf die besondere Beziehung mit dem »Schicksal« selbst.

Trotz der Gewalt auf den Straßen und des revolutionären Gehabes der Nazi-Bewegung erschien Hitler in den dreißiger Jahren der deutschen Mittelklasse als ein Hüter der Ordnung, öffentlichen Moral und bürgerlicher Werte. Trotz der deutlich heidni-

Die Einfachheit, Bescheidenheit und Tapferkeit des gewöhnlichen »Frontsoldaten«, der zum Führer des Reiches aufgestiegen war, wurde beständig unterstrichen. Hitler wurde als Symbol der Lebenskraft der deutschen Nation präsentiert, als Vorkämpfer und Schöpfer der deutschen Einheit, als Architekt und Staatsmann eines neuen Reiches.

schen und atheistischen Elemente im nazistischen Glaubensgebäude wurde das Bild Hitlers als eines Beschützers der Christenheit in vielen respektablen Kreisen bis 1939 aufrechterhalten. Noch überraschender erscheint die Tatsache, daß er als »Mann des Friedens« angesehen wurde, obwohl seine Gebietsansprüche für Deutschland, die Lebensraum-Ideologie, die er vertrat, und die kriegslüsterne Rhetorik einiger seiner Reden in eine ganz andere Richtung wiesen.[9]

Trotzdem sollte es Hitler in den Jahren 1933 bis 1938 gelingen, das deutsche Volk und einen großen Teil der internationalen Gemeinschaft davon zu überzeugen, daß er nur Sicherheit und Wohlstand für sein Land und eine vernünftige Verteidigung deutscher Interessen in Europa suchte. Mit der erzwungenen Eingliederung seines Heimatlandes Österreich in das, was sich jetzt Großdeutschland nannte, wurde es aber im März 1938 klar, daß die Nazis einen expansionistischen Kurs steuerten.

Die Zerschlagung der Tschechoslowakei war der nächste Schritt. Auf der Münchner Friedenskonferenz von 1938 wurden der britische und französische Premierminister von Hitler dazu gebracht, die Tschechen bezüglich der Aufgabe des Sudetenlandes unter Druck zu setzen. Dieses Gebiet, in dem eine starke deutsche Minderheit von drei Millionen Menschen lebte, war auch gleichzeitig die vordere tschechische Verteidigungslinie, ohne die das Land extrem verwundbar war. Im März 1939 hatte Hitler Prag besetzt und Böhmen und Mähren zu einem deutschen »Protektorat« gemacht, während die nominell unabhängige Slowakei zu einem von Nazi-Deutschland abhängigen Marionettenstaat wurde.

Im Inneren war das gegen die Juden Deutschlands und Österreichs gerichtete Pogrom vom 9. November 1938 ebenfalls ein Wendepunkt in der Geschichte des Deutschen Reiches. Es wurde vorgeblich durch die Ermordung eines deutschen Diplomaten in Paris durch Herschel Grynszpan »provoziert«, einem siebzehnjährigen jüdischen Jungen, der wegen der plötzlichen Deportation seiner Eltern von Deutschland nach Polen in Verzweiflung geriet.

Im Anschluß an dieses Ereignis brachte die Parteizeitung der Nazis einen drohenden Leitartikel, der folgende antisemitische Schmähungen enthielt: »Es ist ein unhaltbarer Zustand, daß innerhalb unserer Grenzen Hunderttausende von Juden ganze Geschäftsstraßen unter Kontrolle haben und als ›ausländische‹ Hausbesitzer das Geld deutscher Mieter einstreichen, während ihre Rassegenossen im Ausland den Krieg gegen Deutschland schüren und deutsche Beamte erschießen.«[10]

Die Nachricht vom Tod des Diplomaten erreichte Hitler am 9. November 1938 im alten Münchner Rathaus, wo der fünfzehnte Jahrestag des Putsches von 1923 feierlich begangen wurde. Während Hitler die Veranstaltung frühzeitig verließ, hielt Goebbels eine Hetzrede, die seine Zuhörer zu »spontanen« antijüdischen Pogromen im ganzen Lande aufrief. Als Folge kam es zu der Entweihung, Zerstörung oder Verbrennung aller Synagogen Deutschlands. Darüber hinaus wurden 7500 jüdische Geschäfte in Deutschland und Österreich zerstört, 91 Juden umgebracht und 30000 jüdische Männer über sechzehn in die Konzentrationslager nach Dachau, Buchenwald oder Sachsenhausen geschickt.[11]

Dies war die bis zu diesem Zeitpunkt gewalttätigste öffentliche Zurschaustellung antisemitischer Gefühle in der deutschen Geschichte. Es war in der Tat das erste größere Pogrom in Deutschland seit dem späten Mittelalter, auch wenn es diesmal mit Hilfe moderner Kommunikationstechnik von zentraler Stelle gelenkt und kontrolliert wurde.[12]

Die Gewalttätigkeit dieses Ereignisses strafte Hitlers Versprechen, für Recht und Ordnung zu sorgen, Lügen; wobei auch die öffentliche Entwürdigung und Erniedrigung der Juden in verschiedenen deutschen Städten einen bezeichnenden antisemitischen Sadismus zum Ausdruck brachte.[13] Ein geregeltes jüdisches Gemeindeleben war in Deutschland unmöglich geworden und innerhalb weniger Monate wurde eine Vielzahl drakonischer Gesetze gegen die hilflose jüdische Bevölkerung erlassen.[14] Die Reichskristallnacht, wie dieses Ereignis von den Nazis euphemistisch genannt wurde, war ein Beweis dafür, daß sie vor Terror nicht zurückschreckten, um ihre rassistischen Ziele zu verfolgen. Was die Nazis betraf, wurden die Juden zu Ausgestoßenen und Untermenschen, die man nach Belieben erniedrigen konnte, zu Feinden und Außenseitern, die »jenseits des Gesetzes« standen. Auch die deutsche Bevölkerung wurde systematisch dazu gebracht, sich von den Juden des Landes völlig zu distanzieren, wenn auch einige wenige ihre Sympathie zeigten und im privaten Bereich zu helfen versuchten.

Die offizielle Staatspropaganda in Nazi-Deutschland hatte die Juden seit 1933 als korrupt, feige und sexuell pervers dargestellt. Sie wurden als gefährliche, gegen das Deutsche Reich konspirierende Feinde stigmatisiert, mit denen kein anständiger Deutscher zu tun haben sollte.[15] Nach der Kristallnacht wurden diese stereo-

*Kristallnacht – Der Morgen danach:
10. November 1938: Aufräumarbeiten nach
einer Nacht des Terrors, in der Tausende
jüdischer Geschäfte zerstört wurden.*

typen Anschuldigungen noch intensiviert. Ian Kershew macht hierzu folgende treffende Beobachtung:

> Je mehr die Juden mit Gewalt vom sozialen Leben ausgeschlossen wurden, desto mehr schienen sie den stereotypen Anschuldigungen der Propaganda zu entsprechen, die paradoxerweise ihre Kampagne gegen das »Judentum« um so heftiger führte, je weniger Juden tatsächlich in Deutschland übrig blieben. Diese Depersonalisierung verstärkte die bereits weit verbreitete Gleichgültigkeit der öffentlichen Meinung in Deutschland und war eine entscheidende Etappe zwischen der urtümlichen Gewalttätigkeit des Pogroms und der rationalisierten ›Fließband‹-Vernichtung in den Todeslagern.[16]

Einen drohenden Fingerzeig auf das, was kommen sollte, konnte man in der Rede Hitlers am 30. Januar 1939 vor dem Reichstag hören, die eine unmißver-

ständliche Drohung enthielt, die Juden Europas zu »vernichten«, wenn ein Weltkrieg ausbrechen sollte. Die Zeit sei gekommen, warnte er, »die jüdische Frage ein für allemal zu regeln«. Seine drohende »Prophezeiung« der Vernichtung des jüdischen Volkes wurde von donnerndem Beifall begleitet.

Die Reichskristallnacht und die verbalen Drohungen waren nicht nur dazu gedacht, die Deutschen zur Annahme eine dehumanisierten Sicht der Juden zu bringen, sondern dienten auch dazu, die Nation psychologisch auf eine kriegerische Expansionspolitik einzustimmen. Während der Münchner Konferenz im Jahre 1938 war Hitler von der fehlenden öffentlichen Zustimmung zum Krieg sichtbar enttäuscht. Das Pogrom gegen die Juden bot »eine hervorragende Gelegenheit, das deutsche Volk von der verbreiteten Illusion zu befreien, daß der Münchner Vertrag das Ende der Krise bedeutete und daß das deutsche Staatsschiff endlich in ruhigeren Gewässern war«.[17]

Hitler war sich natürlich der Tatsache bewußt, daß er einen großen Teil seiner Popularität einer Reihe triumphaler Erfolge seit 1933 verdankte, die alle ohne Blutvergießen abgelaufen waren. Der Austritt aus dem Völkerbund, die Wiederaufrüstung Deutschlands, die Besetzung der entmilitarisierten Zone Rheinlands, die Annektion Österreichs und der Tschechoslowakei hatten keine Menschenleben gekostet. Der Preis, der für die Wiederherstellung des Bewußtseins von einem machtvollen und ruhmreichen Deutschland zu zahlen war, war so gering, daß die überschäumende Begeisterung der Öffentlichkeit nur zu verständlich war. Diese begeisterte Zustimmung für Hitler, die erneut während der Feierlichkeiten zu seinem fünfzigstem Geburtstag am 20. April 1939 sichtbar wurde, bedeutete noch kein

Mandat für einen Krieg. Auch die spektakuläre Militärparade und die Lobeshymnen für Hitler konnten die bei der deutschen Bevölkerung weit verbreitete Furcht vor einem bewaffneten Konflikt nicht beseitigen.[18]

Im Sommer 1939 wurde die »Danziger Frage« zur Hauptursache internationaler Spannungen. Die Nazi-Propaganda spielte sehr geschickt mit dem Thema der angeblichen Verfolgung der deutschen Minderheit in Polen, wobei sie sich die weitverbreiteten antipolnischen Vorurteile in Deutschland zunutze machte. Die öffentliche Meinung neigte zum Anschluß Danzigs an das Reich, wollte aber keinen Krieg. Man hoffte, daß es Hitler vor allen anderen gelingen würde, diese Annektion, wie auch andere zuvor, mit friedlichen Mitteln zu erreichen. Trotz aller intensiven Propagandabemühungen des nationalsozialistischen Regimes gab es aber innerhalb der deutschen Bevölkerung keine wirkliche Einsicht bezüglich der Notwendigkeit eines Krieges.[19] Es war erstaunlich, daß das deutsche Volk immer noch ein außerordentliches Vertrauen in Hitlers charismatische Führungsqualitäten besaß und naiverweise weiterhin glaubte, daß er die Dinge friedlich regeln wollte.

Als der Juli 1939 erreicht war, konnte sich Hitler zweifellos auf eine einzigartige Position persönlicher Autorität berufen. Man sah in ihm den Architekten und Schöpfer des deutschen Wirtschaftswunders, den Verteidiger der souveränen Landesrechte, den Wiedererbauer von Deutschlands militärischer Macht und den Wächter über öffentliche Sitte und Moral. Er hatte die bolschewistische Gefahr besiegt, die Gewerkschaften entmachtet, den Juden die Bürgerrechte genommen und die Massenarbeitslosigkeit beseitigt. Darüber hinaus hatte er, wie er seine Zuhörer in einer Rede am 28. April 1939 erinnerte, »die tausendjährige historische Einheit des deutschen Lebensraumes wiederhergestellt ... ohne Blut zu vergießen und ohne meinem Volk oder anderen daher das Leid des Krieges zuzufügen. Ich habe dies als ein noch vor 21 Jahren unbekannter Arbeiter und Soldat meines Volkes aus eigener Kraft geschaffen.«[20]

Die Vielzahl der inländischen und internationalen Erfolge Hitlers hatte ihm eine scheinbar uneinnehmbare populäre Basis erschaffen, die in dieser Uneingeschränktheit weder zuvor noch danach von irgendeinem anderen deutschen politischen Führer erreicht wurde. Seine Willensstärke, seine Selbstsicherheit und seine magnetische Anziehungskraft als Redner hatten ihn, nach Albert Speers Worten, »zu so etwas wie einem mythischen Helden gemacht, der ohne zu zaudern und in vollem Bewußtsein seiner Stärke sich der härtesten Prüfung stellen und sie meistern konnte«.[21] Darüber hinaus ist festzustellen, daß seine Erfolge nicht ausschließlich und nicht einmal überwiegend auf Terror, Unterdrückung oder Einschüchterung aufgebaut waren. Solche Methoden waren natürlich für die ursprüngliche Beseitigung der anfänglichen Opposition gegen das Nazi-Regime entscheidend. Nichtsdestoweniger war sich Hitler voll der Tatsache bewußt, daß er seinen Ruf und den besonderen Mythos, der ihn umgab, nicht einfach auf der weit verbreiteten Furcht vor der Gestapo aufbauen konnte. Er mußte in tatsächlichen Erfolgen, in der ständigen Mobilisierung der Massen, im geschickten Gebrauch seiner eigenen demagogischen Talente und im Einfallsreichtum der Nazi-Propaganda begründet sein.[22]

Politik allein reichte jedoch nicht aus, um die Herzen des Volkes zu gewinnen und auch die bestmögliche Zusammenarbeit der Parteiorganisationen konnte für sich allein keine Loyalität gegenüber Führer und Reich garantieren. Eine große Bewegung bedurfte einer geschlossenen Weltsicht und eines inspirierenden Mythos, wenn sie die Phantasie der Menschen entfachen und dem einzelnen Bürger ein Gefühl von Zugehörigkeit und Gemeinschaft verschaffen sollte. Im Rahmen dieser Weltanschauung spielten künstlerische Bemühungen als Bestandteil von Hitlers utopischer Kulturvision eine wesentliche Rolle. In seinen Augen gründete sich das Primat der Kultur in ihrer Verwurzelung im Volk und in ihrem unveränderlichen völkischen Kern. Zu den Zielen der kulturellen Revolution der Nazis gehörte die Wiederbelebung einer mythischen ländlichen Vergangenheit und die Verbindung alter germanischer Traditionen mit der Gegenwart.[23] Gleichzeitig war es die Aufgabe der Kultur, die nazistische Ideologie zu erläutern und zu verbreiten, und so zu ihrer Popularität beizutragen. Hierbei mußte man sich auf den Durchschnittsgeschmack und weit verbreitete Vorurteile ebenso verlassen wie auf die im wesentlichen konservative Werteinstellung der Volksmehrheit.[24] Das Bewußtsein der Massen würde die ideologischen Vorstellungen von Rasse, Blut und Boden eher in sich aufnehmen, wenn man ihre Übereinstimmung mit bekannten Einstellungen, Traditionen und bürgerlichen Moralvorstellungen unterstellen konnte. Hitler bestimmte, wie auch bei anderen Grundsatzfragen der Politik, in diesem Fall die propagandistische Richtung. Er hatte bereits in *Mein Kampf* die Kultur als Produkt »arischen« Denkens definiert. Der Arier war:

> der Prometheus der Menschheit, aus dessen lichter Stirne der göttliche Funke des Genies zu allen Zeiten hervorsprang, immer von neuem jenes Feuer entzündend, das als Erkenntnis die Nacht der schweigenden Geheimnisse aufhellte ... Man schalte ihn aus – und tiefe Dunkelheit wird vielleicht schon nach wenigen Jahrtausenden sich abermals auf die Erde senken, die menschliche Kultur würde vergehen und die Welt veröden.[25]

Den Deutschen sollte die Aufgabe der kulturellen Führerschaft unter den arischen Völkern zufallen. Hitler sah in ihnen nicht nur die beste völkische Grundlage für die Erschaffung einer neuen *Pax Germanica*, sondern betrachtete die Deutschen auch als die Verkünder einer neuen Epoche einer arischen und Weltkultur. Dabei war die Erhaltung der rassischen Reinheit die absolute Voraussetzung für die Ausrufung des arischen Jahrtausends. Die Geschichte, warnte er, »zeigt in erschreckender Deutlichkeit, daß bei jeder Blutsvermengung des Ariers mit niedrigeren Völkern als Ergebnis das Ende des Kulturträgers herauskam«.[26] Dann würde Erstarrung einsetzen, die Herrenrasse würde ihre kulturellen Fähigkeiten verlieren und anfangen, »den Unterworfenen und Ureinwohnern mehr zu gleichen als seinen Vorfahren«.[27]

Auf dem Gebiet der Kultur, wie auch in den meisten anderen Gebieten, stellten die Juden die Hauptgefahr für die arische Welt dar. Nach Hitler besaßen sie »keine irgendwie kulturbildende Kraft, da der Idealismus, ohne den es eine wahrhafte Höherentwicklung des Menschen nicht gibt, bei ihm nicht vorhanden ist und nie vorhanden war«.[28] Nach dieser Denkweise hatte der Jude, dessen Intellekt im wesentlichen destruktiv war, seinen Materialismus auf die deutsche Bourgeoisie übertragen. Mit der Macht des Geldes und der Presse versuchte er beständig, das Rassenbewußtsein und die nationalen Werte der »arischen« Völker zu untergraben. Darüber hinaus war der Jude als der Erfinder des Marxismus mit Absicht darauf aus, die Grundlagen der Kultur zu zerstören.[29] Nach Hitlers Ansicht war sogar die Demokratie eine Waffe, die den nationalen Willen der arischen Völker schwächen sollte und den Weg für die jüdische Weltherrschaft freimachte.[30]

Die außerordentliche Bedeutung, die Hitler und andere führende Nazis der »jüdischen Frage« beimaßen, hatte daher ihre tieferen Ursachen. In dem bevorstehenden weltweiten Kampf zwischen Ariertum und Judaismus sollte Deutschland der Dreh- und Angelpunkt sein.[31] Die nationalsozialistische Bewegung sah ihre besondere Mission in der Führerschaft dieses weltweiten Krieges gegen »jüdischen Bolschewismus« und internationale Finanzwelt. Dies sollte ein »Schicksalskampf« werden, in dem es keinen Kompromiß zwischen zwei unvereinbaren Weltsichten geben konnte. Die Zukunft Deutschlands, Europas und der »arischen« Menschheit würde vom Ausgang dieses Kampfes abhängen.[32]

Ein wesentliches Element von Hitlers Antisemitismus war die Behauptung, daß die Juden über keine echte eigene Kultur verfügten, daß es nie eine authentische jüdische Kunst gegeben hätte und daß vor allem »die beiden Königinnen der Künste, Architektur und Musik, den Juden nichts Originelles zu verdanken haben«.[33] Alles, was die Juden je auf dem Gebiet der Kunst erreicht hätten, war entweder »eine Verwässerung oder geistiger Diebstahl«. Es lag natürlich nichts Originelles in diesen rassistischen Behauptungen, die von Deutschen und anderen europäischen Antisemiten seit etwa 1850 unablässig heruntergerasselt wurden, dem Jahr, als Hitlers kulturelles Idol, Richard Wagner, sein berüchtigtes Buch *Das Judentum in der Musik* veröffentlichte. Was neu war, war die Tatsache, daß nach 1933 diese verdrehten rassistischen Theorien und stumpfsinnigen Ausfälle gegen die Kunst zur offiziellen Staatspolitik in einer so hoch entwickelten und kultivierten Nation wie Deutschland wurden.

Schon auf dem Parteitag des Jahres 1933 entstand das Muster künftiger Veranstaltungen. Der Nürnberger Parteitag wurde mit dem bekannten Talent der Nazis für theatralische Effekte orchestriert, die Morgenveranstaltung begann mit der Ouvertüre zu Wagners *Die Meistersinger*, Hitlers Lieblingsoper. Nach einer Dankeshymne wurde die »Blutfahne« der Nazi-»Märtyrer«, die im gescheiterten Novemberputsch von 1923 gefallen waren, unter gedämpftem Trommelklang zur Bühne getragen. Der SA-Chef Ernst Röhm (der selbst auf Hitlers Befehl ein Jahr später ermordet werden sollte) verlas die Namen der »Gefallenen der Bewegung«. Später folgte der Höhepunkt der Veranstaltung, auf der die »Proklamation des Führers« mit den üblichen Angriffen gegen Bolschewismus, Kapitalismus, Fremdherrschaft und Juden verlesen wurde. Am Nachmittag sprach Hitler zum Deutschen Kulturbund und betonte, daß die Musik, Kunst und Architektur im Deutschen Reich rein »arisch« bleiben würde.[34] Am nächsten Tag nahm Alfred Rosenberg, der Chefideologe der Partei, das Thema wieder auf und behauptete, ebenso geistlos wie angeberhaft, daß alle führenden deutschen Dichter und Philosophen aus »rein arischem Erbgut« stammten. Goebbels, der sich nicht übertreffen lassen wollte, zitierte Richard Wagners Aussage, daß die Juden die »plastischen Dämonen des Verfalls« seien und verkündete erneut seine Überzeugung, daß wahre Kreativität nur von Ariern kommen könnte.[35] Der Höhepunkt dieser Art des kulturellen Antisemitismus und hysterischen Antimodernismus waren die berüchtigten Säuberungsaktionen des Dritten Reiches gegen sogenannte entartete Kunst. 1936 hatte Hitler dem prominenten Maler und Vorsitzenden der Reichskunstkammer, Adolf Ziegler, den Auftrag gegeben, alle Exponate

»dekadenter« Kunst aus mehr als hundert Museen in Deutschland einzusammeln. Das Säuberungstribunal entfernte mehr als 13000 Gemälde, Zeichnungen, Stiche und Skulpturen. Darunter waren 1000 Gemälde von Emil Nolde (selbst ein Parteigenosse), 500 von Max Beckmann, 400 von Oskar Kokoschka und 200 von George Grosz. Ein ähnliches Schicksal ereilte viele ausländische Künstler, so z.B. Picasso, Matisse, Cézanne, Van Gogh, Dufy und Braque.[36] Die Exponate der »entarteten Künstler« wurden dann (zum letzten Mal) auf einer riesigen Ausstellung in München gezeigt. Ironischerweise war dies die »populärste« Kunstausstellung in der Geschichte des Dritten Reiches. Die Besucher konnten ungerahmte Bilder mit solchen widerlichen Überschriften wie: »So sahen kranke Geister die Natur!« oder »Deutsche Bauern, mit jüdischen Augen betrachtet« anschauen.[37] Von den 112 bedeutenden Künstlern, deren Werke hier auf diese Weise öffentlich angeprangert wurden, waren nur sechs jüdischen Ursprungs und nur sehr wenige wahre Marxisten.[38] Ebensowenig waren sie »dekadent«, »unmoralisch«, »subversiv« oder »entartet«, wie die Nazi-Presse ihren Lesern suggerieren wollte.[39] Für Hitler und die Nazis waren jedoch alle wichtigen modernen Kunstrichtungen, einschließlich Dadaismus, Kubismus, Expressionismus, Futurismus, Surrealismus und abstrakte Malerei definitionsgemäß giftige Produkte »jüdischen« und »marxistischen« Denkens.[40]

Die modernen Avantgarde-Bewegungen, die in der untergegangenen Weimarer Republik erblühten, hatten alle traditionellen ästhetischen Normen scharf abgelehnt. Die Maler insbesondere schienen von der Häßlichkeit fasziniert zu sein, die Komponisten von atonalen Dissonanzen, die Dichter und Verfasser von Theaterstücken von Dekadenz und der Verrücktheit des Lebens in den Großstädten. Sie schienen Schönheit im Verlust von Gleichgewicht und Symmetrie und in der Betonung der Qualen der individuellen Seele zu finden. Darüber hinaus war ihre ästhetische Revolte gegen die bürgerliche Existenz in manchen Fällen mit einer allgemeinen Bewegung sozialer und politischer Revolte verknüpft.

Der Dadaismus und seine Doktrin der Anti-Kunst (Kunst ist Scheiße) spiegelte vielleicht mehr als jeder andere Trend das herrschende Nachkriegschaos und stellte die deutlichste Provokation gegen die Werte des deutschen »Spießers« dar.[41] Hitler hatte einen besonderen Haß gegen die Dadaisten, die ihn gnadenlos verulkt hatten. Darüber hinaus stellten für ihn, wie für viele Münchner, die die revolutionäre Zeit zwischen November 1918 und Mai 1919 erlebt hatten, die artistische und politische Avantgarde ein identisches Übel dar.[42]

Expressionistische und anarchistische Schriftsteller – von denen einige, wie Erich Mühsam, Ernst Toller und Gustav Landauer, jüdischen Glaubens waren – stellten in der Tat prominente Figuren für die Münchner Revolutionsräte dar. Das verstärkte in rechtsgerichteten Kreisen die Tendenz, moderne Künstler als die Vorreiter von Chaos und Anarchie anzusehen. Schon lange vor der Machtergreifung der Nazis wurden Künstler wie Paul Klee, Wassily Kandinsky, George Grosz, Max Beckmann und die ganze expressionistische Bewegung scharf attackiert. Man beschrieb sie als »undeutsch«, bolschewistisch und »zersetzende Elemente«. Sie hatten die Kunst bereits auf das »Niveau primitiver afrikanischer oder ozeanischer Stämme degradiert«. Außerdem unterstellte man ihnen, daß ihre Arbeiten eine enge Verwandtschaft mit den Zeichnungen der Insassen von Irrenanstalten aufwiesen.[43]

In der Weimarer Republik war der prominente Architekt Paul Schultze-Naumburg eine der deutlichsten und bekanntesten Exponenten der Gegner der modernen Kunst. In seinem 1928 veröffentlichten Buch *Kunst und Rasse* versuchte er, die Ähnlichkeit zwischen dem figürlichen Abbildungsstil der Expressionisten und dem Erscheinungsbild körperlich und geistig behinderter Menschen zu beweisen.[44] Als die Nazis 1930 die Kontrolle über das Erziehungssystem in Thüringen gewannen, wurde Schultze-Naumburg für kurze Zeit zum Verantwortlichen für die Kulturpolitik. Auf sein Drängen hin wurden die Gemälde von Kandinsky, Klee, Oskar Schlemmer, Karl Schmidt-Rottluff und die Skulpturen von Ernst Barlach aus öffentlichen Museen und Gebäuden in Weimar entfernt. Man betrachtete sie als repräsentativ für das »östliche oder sonstwie rassisch unterwertige Untermenschentum«.[45]

Schultze-Naumburg führte auch einen unablässigen Kampf gegen das Bauhaus, weil es ein »berüchtigtes Zentrum des Kunst-Bolschewismus« war. Diese international anerkannte Hochburg moderner Architektur und modernen Designs war in seinen Augen nicht viel besser als eine »Synagoge«, obwohl die bekanntesten Vertreter des Bauhauses von ´untadeliger »arischer« Abstammung waren. Im Laufe der Zeit übernahm der *Völkische Beobachter*, die führende Nazi-Zeitung, die das Bauhaus gelegentlich früher gelobt hatte, die Ansichten Schultze-Naumburgs.[46] Seine fanatischen Hetzschriften kamen dem reaktionärsten Flügel der Nazi-Partei, der sich um Alfred Rosenbergs »Kampfbund für Deutsche Kultur« gebildet hatte, sehr gelegen.

Rosenberg, der ursprünglich als Architekt ausgebildet wurde, hatte seinen *Kampfbund* gegründet, um der in seinen Augen sichtbar werdenden Korruption in der Kultur durch »jüdische« und linksgerichtete Einflüsse zu begegnen. Bevor diese »fremden Pflanzen« nicht mit der Wurzel ausgerottet und durch eine auf heroischen »nordischen« Werten gründende Kunst ersetzt würden, konnte die gewünschte Wiedererneuerung der deutschen Seele nicht stattfinden. Rosenberg entwickelte seine Ideen in dem in schwülstiger Prosa geschriebenen ›Blut und Boden‹-Klassiker *Der Mythos des Zwanzigsten Jahrhunderts*, der 1930 veröffentlicht wurde. Nach der Machtergreifung kam es zu einer harten Auseinandersetzung zwischen Rosenberg und Goebbels, der zum Kummer des ersteren zum Präsidenten der Reichskulturkammer wurde und damit die Kulturpolitik des Dritten Reiches bestimmte.

Goebbels stand den modernen Tendenzen zunächst positiver gegenüber und versuchte einige Expressionisten wie Nolde, Barlach und Erich Heckel dem Kunstbetrieb der Nazis zu erhalten.[47] Bei dieser Politik der Unterstützung eines »nordischen Expressionismus« hatte er die Unterstützung der mehr nach links tendierenden nationalsozialistischen Studentenunion. Er verteidigte auch die deutlich kritische Position der Reichskunstkammer gegenüber der völkischen Kunst und führte mit Rosenberg hierüber häufig hitzige Debatten. Hitler, der zunächst mehr zu Rosenbergs Antimodernismus neigte, erklärte im September 1933, daß es keinen Platz für »Scharlatane« und »Vertreter der Dekadenz« in der neuen politischen Ordnung der Nazis gebe.[48] Während er aber weiter Schmähreden gegen die Kubisten, Futuristen und Dadaisten hielt, rügte Hitler gleichzeitig solche rückwärts blickenden völkischen Enthusiasten wie Rosenberg, denen es nicht gelungen war, mit der Zeit Schritt zu halten.

Wenn es um Kunst und Architektur ging, war Hitler nicht unbedingt auf die völkische Richtung festgelegt, obwohl diese weiterhin ihren Anteil an der Kunstentwicklung in Nazi-Deutschland hatte. Als Jugendlicher war Hitler von den berühmten Gebäuden an der Wiener Ringstraße mit ihrem vorwiegend neubarocken und neoklassizistischen Stil sehr beeindruckt.[49] In *Mein Kampf* schreibt er davon, wie er stundenlang vor der Wiener Oper, dem Parlamentsgebäude und den Museen stand – »der ganze Ringboulevard schien mir wie ein Zauber aus Tausend und einer Nacht«. Trotz seines Abscheus gegenüber den Wienern begleitete ihn die Liebe zu der Monumentalarchitektur dieser Stadt sein Leben lang. Wien war ähnlich wie Paris eine Stadt »mit einem großen Wurf«, der Ausdruck kaiserlichen Glanzes war. Im Vergleich dazu war Berlin »nichts als eine ungeregelte Anhäufung von Bauten«, wie Hitler zu Albert Speer bemerkte, den er mit der großen Aufgabe des Umbaus dieser Stadt betraut hatte.[50]

Triumphbogen:
Eine Skizze, die Hitler 1925 als Entwurf für einen Triumphbogen in Berlin anfertigte, der den Arc de Triomphe in Paris an Größe weit übertreffen sollte.

Sosehr ihn auch die Wiener Architektur beeindruckte, zog Hitler doch die Atmosphäre Münchens mit ihrem barocken Baustil, konservativen Geschmack und ihrer Faschingsstimmung vor.[51] Münchens Kunstkultur – die eher sinnlich als spirituell war – entsprach seinem Temperament. Es war keine kosmopolitische und multikulturelle Stadt wie Wien, in der ein großer jüdischer und slawischer Bevölkerungsteil lebte.[52] Noch hatte München die ruhelose großstädtische Aufdringlichkeit und Beweglichkeit Berlins, der er immer mißtraute.[53] Es war im München der späten zwanziger Jahre, wo Hitler zum Anhänger des neoklassizistischen Baustils von Paul Ludwig Troost wurde, einem bayerischen Architekten und Innenarchitekten von Luxusschiffen.[54]

Troost wurde von Hitler damit beauftragt, das neue Parteihauptquartier umzubauen und instandzusetzen.[55] Dieser attraktive Platz im Herzen Münchens wurde bereits von einer Reihe neoklassizistischer Gebäude geschmückt, die von Bayerns aufgeklärtem König Ludwig I. (1825 bis 1848) geschaffen wurden. Hitler identifizierte sich eng mit diesem Mäzen der Künste und sah sich selbst als sein Erbe beim Umbau der Stadt.[56] Er beauftragte Troost kurz nach seiner Machtergreifung auf dem Münchner Königsplatz, zwei Ehrentempel für die Nazi-»Märtyrer« des Putsches von 1923 zu bauen. In jedem der Tempel befanden sich acht offene Sarkophage, die die Bevölkerung für immer an den Willen der Nationalsozialisten erinnern sollten, für die Aufgabe der Erneuerung Deutschlands Opfer zu bringen.

Troost entwarf 1933 auch zwei wichtige neue Parteigebäude – das Führerquartier und das Verwaltungsgebäude – als Teil des Komplexes um den

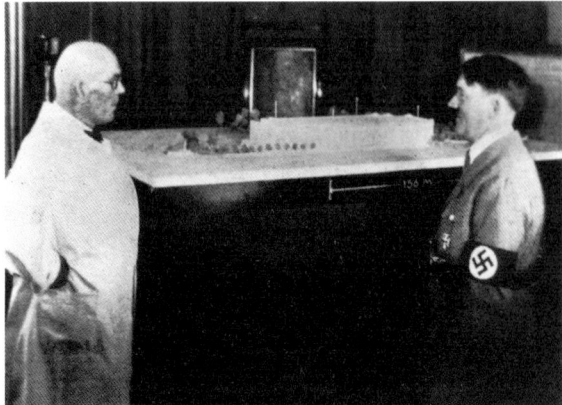

Schüler und Meister:
Hitler und Paul Ludwig Troost mit dem Modell seines Entwurfes
für das Haus der Deutschen Kunst in München, 1933.

Ein Mausoleum für Märtyrer:
Der Ehrentempel, wo die geschmückten Sarkophage der
gefallenen »Helden« des gescheiterten Hitlerputsches
von 1923 aufgestellt waren. Der vom klassischen Baustil
inspirierte »Tempel« war ein architektonisches Vorbild für
alle späteren Nazibauten.

Königsplatz. Danach wählte Hitler Troost als Architekten für eine neue Kunstgalerie, das Haus der
deutschen Kunst, das in seinem Entwurf eine Verbindung zwischen klassischer Disziplin und nüch-
ternem Sinn für Ordnung mit der »nordischen« Ras-
senidee schaffen sollte. Troost, der 1934 starb, konnte
die Vollendung dieses Projektes, das von seiner
Witwe Gerdy zusammen mit dem Architekten
Leonhard Gall zu Ende geführt wurde, nicht mehr
erleben. Hitler, der im Oktober 1933 den Grundstein zu diesem Bau legte, hatte auch am Entwurf
aktiv mitgewirkt und mit Troost bereits an anderen
Projekten eng zusammengearbeitet.[57] Der Führer
verehrte die Arbeiten Troosts und rühmte ihn als »einen der größten deutschen Architekten«.[58] Er legte
jedes Jahr einen Kranz am Grabe Troosts auf dem
Münchner Nordfriedhof nieder.[59] Albert Speer, der
bei der Verwirklichung von Hitlers Bauplänen bald

der Nachfolger Troosts werden sollte, machte einige
interessante Bemerkungen zu den künstlerischen
Leidenschaften seines Bauherrn. Er glaubte, daß
Hitler in seinem Geschmack für Architektur, Malerei und Bildhauerei in der Welt von 1880 bis 1910
stehengeblieben war, »die seinem Kunstgeschmack
ebenso wie seiner politischen und ideologischen
Vorstellungswelt die besonderen Merkmale gegeben
hat«.[60] Die Malerei hörte für ihn mit dem »dekadenten« Impressionismus auf, während er gleichzeitig
die anachronistischen Gemälde von Hans Makart
bewunderte, einem Wiener Künstler, der auf groß-
formatige dekorative Werke in leuchtenden Farben
spezialisiert war. Zur Zeit des *fin de siècle* war dieser
ornamentale, visuell opulente Stil mit seinen deko-
rativen Darstellungen schmachtender weiblicher
Fleischmassen, die von Weinreben umrankt wurden,
sogar in Wien nicht mehr aktuell.[61] Die künstlerische Erneuerung kam von Malern wie Gustav
Klimt, Egon Schiele und Oskar Kokoschka – dem
österreichischen Expressionisten, der in Nazi-
Deutschland zum Hauptziel spießbürgerlicher Ver-
teufelung werden sollte. Das vom Klimt aufgestellte
Motto für die Wiener Sezession »Der Zeit ihre
Kunst – der Kunst ihre Freiheit« wäre für die Nazis
natürlich ebenfalls ein Greuel gewesen. Ebenso
fremd waren für Hitler die neuen Kunstrichtungen
wie sie von Franz Marc, Paul Klee und Wassily Kan-

dinsky zur selben Zeit in München initiiert wurden, als er als armer Taugenichts in die Stadt kam.

Auf dem Gebiet der Architektur zeigte er dennoch eine liberalere Haltung und das Regime erlaubte Modernen wie Mies van der Rohe und Peter Behrens, für eine gewisse Zeit in Nazi-Deutschland zu arbeiten.[62] Hitler schien auch die Neuerungen des Bauhausgründers Walter Gropius und des modernen französischen Architekten Le Corbusier nicht vollständig abzulehnen, obwohl sie von vielen anderen Nazi-Kreisen heftig angegriffen wurden. Diese scheinbaren Abweichungen unterstreichen Speers Standpunkt, daß es keinen definitiven »Nazi-Stil« in der Architektur gab. Troosts abgespecktes, spartanisches Design, das fast gänzlich auf Ornamente verzichtete und traditionelle mit modernen Elementen vereinte, kam den Normvorstellungen von öffentlicher Architektur vielleicht am meisten entgegen. Auch wenn dieser Neoklassizismus, wie Speer bemerkte, »vervielfacht, abgewandelt, übertrieben oder auch ins Lächerliche verzerrt wurde«.[63]

Tragende Säulen der Kunst:
Hitler betrachtet in Begleitung seiner Architekten Albert Speer
und Professor Leonhard Gall die Bauarbeiten am neuen
»Tempel der Kunst« in München.

dernisierung deutscher Arbeitsplätze spielte. Bei seiner neuen Aufgabe erwies sich Speer als ein Meister ästhetischer Illusionen und Erfinder neuer Wege, um dem deutschen Arbeiter das Gefühl für die Würde der Arbeit wiederzugeben. »Schönheit der Arbeit« war ein Mikrokosmos der nazistischen Kunstpolitik in den Bereichen Technologie und Design, der sich auf die Aufgabe konzentrierte, die Arbeitsumgebung zu verbessern und gesünder zu machen.[65] Es war Speer und seinen Mitarbeitern bewußt, daß die Verschönerung von Industrieanlagen die Arbeitsbedingungen sowohl physisch als auch psychologisch verbessern konnte und damit zur besseren Leistung führte. Speers Tätigkeit sollte das Bild einer Volksgemeinschaft verstärken und damit Hitlers »tätigen Sozialismus« verwirklichen.[66] Schönheit der Arbeit sollte der Beweis dafür werden, daß es »nur eine Kultur und nur eine Lebensform gab, die des deutschen Volkes«. Die graue Häßlichkeit der Industrialisierung sollte einer neuen Ökonomie der technischen Form, Ordnung, Symmetrie und äußeren Sauberkeit weichen. In gewisser

Nach dem Tode Troosts sollte Speer selbst natürlich zum führenden Architekten Nazi-Deutschlands werden. Er war ein jugendlicher, ambitionierter und gut ausgebildeter Technokrat von patriotischer Gesinnung, der zum ersten Mal als der Organisator der Kundgebung zum 1. Mai auf dem Tempelhofer Feld im Jahre 1933 mit Hitler in Berührung kam.[64] Er machte auf Hitler mit den von ihm entwickelten »Lichtdom«-Effekten, die später als Umrahmung der Nürnberger Parteitage berühmt werden sollten, einen großen Eindruck. Speer wurde zum Leiter der »Schönheit der Arbeit«-Abteilung der Deutschen Arbeitsfront, die eine wichtige Rolle bei der Mo-

Weise erinnerte Speers Konzept an die *Neue Sachlichkeit* der Zwanziger Jahre (die im Nazi-Schrifttum oft verurteilt wurde) und war ein Hinweis auf den zunehmenden Modernismus der Nazi-Architektur und des Nazi-Designs nach 1936.[67] Diese von den Nazis bevorzugte »moderne« Richtung, die auf einer von den Utopien des Bauhauses befreiten technischen Rationalität gründete, war Anzeichen einer bedeutsamen Abkehr von dem *völkischen* Antimodernismus, der in anderen Bereichen des Nazi-Staates vorherrschte.

Von 1933 an war Speer auch der künstlerische und technische Leiter der Parteiversammlungen, wobei seine Entwürfe für Beflaggung und Standarten zum Schlüsselelement ihrer außerordentlichen Beliebtheit wurden. Die Brillanz der von ihm entworfenen Bühnenbilder und Lichteffekte wurde von Hitler und Goebbels sofort erkannt. Dementsprechend erhielt er von Hitler den Auftrag, das Luitpold Stadion und Zeppelinfeld in Nürnberg zu einem Reichsparteitagsgelände, das 340000 Teilnehmer aufnehmen sollte, umzubauen.[68]

Speer entwarf auch den Deutschen Pavillon auf der Pariser Weltausstellung von 1937, der Zeugnis vom wachsenden Macht- und Erfolgsgefühl des Dritten Reiches ablegte. Sein wichtigster Auftrag war aber der Bau der neuen Reichskanzlei in Berlin, die Anfang 1939 in Rekordzeit fertiggestellt wurde. Speer wußte, daß Hitler bei repräsentativen Staatsbauten und öffentlichen Gebäuden auf einem Eindruck heischenden, monumentalen, neoklassizistischen Stil bestand. Speer war sich des Größenwahns Hitlers und dessen Absicht, das eigene Volk und mehr noch die ausländischen Diplomaten und Staatsbesucher mit der Stärke Deutschlands zu beeindrucken, wohl bewußt.[69] Hitler hatte ihm viele Male gesagt, daß es das Ziel der Baukunst sein sollte, den Nachkommen einen Eindruck der eigenen Epoche und ihrem Geist zu hinterlassen. Letztlich, philosophierte er, »würden an die großen Epochen der Geschichte doch nur deren monumentale Bauwerke erinnern...«[70]

Speers Bauweise richtete sich nach diesen Anforderungen. Die deutschen Medien rühmten seinen Baustil als einen Triumph des Nationalsozialismus, als ein großes Gemeinschaftswerk und als Symbol eines neuen Großdeutschlands und seiner künftigen Glorien.[71] Journalisten bewunderten die Klarheit und Symmetrie der Gebäudelinien und das Gefühl von Sicherheit und Ordnung, das seine Objekte ausstrahlten. Sie lobten den strengen, preußischen »soldatischen Charakter«, der so gut mit der Tradition übereinstimmte, die Friedrich der Große der Stadt Berlin aufgeprägt hatte. Einige sahen sogar in der Konstruktion der Reichskanzlei ein endgültiges Zeichen für das Ende des »liberalen Chaos« in Deutschland und die Wiederkehr echter

Autorität. Diese Ansichten zeigten viele Übereinstimmungen mit einer Kulturrede, die Hitler 1937 gehalten hatte und in der er sagte: »Unsere Gegner werden es noch erkennen, aber vor allem sollen es unsere Anhänger wissen: Unsere Bauwerke sind mit dem Ziel errichtet worden, die Autorität zu stärken...«[72]

Hitler selbst hatte erklärt, daß »man beim Betreten der Reichskanzlei das Gefühl haben sollte, den Herren der Welt zu besuchen«.[73] Alles am Entwurf dieses Gebäudes war dazu bestimmt, ein Gefühl von Erhabenheit und Würde zu vermitteln, den Besucher zu beeindrucken und eine demütige Stimmung auszulösen. Im Schatten gigantischer Dekorationen, breiter Treppen, weiter Räume und unglaublich langer Marmorgalerien mußten Gäste und Besucher, die zu Hitler wollten, vom Glanz des Großdeutschen Reiches notwendigerweise überwältigt sein. Hermann Giesler, einer der führenden Architekten Deutschlands, traf folgenden Vergleich zwischen Speers *Magnum Opus* und Troosts Führerbau in München:

> Zwei Meisterwerke des politischen Aufstiegs ... Der Führerbau ist ein Symbol des wiedergefundenen Glaubens an eine deutsche Zukunft ... Der Bau von Troost zeigt mit dorischer Knappheit und Strenge das Gesicht der kämpferischen Partei ... In Speers Reichskanzlei spricht sich dagegen Hoheit und Fülle des zur Großmacht gewordenen Reiches aus.[74]

Es handelte sich um einen besonders treffenden Gegensatz, weil Berlin und München zwei unterschiedliche Polaritäten im Deutschen Reich repräsentierten. Während Berlin unzweifelhaft die politische Hauptstadt war und dazu ausersehen war, *die* Metropole einer neuen europäischen Ordnung zu werden, war München sowohl »die Hauptstadt der Bewegung« und »die Hauptstadt der Kunst«. Hitler war entschlossen, dieser Stadt wieder ihre führende Rolle zu geben, die sie einst im 19. Jahrhundert als das deutsche Kunstzentrum innegehabt hatte. Er hoffte, daß die dort errichteten neuen Monumentalgebäude die Stellung Münchens als Kunststadt wiederbeleben würden. Die repräsentative Architektur

Troosts sollte als Modell für ganz Deutschland dienen, um »einen Gemeinschaftsraum für das Volk« zu
schaffen. Der kürzlich umgebaute Königsplatz mit
seinen Granitplatten war nach den Worten Werner
Rittichs »ein steinernes Symbol der nationalsozialistischen Weltanschauung, ihrer Größe, ihres Kampfes und ihres Sieges«.[75]

Auf diesem Platz, der die unbedeckten Ehrentempel der »Märtyrer« in sich aufnahm, die auch
von allen Seiten offen waren und durch hochaufra-
gende Säulen gestützt wurden, die weder Wind
noch Wetter abhielten, hatte die Nazi-Bewegung
ihr wichtigstes Heiligtum erbaut. Die Opfer des
gescheiterten Putschs waren nicht länger von der
Gemeinschaft getrennt, für die sie gefallen waren.[76]
Für die Zeitgenossen waren die Ehrentempel Ausdruck eines Gefühls disziplinierter Ordnung, klassi-

schen Designs und eines »soldatischen Lebensge-
fühls«.[77]

München, eine Stadt, die für die Geschichte der
Nazi-Bewegung so bedeutend war, blieb daher ein
Ort des Gedenkens aber auch der Erneuerung.
Seine wahrhaft »deutsche« Atmosphäre, seine neoklassizistischen Gebäude und seine künstlerischen
Traditionen machten die Stadt zu einem der Lieb-
lingsorte Hitlers. Vor allem war es das von Troost ge-
baute Haus der deutschen Kunst in der Prinzregentenstraße, das offiziell am 18. Juli 1937 eröffnet
wurde, das nach Hitlers Worten als ein »wahrhaft
großes und künstlerisch einmaliges« Bauwerk her-
ausragte. Für ihn war dieser »Tempel der Kunst« von
einzigartig ausdrucksvoller Schönheit und hoher
Funktionalität der Innenarchitektur und Einrich-
tung.[78] Frau Gerdy Troost bekräftigte dieses Urteil

Gebaut für die Ewigkeit: Naziarchitektur am Königsplatz.
Der Führerbau (links), in dem die Münchner Friedenskonferenz von 1938 stattfinden sollte, vor der Vollendung.
Daneben das erste Bauwerk der Nazis, Paul Ludwig Troosts Ehrentempel für die gefallenen »Märtyrer« von 1923.
Dahinter das »Braune Haus«, Hauptquartier der NSDAP.

und nannte das Werk ihres Mannes einen »Schrein«, der ein Beispiel für die »ewigen Werte« war, die der Nationalsozialismus anstrebte.[79] Es war ein Zeichen dafür, daß germanische Traditionen vor dem Chaos eines zerstörerischen Liberalismus gerettet wurden. Für die Bewunderer dieses Hauses war die wunderbare Klarheit und »musikalische Harmonie«, die durch den Kontrast von Pfeilern und Säulen und ausgeprägten Horizontallinien geschaffen wurde, eine wohlgelungene Reminiszenz an den Hellenismus.[80] Fast einhellig sahen die Nazis in dieser Galerie ein dauerhaftes Symbol gegen den Einbruch beunruhigender Veränderungen, modischer Launen und gefährlicher fremder Ideen. Trotz des allgemeinen öffentlichen Lobes für Troosts Meisterwerk zeigten öffentliche Beinamen wie »Palazzo Kitschi« oder »Weißwurstbahnhof«, daß die Begeisterung nicht von allen Münchner Bürgern geteilt wurde.

Die Nazi-Architektur kann letztlich ebensowenig von Ideologie, Propaganda und Politik getrennt werden, wie der moderne Stil, der ihr voranging. Die vorherrschenden Motive der Nationalsozialisten kann man am ehesten als eine Gegenbewegung zu den revolutionären Experimenten und dem sozialen Umbruch der Weimarer Republik betrachten. Die besessene Suche nach »Deutschtum« war die Antwort auf den »Internationalismus«; der Drang nach Ordnung war eine Antwort auf die Anarchie; die Rückkehr des Klassizismus und »ewiger« Werte eine Antwort auf die Furcht vor Neuerungen und Vergänglichkeit. Die Nazis mobilisierten die Traditionen gegen die Modernität, heroische Einfachheit gegen verwirrende Komplexität, völkische Verwurzelung gegen metropolitisches Nomadentum. Der sogenannte »Kulturbolschewismus« war ein bequemes wenn auch grob fälschliches Etikett, mit dem man diejenigen Aspekte der Moderne brandmarken konnte, die die Nazis in Kunst und Politik vehement bekämpften.

Hitler und seine Partei hatten von Anfang an der Architektur und der Kunst eine große Bedeutung als Instrument der politischen Propaganda zugemessen.[81] Die Architektur insbesondere sollte zum Kennzeichen nationaler Kraft und Stärke werden.

Hitler hatte in der Tat bereits 1929 versprochen, daß »wir aus unserer neuen Weltanschauung und aus unserem politischen Machtwillen heraus Dokumente aus Stein und Erz schaffen wollen«.[82] Um diesen Anspruch zu unterstreichen, sprachen seine Gefolgsleute immer wieder von Hitler als einem »politischen Künstler« und, nach Goebbels, war er ein »großer Baumeister«, der einen Staat von wahrhaft klassischem Ausmaß geschaffen hatte.[83]

In der Zeit vor ihrer Machtergreifung hatten die Nazis die moderne Architektur als Symbol der pluralistischen Massengesellschaft und der Auswüchse der Urbanität bezeichnet. Den modernen Architekten wurde regelmäßig vorgeworfen, daß sie mit dazu beitragen würden, ein »entwurzeltes Volk« zu schaffen, das seine Bodenständigkeit verloren hatte. Den Nazis nahestehende konservative Polemiker, wie Schultze-Naumburg, denunzierten den zügellosen »Materialismus« der neuen Architektur in einer quasi-apokalyptischen Sprache: »Denn in der deutschen Kunst tobt ein Kampf um Tod und Leben, nicht anders als auf dem Felde der Politik.«[88] Insbesondere wurden Walter Gropius und seine Bauhausschüler als »Salonbolschewisten« verteufelt, deren Hinterlassenschaft ausgelöscht werden müßte, sobald die Nazis an die Macht kämen. Nur der Nationalsozialismus, versicherte man, hätte den Willen, die deutschen Kulturtraditionen gegen die internationale jüdische und marxistische Verschwörung zu verteidigen.

Nach der Machtergreifung zeigte jedoch das Nazi-Bauprogramm mehr Abwechslung, als man hätte erwarten können, wobei die unterschiedlichen stilistischen Vorlieben der verschiedenen Nazi-Führer zum Vorschein kamen. Nichtsdestoweniger erzwang Hitlers Diktum, daß sowohl Kunst als auch Politik aus derselben schöpferischen Kraft eines autoritären »Willens zur Form« stammten, eine gewisse Einheitlichkeit in der Architektur. Diese sollte vor allem das nationale Bewußtsein erwecken und Ausdruck nationaler Größe sein. Die Architektur war für ihn ein entscheidendes Element, um dem deutschen Volk ein Gefühl der Zugehörigkeit zu geben und künftigen Generationen den Glauben an ihr unveräußerliches Herrschaftsrecht zu vermitteln.[85] Hitlers Bewunderung für das Vorbild der griechischen Kunst und Architektur bezog sich vor allem auf Schönheit und Funktionalismus. Er betonte aber auch, daß die Nazi-Architektur zeitgemäß sein müsse und die neuen Technologien benutzen sollte, um »für die Ewigkeit zu bauen«.[86] Er hatte daher keine Einwände gegen großräumige Stadtplanung und -reform. Er hatte ebensowenig Einwände gegen den funktionalen und effizienten Baustil, der von den Architekten der Deutschen Arbeitsfront bevorzugt wurde. Auch der Hitlerjugend war es gestattet, bei ihren Bauten mit modernsten Werkstoffen zu arbeiten. Darüber hinaus zeigten einige Gebäude der Luftwaffe unverkennbare Anlehnungen an die modernistische Architekturbewegung. Diese Abweichungen konnten mit Hitlers eigenem Aufruf zur »wahren Praktikalität« und »kristallklarem Funktionalismus« gerechtfertigt werden. Daher repräsentiert der Nazi-Baustil, wie Barbara Miller-Lane belegt hat, »einen Kompromiß zwischen widersprüchlichen Ideen und Absichten«.[87]

Hitlers Bauprogramm war auch ein gutes Beispiel für einen »reaktionären Modernismus«, der die Bewunderung für eine fortgeschrittene Technologie mit einem ›Blut und Boden‹-Romantizismus vermischte.[88] Jedoch waren die »Endziele« wesentlich weitreichender als viele Zeitgenossen vermuteten, und umfaßten nichts Geringeres als die spätere Weltherrschaft des Deutschen Reiches. In diesem Zusammenhang muß man auch Hitlers beständige Analogien mit dem Römischen Reich sehen, ebenso wie seine Vorliebe für Granit als Baumaterial, seine Besessenheit mit ewiger Dauer und seine Gigantomanie.[89] Die endlosen Bauprojekte konnten gleichzeitig sowohl inneren als auch äußeren Zwecken dienen, während ihre Bedeutung zur selben Zeit auf die ultimativen expansionistischen Ziele ausgerichtet war. Diese Projekte sollten das deutsche Gefühl von Selbstbewußtsein stärken, die Produktivität der Nation verbessern und Hitlers eigene Autorität verstärken. Sie sollten auch der Welt außerhalb Deutschlands den Glauben an Hitlers friedfertige Absichten belassen.[90]

Noch beeindruckender war jedoch das bloße Ausmaß, die Extravaganz und der Größenwahn in seinen Plänen. »Berlin, die Hauptstadt der Welt«, sollte künftig nur mit dem alten Ägypten, Babylon und Rom verglichen werden können. Der Reichsadler auf der großen Halle in Berlin sollte auf einer Weltkugel sitzen, die die Kuppel des größten Gebäudes der Welt überkrönen sollte, einer Kuppel, die die des Kapitols in Washington und die des St. Petersdoms in Rom an Größe weit übertreffen sollte. Der Berliner Hauptbahnhof mußte größer werden als die New York's Grand Central Station, die von Todt in Hamburg erbaute Hängebrücke mußte größer sein als die Golden Gate Bridge in San Francisco.[91] Das große Stadion in Nürnberg sollte das größte der Welt werden. Vor allem aber sollte Hitlers Triumphbogen (den er bereits 1925 entworfen hatte) doppelt so hoch sein wie Napoleons Triumphbogen in Paris. »Das wird wenigstens ein würdiges Denkmal für unsere Toten des Ersten Weltkrieges sein«, meinte Hitler zu Speer. »Der Name jedes unserer 1,8 Millionen Gefallenen wird in Granit eingemeißelt werden!«[92] Wie Elias Canetti bemerkte, hatte diese Erinnerung und das Gefühl für die unübersehbare Menge von Toten einen entscheidenden Einfluß auf Hitlers Denken. Sie waren seine Obsession, die Quelle seiner Kraft, der letztendliche Zweck seiner Existenz.[93] Sie halfen ihm, nach oben zu kommen, sie waren seine erste Anhängerschaft. In ihrem Namen würde er die Niederlage, die es nie gegeben hatte und den Verrat vom November 1918 rächen. Diese Toten und die, die noch kommen sollten, würden sein »Sieg« und sein Denkmal sein.

KAPITEL 3:

Die Verführung der Massen

»Propaganda, Propaganda, Propaganda. Nur Propaganda zählt.«
ADOLF HITLER, 1923

Nach dem Ersten Weltkrieg hat sich der Nationalsozialismus zunächst in Bayern als Gegenreaktion zur Wirtschaftskrise, sozialer Unsicherheit
und dem Trauma der Münchner Räterepublik von
1919 entwickelt. Das schwarze Hakenkreuz, das auf
einer von Hitler selbst entworfenen Fahne als Symbol für die Nationalsozialisten stand, repräsentierte
nach seinen eigenen Worten den Kampf um den
Sieg des »arischen« Menschen »und gleichzeitig um
den Sieg der Idee der schöpferischen Arbeit, die in
sich selbst immer antisemitisch gewesen ist und sein
wird«. Der rote Fahnengrund stand für die soziale
Idee der Bewegung, der weiße Kreis repräsentierte
den nationalistischen Gedanken. Die Nationalsozialisten beanspruchten für sich, eine Arbeiterpartei zu
sein und machten das Wort »Kamerad« zur offiziellen Anrede, jedoch stammte der größte Teil ihrer
Anhänger aus der unteren Mittelklasse und herun-
tergekommenen Elementen. In den zwanziger Jahren war die Bewegung immer noch zwischen ihrem
ursprünglichen antiindustriellen, populär-rassisti-
schen Flügel in Süddeutschland und dem eher »sozialistischen« revolutionären Gegenpol gespalten,
der von den Brüdern Strasser im Norden angeführt
wurde. Hitler war das verbindende Element und
hatte zweifellos bis zum Ende des Jahrzehnts seine
persönliche Vorherrschaft in der Bewegung gesi-
chert. Sein Konzept der Volksgemeinschaft wurde
von ihm klugerweise so formuliert, daß es über die
Klassengrenzen hinaus Zustimmung fand. Die Nazi-
Propaganda verbreitete beständig ihren populisti-
schen sozialen Egalitarismus. Auch Hitler liebte es,

sich als »Sohn des Volkes« zu bezeichnen, der Bauar-
beiter, Student, Künstler und dann vier Jahre Front-
soldat gewesen war, bevor er in die Politik ging.[1]

Die Erfahrung des Ersten Weltkrieges war für Hitler und seine Sturmtruppen entscheidend (die frühe
Privatarmee der Partei). Die meisten Führungs-
personen unter den Braunhemden waren frühere
Soldaten, die sich nach dem Krieg nicht mehr im
zivilen Leben zurechtfinden konnten.[2] Ihr Kom-
mandant, Ernst Röhm, war selbst ein militärischer
Abenteurer, der an »den Sozialismus der Schützengräben« glaubte. Seine gewalttätigen jugendlichen
Anhänger, die sich zum großen Teil aus dem Heer
der Arbeitslosen rekrutierten, erhielten von ihm die
Aufgabe, die Straßenkämpfe gegen die Kommunisten und Sozialdemokraten zu gewinnen. Das Row-
dytum und der revolutionäre Elan der SA waren für
Hitler vor 1933 unentbehrlich, wurden aber danach
zu einem Ärgernis. In der »Nacht der langen Messer« im Jahre 1934 wurden die Flügel der SA brutal
gestutzt.

Die SA war die erste uniformierte, paramilitärische Organisation der Nazi-Partei. Ihre massierten
Marschkolonnen erzeugten nicht nur Furcht bei ihren Gegnern, sondern strahlten auch ein unheilvol-
les Gefühl von Macht und uniformierten Willen aus.
Sie selbst nannten sich »politische Soldaten« und
»Freiheitskämpfer«, obwohl ihr Nationalismus ihnen
oft nur als eine Maske für kriminelles Verhalten und
grundlose Gewalt diente.[3]

Hitlers uniformierte Gefolgsleute gehörten jedoch ihm alleine, gebunden durch einen Eid, der für

persönliche Loyalität und blinden Gehorsam stand. Welcher besonderen Unterorganisation der NSDAP sie auch angehörten, sie wurden Teil einer uniformierten Masse, deren perfekte Koordination ihren Eindruck auf zeitgenössische Beobachter nicht verfehlte.[4] Im Dritten Reich wurden Uniformen in der Tat zum zentralen Teil der visuellen Umrahmung jeder öffentlichen Veranstaltung. Ihre Allgegenwart und schiere Vielfalt war dazu bestimmt, einen überwältigenden Eindruck von Macht und Autorität zu verbreiten. Mit ihrer extensiven Verwendung von Uniformen unterdrückten die Nazis erfolgreich jede Art von Individualität und persönlicher Freiheit, und erleichterten so die Koordination der Massenveranstaltungen, für die sie berühmt wurden.[5] Wie Baldur von Schirach, der Führer der Hitlerjugend seinen jugendlichen Anhängern 1939 sagte »gehörten sogar ihre Körper der Nation, der sie ihre Existenz verdankten«. Der »Volkskörper« seinerseits gehörte total dem Führer. Wenn sie sich in großen Marschkolonnen organisierten, wurden seine disziplinierten aber gesichtslosen Anhänger zu Teilchen in einer großen Masse, die zu einem einzigen Ganzen zusammengeschweißt war.[6] Sie verwirklichten die Forderungen des Reichs-Organisationsführers, Robert Ley, daß es in der Zukunft »keinen Deutschen ohne Uniform« geben würde.[7]

Hitlers eigene braune Parteiuniform war bis zum Zweiten Weltkrieg (wo er eine Soldatenuniform trug) ein unabdingbarer Teil seiner öffentlichen Erscheinung und sollte auch dazu verhelfen, die Aufmerksamkeit von seiner oft unvorteilhaften Körpersprache abzulenken. Es gab nur wenige Abzeichen auf seiner Uniform – die Armbinde mit dem Hakenkreuz, das Eiserne Kreuz aus dem Ersten Weltkrieg und das Goldene Parteiabzeichen –, aber als Führer der Bewegung war sein herausragender Rang in jedem Fall sichergestellt. Sein wahres Abzeichen und sein Schmuck waren jedoch die Massen, die während der Parteiversammlungen in endlosen Paraden an ihm vorbeischritten.[8] Ihre geschlossenen Reihen und ihre perfekte Formation waren für Hitler ein ideales Dekor für den neuen Stil seiner aktivistischen Politik.

Hitler verstand instinktiv die Bedeutung der Kriegskameradschaft, die mit dramatischer Liturgie und farbenfrohen Fahnen zur Mobilisierung der Massen genutzt wurde.[9] Wie d'Annunzio und Mussolini in Italien erkannte er die Wichtigkeit des patriotischen Kampfmythos und des Märtyrerkults für seine eigene nationalistische Bewegung. Das Blut derer, die für das Vaterland oder für die Nazi-Bewegung gefallen waren, sollte den Bund einer Gemeinschaft von Kameraden besiegeln. Auf diese Weise konnte der millionenfache Tod im Krieg in die nazistische Ideologie und später in die nationale Gemeinschaftsideologie des Dritten Reiches integriert werden.[10] Es war, als ob die Millionen Toten des Ersten Weltkrieges wieder auferstanden und in den Massen, die sich neu erhoben hatten, wiedergeboren wären, um dem politischen Aufruf der Nationalsozialisten »Deutschland erwache« zu folgen.[11]

Hitler hatte die zentrale Bedeutung der Massenpolitik bereits seit seinen frühen Jahren in Wien erkannt. In *Mein Kampf* erinnert er an den großen Eindruck, den die österreichischen Sozialdemokraten als Massenpartei auf ihn machten: »Mit welch anderen Gefühlen starrte ich nun die endlosen Viererreihen einer eines Tages stattfindenden Massendemonstration Wiener Arbeiter an. Fast zwei Stunden lang stand ich so da und beobachtete mit angehaltenem Atem den ungeheuren menschlichen Drachenwurm, der sich da langsam vorbeiwälzte.«[12] Er sollte auch vom Führer der sozialchristlichen Partei in Wien, Karl Lüger (den er als einer der größten »deutschen« Bürgermeister aller Zeiten bewunderte), lernen, wie man die »soziale Frage« und volkstümlichen Antisemitismus dazu benutzt, die Massen anzuheizen. Seine eigenen Beobachtungen brachten ihn zu der Überzeugung, daß die Massen ihrem Wesen nach »weiblicher Natur« waren, sie wollten und brauchten einen starken und kompromißlosen Führer. Nach Hitlers zynischer und skrupelloser Ansicht fühlten sie (die Massen), daß ihr »die Unverschämtheit ihrer geistigen Terrorisierung ebensowenig zum Bewuptsein kommt wie die empörende Mißhandlung ihrer menschlichen Freiheit...«[13] Hitler gelangte auch zu der Überzeugung, daß physische Einschüchterung die Massen stark beeindrucken würde, sofern sie erfolgreich durchgeführt würde.

Als er später in München unter Mithilfe der Armee in die Politik eintrat, wandte er diese Lehren mit Eifer an. Wie er in *Mein Kampf* schrieb: »Wer die breite Masse gewinnen will, muß den Schlüssel kennen, der das Tor zu ihrem Herzen öffnet. Er heißt nicht Objektivität, also Schwäche, sondern Wille und Kraft.«[14] Emotionen statt abstrakter Ideen und stereotype Formen statt rationaler Erklärungen würden sich am besten im Gedächtnis der Menge eingraben. Es gab keinen Platz für Zweifel, Unsicherheiten, Vorbehalte oder Konzessionen. Heftigkeit, Leidenschaft und Fanatismus waren die großen magnetischen Kräfte, die allein eine Menge in ihren Bann zwingen würden. Die Massen würden immer auf »die zwingende Kraft, die vom absoluten Glauben in seine Ideen ausstrahlt und sich mit der unbezähmbaren Begeisterung verbindet, für ihre Verteidigung zu kämpfen...«[15] reagieren. Keiner dieser Gedanken war in sich und aus sich selbst heraus originell.

Wesentliche Einsichten hierzu wurden bereits von dem französischen Schriftsteller Gustave Le Bon in seiner kurzen und treffenden Untersuchung *Psychologie der Massen* im Jahre 1895 erstmals veröffentlicht. Le Bon, der von der französischen Massenbewegung der Boulangisten und der Krise der Dritten Republik in den neunziger Jahren des letzten Jahrhunderts beeinflußt war, hatte bereits prophezeit, daß das zwanzigste Jahrhundert die »Ära der Massen« sein würde. Die künftige politische Kunst würde im Verständnis der psychologischen Massengesetze und ihrer geschickten Anwendung bestehen. Derjenige würde der große Führer sein, der es intuitiv verstand, daß »Massen nicht nach Einsichten suchen und Ideen nicht als ganzes annehmen oder verwerfen« und daß sie weder Diskussionen noch Widersprüche tolerieren. Ein solcher Mann würde auch der charismatische Führer sein, der wüßte, wie man eine Menge politisch organisiert, indem man an ihre Seele und die Macht ihres unbeirrbaren Glaubens

appelliert. Bestätigung, Wiederholung und anstekkender Enthusiasmus waren die Kräfte, die die Massen bewegten, die unendlich »suggestibel« waren.[16] In ihrem primitiven Haß gegenüber einer »natürlichen« Superiorität tendierten sie dazu, eine Unterklassenführerschaft nach ihrem eigenen Bilde zu erschaffen, der sie dann blindlings folgen würden. Es ist bekannt, daß Mussolini von Le Bons »exzellenter Arbeit« tief beeindruckt war und sich oft auf sie berief.[17] Aber auch Hitler war mit den Untersuchungen Le Bons zur *Massenpsychologie*, die er in deutscher Übersetzung studierte, wohl vertraut. Sie konnten seine eigene Überzeugung nur verstärken, daß die Massen sich zutiefst konservativ verhielten und ihren Antrieb für Veränderungen vor allem aus Mythen, Bildern und Gefühlen bezogen.[18]

Das Attribut, das Hitler von den meisten anderen Ideologen und rivalisierenden Politikern unterschied, war etwas, das Alan Bullock einst als »seine unerreichte Fähigkeit, die Möglichkeiten der Propaganda zu begreifen und sein Flair, bei deren bestmöglicher Umsetzung« nannte.[19] Hitlers Leidenschaft, verbale Gewalt und sorgfältig einstudierte rednerische Gesten waren ein konkretes Beispiel seines Glaubens an »die magische Kraft des gesprochenen Wortes«.[20] Propaganda umfaßte jedoch weit mehr als Hitlers unheimliche Fähigkeit, sowohl Haß als auch Begeisterung in den Herzen seiner Zuhörer auszulösen. Er formte Le Bons Hinweis über Wiederholungen zu einer bewußten Technik. Ein Auszug aus Hitlers Ausführungen in *Mein Kampf* zur Hauptfunktion der Propaganda:

Die Masse braucht in ihrer Schwerfälligkeit immer eine bestimmte Zeit, ehe sie auch nur von einer Sache Kenntnis zu nehmen bereit ist. Und nur einer tausendfachen Wiederholung einfachster Begriffe wird sie endlich ihr Gedächtnis schenken. Jede Abwechslung darf nie den Inhalt des durch die Propaganda zu Bringenden verändern, sondern muß stets zum Schlusse das gleiche besagen. So muß das Schlagwort wohl von verschiedenen Seiten aus beleuchtet werden, allein das Ende jeder Betrachtung hat immer von neuem beim Schlagwort selber zu liegen ...

Dann aber wird man mit Staunen feststellen kön-
nen, zu welch ungeheuren, kaum verständlichen
Ergebnissen solch eine Beharrlichkeit führt. Jede
Reklame, mag sie auf dem Gebiete des Geschäfts
oder der Politik liegen, trägt den Erfolg in der
Dauer und gleichmäßigen Einheitlichkeit ihrer
Anwendung.[21]

Die Propaganda war nicht allein auf das gesprochene
Wort beschränkt. Daneben gab es die Choreographie der Massenveranstaltungen und Demonstrationen, die ein Gefühl für Macht und Zugehörigkeit
zur Bewegung schuf. Das Meer von Parteifahnen
und Standarten, die von uniformierten SA-Mitglie-
dern getragen wurden, die kämpferischen Lieder der
Nazi-Bewegung, die Militärmärsche und der Klang
der Trommeln, die gespannte Erwartung, die Hitlers
Einzug vor einer Rede umgab und die lauten
»Sieg-Heil«-Rufe erzeugten eine mitreißende
Atmosphäre.[22] Dieser politische Stil mit seinem kal-
kulierten Sinn für das Zeremonielle mit den dazuge-
hörigen Fanfaren und die dichten Massen von Uniformen wurde von keiner der politischen Parteien
der Weimarer Republik in seiner Wirkung übertroffen. Nur die Kommunisten kamen ihm nahe. Jedoch
hatte die organisierte Linke (noch viel weniger die
bürgerlichen Parteien) weder die Möglichkeit noch
die Absicht, mit den Nationalsozialisten bei der Anwendung von Gewalt und Terror als politischen
Waffen gleichzuziehen.

Hitler war die psychologische Schlagkraft einer
derartigen Brutalität wohl bewußt. Er erkannte
auch, daß man den zunächst isolierten Menschen in
einen Stimmungsrausch bringen konnte, wenn man
ihm auf gut organisierten Massenveranstaltungen
zum ersten Mal das Gefühl gab, Teil einer größeren
Gemeinschaft zu sein. Umgeben von Tausenden von
Menschen, die von einer einzigen Überzeugung bewegt wurden, vom Lärm, Enthusiasmus und der
hypnotischen Kraft der Massensuggestion, konnten
die Zweifel und Ängste des einzelnen überwunden
werden. Die »Volksgemeinschaft«, die die Nazis
schmieden wollten, verzichtete auf rationale oder
intellektuelle Überzeugung zugunsten von Emotionen, die durch ein entsprechendes visuelles und

akustisches Umfeld instrumentiert wurden. Die
»Wahrheit« ihrer Botschaft wurde nicht mit Argu-
menten, sondern durch die greifbare Erfolgswir-
kung, den einstimmigen Ruf Tausender und der
physisch fühlbaren Einheit einer dichtgedrängten
Menge bekräftigt. Diese emotionale Ekstase verlieh
den Nazi-Versammlungen ihren besonderen Charakter.[23]

Gleichzeitig borgten die zeremoniellen und litur-
gischen Aspekte der nazistischen Weltanschauung
viel vom christlichen Glauben, während sie ihn
gleichzeitig von innen heraus zersetzten. Die Vorstellungen, Bilder und Symbole erinnerten an eine
karikierte Version des Christentums. Der Nazismus
hatte seine »Märtyrer«, seine »Apostel«, seine »Dog-
men« und »Sakramente«. Es war ein *politischer*
Glaube, der sich aber auf Vorbilder wie den jesuitischen Orden oder die hierarchischen autoritären
Strukturen der katholischen Kirche bezog.[24]

Hitlers Gefühl für Ritual und Liturgie könnte
sehr wohl Folge seiner österreichischen katholischen
Herkunft sein.[25] Wie seine ebenfalls vom katholischen Glauben abgefallenen Gefolgsleute, der Bayer
Heinrich Himmler und der Rheinländer Goebbels,
hatte Hitler einen intuitiven Sinn für äußere Formen, Symbole und die Kunst der Massenpsychologie. Er ging dabei davon aus, daß diese Merkmale
von der katholischen Kirche über Jahrhunderte kul-
tiviert wurden, und es war seine volle Absicht, diese
Tatsache für seine eigene Nazi-»Religion« auszunutzen. In dieser Hinsicht könnte man den Nationalsozialismus beinah als einen politisierten Katholizismus, der von allen Überresten judeo-christlicher
Ethik befreit war, beschreiben. Ironischerweise sollten jedoch die Protestanten für die eschatologischen
Verlockungen von Hitlers politischem Messianismus
anfälliger sein als die Katholiken.

Es ist richtig, daß Hitler für die »Kultplätze« oder
Kultrituale und für den obskuren Mystizismus einiger völkischer Kreise in der Partei wenig übrig hatte.
Auf dem Reichsparteitag 1938 hatte er einen derartigen Okkultismus ausdrücklich verurteilt.[26] Er
hatte aber Le Bons Lehre aufgenommen, nach der
die religiösen Bedürfnisse der Massen durch die Ein-

führung immer weiterer ritueller Elemente befriedigt werden müssen. So entwickelten die Nazis ihren eigenen Zyklus hoher Feiertage, der schließlich die christlichen Feiertage verdrängen sollte. Dazu gehörten der Jahrestag der Machtergreifung, Hitlers Geburtstag, der Tag der Arbeit, der Tag der Sommersonnenwende, der jährliche Parteitag in Nürnberg und der Jahrestag des Putsches vom November 1923. Das folgende kritische Zitat erhellt in hervorragender Weise die pseudo-religiöse Bedeutung des 9. November:

> Die »alten Kämpfer« des Münchner Putschs wiederholten schweigend ihren Marsch durch die von Menschenmengen gesäumten Straßen der Münchner Hauptstadt, ähnlich einem bombastischen Zerrbild des Passionsspiels. Ihre Marschroute zur Feldherrnhalle glich einer Beschwörung des Kreuzweges Christi – mit einem entscheidenden Unterschied: Der Heiland marschierte aufrecht, in Stulpenstiefeln und mit grimmigem Gesicht in der ersten Reihe seiner Jünger; Golgatha und Auferstehung hatten sich zu einem einzigen düsteren seelenbewegenden Ereignis vereinigt.[27]

Als ob dies nicht genug wäre, sollte Hitler auch jedes Jahr neue Parteifahnen weihen, indem er sie mit einer Hand berührte, während er mit der anderen die »Blutfahne« umklammerte, die von den Kugeln des fehlgeschlagenen Putsches durchlöchert war.[28] Es war aber vor allem Hitlers eigene Person, die mit einer besonderen religiösen Bedeutung ausgestattet war. Er war das Instrument der Vorsehung, der Ursprung aller Segnungen, der mit übernatürlichen Kräften versehene allwissende Führer. In einem unheilvolleren Sinn war er auch der heilige Scharfrichter, die triumphierende germanische Christgestalt, die ausgesandt war, um den schrecklichen Urteilsspruch über Satans Volk, die Juden, auszuführen.[29] Letztendlich waren die Nazis die Erben von zwei Jahrtausenden christlichen Antisemitismus, den sie in verschärfter Form zu einer skrupellosen Waffe der Massenpolitik machten. Es ist zweifelhaft, ob die »Endlösung« der jüdischen Frage ohne die apokalyptische, pseudo-religiöse Komponente in Hitlers eigener fanatischer Persönlichkeit und die dämonischen Eigenschaften, die er auf die Juden projizierte, in Gang gebracht worden wäre.

Natürlich sind ideologische Mythen und Massenbewegungen nicht erst mit den Nazis entstanden. Ebensowenig war die Nazi-Bewegung die erste im modernen Europa, die eine nationalistische Bildersprache, Riten und Feierlichkeiten dazu benutzte, um die Massen zu beeinflussen. Seit der Französischen Revolution hatte es viele Versuche gegeben, die Politik zu dramatisieren, um so die Menschen für die eigene Nation zu begeistern. Der Wunsch, ein Gefühl für Gemeinschaft und Beteiligung am politischen Prozeß zu schaffen, war ein logischer Bestandteil der Souveränität des Volkes. Im Deutschland des neunzehnten Jahrhunderts wurde Richard Wagner zu einer der Zentralfiguren bei der Wiederbelebung eines besonders emotionalen, quasi-religiösen Nationalismus, der seinen Ausdruck in Mythen, Symbolen und Festspielen fand. Mit seiner Welt früher germanischer Mythen und seinem Glauben an ein unveränderliches germanisches Volk, seiner Vorstellung vom »Gesamtkunstwerk« und seinen Bemühungen, diese Gedanken zu verbreiten, übte er einen enormen und dauerhaften Einfluß aus.[30] Die von ihm eingeweihten Bayreuther Festspiele sicherten die Fortsetzung der Wagnerschen Tradition bis in das zwanzigste Jahrhundert. Die sorgfältig arrangierten Wagnerischen Opern hatten wegen ihrer romantischen und traumhaften Elemente eine berauschende Wirkung auf die Zuschauer, die durch die besondere Atmosphäre Bayreuths noch verstärkt wurde. Die Erschaffung dieser weihevollen und festlichen Stimmung beeindruckte viele Nachahmer, einschließlich der Nazis.

Hitler, der ein leidenschaftlicher Bewunderer der Musik Wagners war, zeigte sich von dessen Arrangement der Festspiele und seiner Darstellung der sogenannten »arischen« Seele in seiner Musik und auf der Bühne sehr beeindruckt. Nach Hitlers eigener, rein rassistischer Interpretation von *Parsifal*, die er 1934 Hermann Rauschning übermittelte, war es ein Drama der Korrumpierung reinen, edlen Blutes. Hitler bestätigte ausdrücklich, daß er »eine enge Verwandtschaft mit Wagners Gedankenwelt« spürte, und fügte hinzu, daß er in jeder Phase seines Lebens auf Wagner zurückgekommen war.[31] Bei einer anderen Gelegenheit, als er im Jahre 1936 in seinem Privatzug dem Vorspiel zu *Parsifal* zuhörte, übermannte ihn eine Hochstimmung: »Ich habe meine Religion aus *Parsifal* heraus gestaltet... Man kann Gott nur im Gewand des Helden dienen.« Als dann Siegfrieds Trauermarsch erklang, erinnerte er sich daran, wie er ihn zum ersten Mal im Wiener Opernhaus gehört hatte. »Und ich erinnere mich noch, als ob es heute wäre, wie ich mich auf dem Heimweg wahnsinnig über jammernde Jidden aufregte, an denen ich vorbei ging. Ich kann mir keinen gegensätzlicheren Kontrast vorstellen. Dieses herrliche Mysterium des sterbenden Helden und diese jüdische Scheiße!«[32]

Das Kreuz unterm Hakenkreuz:
Die Nazis fanden viele enthusiastische Anhänger
unter den deutschen Protestanten.

Bayreuth wurde im Dritten Reich zu *dem* großen kulturellen Heiligtum, und Hitler selbst wurde zum Schirmherrn der Festspiele und einem schwärmerischen Freund der Wagnerschen Familie. Dazu Albert Speers kryptische Bemerkung: »Hitler wirkte an diesen Festspieltagen gelöster als sonst.«[33] Im Januar 1940 kam Thomas Mann, der bisher zu den großen Verteidigern der Musik Wagners gehört hatte, zu der einigermaßen traurigen Erkenntnis, daß diese in der Tat als Vorläufer des Hitlerismus anzusehen war: »Mit seiner ... Mischung von Wurzeln-in-der-Erde und Augen-zur-Zukunft-gerichtet, seinem Aufruf zur klassenlosen Gesellschaft, seinem mythischen Revolutionärstum, ist er der exakte spirituelle Vorläufer der ›metaphysischen‹ Bewegung, die die Welt heute terrorisiert.«[34]

Die Nazi-Politik hatte in bezug auf ihre ästhetischen Elemente dem Wagnerschen Illusions- und Mythentheater viel zu verdanken, das ihr als Vorbild für die Formung der Massen diente. In ih-

rem Pomp und Zeremoniell ihrer öffentlichen Festveranstaltungen sowie in ihrem eigenen Kult vom germanischen Volk konnten sich die Nazis von Wagners Art, Mythen populär zu machen, inspirieren lassen.[35] Besonders für Hitler war die Wagnersche Oper *das* große Schauspiel. Er hatte die Wiener Oper seiner Jugend nicht vergessen – die Bühneneffekte, die Magie der Musik und das weihevolle Umfeld. In den Worten von George Mosse: »Dieser Geschmack wurde direkt auf die Liturgie des Dritten Reiches übertragen und sollte Romantik und Ordnung, klassische Harmonie und religiöse Verehrung symbolisieren.«[36]

Die neuen Charakteristika aus den zwanziger Jahren, wie Massenbeflaggung und brillante Lichteffekte, wurden dieser im Grundsatz konservativen *fin-de-siècle*-Sichtweise einfach hinzugefügt. Auch die tradierte Welt der Mythen und Symbole mußte einem neuen Zeitalter der Massenbewegungen und gewalttätiger Massenpolitik angepaßt werden. Festlichkeiten, Zeremonien und kultische Riten mußten jetzt – besonders im Dritten Reich – in das Alltagsleben und den jahreszeitlichen Kalenderrhythmus eingebaut werden. Die Nazi-Liturgie, die die gesamte Organisation der Gesellschaft beeinflußte, bestimmte den Ausdruck des neuen Gemeinschaftsgefühls. Innerhalb dieser miteinander verknüpften Aspekte der Gesamtheit aus heiligen Orten, monumentalen Strukturen, blendenden Lichteffekten, ewigen Flammen und einem Meer von Fahnen stand Hitler als lebendes Symbol im Zentrum des Nazi-Kults. Die Aufmärsche, die ewigen Paraden und Umzüge, die Fahnen, die Uniformen, die Parolen und der Hitler-Gruß erzeugten die gewünschte Atmosphäre gemeinsamer Verehrung und Teilnahme. Was auch immer Hitlers Absichten waren, so beruhte doch die gesamte weihevolle Organisation dieser Massenspektakel auf dem den Führer umgebenden Mythos, um so die Menschen zu einer einzigen Gemeinschaft zusammenzuschweißen.

Es war die ursprüngliche Funktion der faschistischen Riten, die Bewegung zusammenzuhalten und der Öffentlichkeit ihren Sinn für Ordnung und Disziplin zu demonstrieren. Wie Mussolini zuvor, sah auch Hitler in diesen Veranstaltungen und Paraden ein essentielles Element, um die Unterstützung der Massen aufzubauen und zu erhalten. Es war die bevorzugte Methode, um eine direkte gefühlsmäßige Verbindung mit den Menschenmengen herzustellen. Bis zur Machtergreifung 1933 blieben jedoch bei diesen Aufzügen und Veranstaltungen informelle und sogar amateurhafte Elemente erhalten. Erst danach kam es zu der sorgfältigen theatralischen Ausschmückung, unnachgiebigen Präzision und hohen Stilisierung, die wir gewöhnlich mit der faschistischen Machtperiode assoziieren.[37] Öffentliche Feierlichkeiten übernahmen jetzt die Aufgabe, die gesamte *Nation* und ihre Traditionen zu repräsentieren. Die Verherrlichung der nationalen Vergangenheit schmeichelte dem Stolz der Bevölkerung und erhöhte das Prestige des Führers und seines Regimes. Zeremonielle Veranstaltungen, wie etwa die Berliner Olympischen Spiele im Jahre 1936, wurden auch dazu benutzt, um der ganzen Welt die konkreten Errungenschaften und friedfertigen Absichten des neuen Deutschlands zu demonstrieren. Dazu eignete sich besonders die Glorifizierung sportlicher Erfolge und der Kult um eine gesunde, strahlende Jugend.

Was die Nazis von anderen Regierungen unterschied, war nicht ihre theatralische Politik als solche, sondern Ausmaß, Intensität und Wiederholungshäufigkeit ihrer Verwirklichung. Die Nazis benutzten nicht nur die nationalen und regionalen Parteitage, sondern auch die Massenfeierlichkeiten anläßlich von Jahrestagen und der Einweihung öffentlicher Gebäude, um die deutsche Öffentlichkeit und das Ausland von den Errungenschaften des Nationalsozialismus zu überzeugen. Bei solchen Gelegenheiten widmeten die Nazi-Führer den Details wie Design, Größenmaßstab, Farbe und symboli-

schen Elementen größte Aufmerksamkeit. Diese Konzentration auf visuelle Elemente war nicht nur eine dekorative Begleiterscheinung, sondern eine zentrale Eigenheit der Verbreitung faschistischer Ideologie und der Politik als Massenspektakel. In dieser Hinsicht unterschied sich der Nazismus in fundamentaler Weise von liberalen und demokratischen Gesellschaften, während er gleichzeitig mit anderen faschistischen und kommunistischen Regierungssystemen vergleichbarer wurde.[38]

So zeigte die Sowjetunion unter Stalin, trotz der ideologischen Kluft, die sie vom Dritten Reich trennte, in ihrer künstlerischen und kulturellen Entwicklung einige erstaunliche Ähnlichkeiten mit Nazi-Deutschland.[39] Beide Gesellschaften waren totalitäre Diktaturen, die sich als Folge siegreicher Revolutionen entwickelt hatten. Beide vergötterten ihre Führer und verherrlichten den Ein-Parteien-Staat. In beiden Fällen übte die Partei die zentrale Kontrolle über alle kreativen Aktivitäten aus und sorgte dafür, daß sie sich den ideologischen Zielen unterordneten. Beide Regierungssysteme betonten den Vorzug des Kollektivismus und verurteilten den liberalen Individualismus der westlichen Demokratien und ihrer kapitalistischen Kultur. Beide Staaten bemühten sich um die Mobilisierung der Massen und nahmen für sich in Anspruch, sowohl in kulturellen als auch in sozialen und politischen Fragen in deren Namen zu sprechen. In beiden Ländern gab es eine starke Tendenz zur Monumentalarchitektur, heroischen Skulpturen und im offiziellen Sinne korrekter Malerei, Musik und Kultur. Die Kunst sollte mit einer positiven Lebenshaltung übereinstimmen und dazu ermutigen, die jeweils vorherrschende politische Doktrin zu stärken und das Regime zu verherrlichen. Abweichende Meinung und Kritik waren verboten, und wer nicht linientreu war, wurde nicht nur vom Staat, sondern auch oft von seinen Künstlerkollegen verfolgt. Es ist richtig, daß die führende Ideologie in der UdSSR marxistisch und internationalistisch war und damit fremdenfeindlichen Tendenzen in gewisser Weise entgegenwirkte. Rassismus und Antisemitismus waren offiziell unerwünscht, letzteres allerdings nur bis zu den letzten

Bitte keine Beschwerden: Die tatsächliche Geschichte hinter dieser bekannten Photographie ist erst kürzlich aufgedeckt worden. Ein prominenter jüdischer Anwalt, Dr. Michael Siegal, hatte wegen der im März 1933 zerstörten Schaufenster des im jüdischen Besitz befindlichen Kaufhauses Uhlfelder eine offizielle Beschwerde bei der Münchner Polizei eingelegt. Er wurde im Polizeipräsidium von Nazisturmgruppen zusammengeschlagen; dabei wurden seine Schneidezähne ausgeschlagen, das Trommelfell perforiert und zum Schluß die Hosenbeine abgeschnitten. Das Bild zeigt Dr. Siegel, der in diesem Zustand durch die Straßen Münchens geführt wird.

Regierungsjahren Stalins. Darüber hinaus wurden Kunst und Kultur nicht bewußt zur Verherrlichung militärischer und imperialistischer Aggression eingesetzt. Es gab jedoch genug Parallelen, um zu zeigen, daß nicht alles in der Nazi-Kultur als einzigartiges Produkt der deutschen Geschichte gesehen werden konnte.

Die Kunst und Technik der Propaganda waren zwei Gebiete, die sowohl für die Nazis als auch die Kommunisten von besonderer Bedeutung waren. Die Propaganda selbst wurde zum Rang einer »Kunst« erhoben, die den Politikern und der Konsolidierung des Regierungssystems dienen sollte. Sie hatte das Ziel, die öffentliche Meinung über die Medien zu beeinflussen und die Mobilisierung der Massen zu erleichtern. Während der Kampfjahre vor 1933 war die verbale und visuelle Propaganda eine

der Stärken der Nazi-Bewegung.[40] Nach der Machtergreifung der Nazis wurde das Propagandawesen Joseph Goebbels unterstellt, dessen Ministerium für Propaganda und Volksaufklärung der vermutlich größte Apparat seiner Art in der Geschichte war. Wie Goebbels dem führenden deutschen Dirigenten, Wilhelm Furtwängler, 1933 gestand, fühlte er sich in dieser Rolle als ein Künstler:

> Auch die Politik ist eine Kunst, vielleicht die höchste und umfassendste, die es gibt, und wir, die wir die Politik des neuen Deutschlands gestalten, fühlen uns selbst als Künstler, die die verantwortliche Aufgabe erhalten haben, aus dem Rohmaterial der Masse die festgefügte Gestalt des Volkes zu formen.[41]

In seiner neuen Rolle als »politischer Künstler« errichtete Goebbels eine nahezu totale Kontrolle über die Kommunikationsmedien, d.h. Radio, Presse, Verlage, Literatur, Kino und alles andere. Er erreichte schnell die Gleichschaltung des kulturellen Lebens und die »Säuberung der Künste« im Namen der nationalsozialistischen Revolution.[42] Er unterwarf die Arbeit von Herausgebern und Journalisten staatlicher Kontrolle, schaffte jegliche »Kunstkritik« ab und eliminierte Juden und politische Gegner aus allen einflußreichen Stellungen. Er war ein besonders giftiger Judenhasser, einer der unnachgiebigsten in seiner Partei. Auf dem Siegesparteitag 1933 schlug er auf die Juden und die sogenannte »jüdische Durchdringung der selbständigen Berufe« ein. Im selben Jahr inszenierte er zuvor in Berlin das große Ritual der »Bücherverbrennung« als Teil seines Kampfes gegen den »undeutschen« Geist. Die Werke jüdischer, marxistischer und anderer sogenannter »subversiver« Autoren wurden den Flammen eines riesigen Freudenfeuers übergeben. Im November 1938 war er auch der Hauptinitiator des Pogroms in der *Kristallnacht* und während der Kriegsjahre war er einer der geheimen Hauptplaner der »Endlösung«, der 1942 die Deportation der Berliner Juden persönlich überwachte. Goebbels, der einem strengen katholischen Arbeiterklassenmilieu entstammte, wurde in den frühen zwanziger Jahren mit dem radikalen, eher sozialistischen Flügel der Nazi-Bewegung in Verbindung gebracht, der von Gregor und Otto Strasser angeführt wurde. 1926 wechselte er auf die Seite Hitlers und wurde noch im selben Jahr Gauleiter von Berlin-Brandenburg.

Innerhalb kurzer Zeit wurde er zum gefürchtetsten Demagogen Berlins. Als ein unerbittlicher und unermüdlicher Agitator, der mit einer gewaltigen Stimme und rhetorischer Begabung ausgestattet sowie völlig skrupellos war, hatte sich Goebbels bereits gegen Ende der zwanziger Jahre zu einem Meister der Propaganda entwickelt. Mit eiskalter zynischer Berechnung verwandelte er den Berliner Studenten und Pimpf, Horst Wessel, in einen »heiligen Sozialisten« und Nazi-»Märtyrer«. In den Jahren der wirtschaftlichen Depression lieferte er viele der Bilder, Mythen, Parolen, öffentlicher Lügen und bezeichnender Sprüche, die die Botschaft der Nazis verbreiteten.[43]

Goebbels redigierte auch seine eigene 1927 gegründete Wochenzeitschrift ›Der Angriff‹, entwarf seine eigenen Plakate und trimmte seine SA-Abteilung für häufige Straßenkämpfe und Schlägereien in Berliner Bierkneipen. Hitler erkannte sehr schnell, daß Goebbels' Ausdrucksfähigkeit, sein Intellekt und Organisationstalent für die Nazis unentbehrlich waren. Nach 1933 hatte Hitler auch genügend Anlaß, seinem Propagandaminister für dessen Leistungen tief dankbar zu sein, insbesondere für das Flair, mit dem dieser den Führermythos mit dem Image eines Messias und Erretter der deutschen Nation erschaffen hatte. Niemand in Hitlers Umgebung konnte es mit der Geschicklichkeit Goebbels' bei der manipulativen Gestaltung und theatralischen Begleitung der Nazi-Feierlichkeiten aufnehmen.

Trotz seiner Nähe zu Hitler und ihrer gemeinsamen radikalen Ansichten war Goebbels bei seinen weniger intelligenten Kameraden in der Partei nicht beliebt. Der »kleine Doktor« hatte zuviel von einem bürgerlichen Intellektuellen und war außerdem durch einen verkrüppelten Fuß körperlich behindert. Auch wenn nur sehr wenige Nazi-Führer groß, blond und blauäugig waren, so war doch keiner von dem »nordischen« Ideal weiter entfernt als der verkrüppelte kleine Mann mit dem schwarzen Haar. Im bitteren Bewußtsein seiner äußeren Erscheinung versuchte Goebbels diese Handicaps durch einen grimmigen ideologischen Radikalismus und seinen brennenden Haß auf die Reichen, die Intellektuellen und besonders die Juden zu kompensieren. Von Hitler abgesehen, gab es keinen anderen Nazi-Redner, der es so gut verstand, bei seinen Zuhörern im gleichen Maße Gefühle von Wut, Verzweiflung, Haß, fanatischer Entschlossenheit und Zerstörungswillen zu entfachen.[44]

Wenn der Nationalsozialismus in gewisser Hinsicht nur Propaganda war, die sich als Ideologie ausgab, dann war Goebbels der Hohepriester. Wie Hitler verachtete er im Grunde die Massen und hatte andererseits, ebenso wie Hitler, die Fähigkeit, sich von deren unbewußten Stimmungen und Gefühlen inspirieren zu lassen. Während aber Hitler in seinem Verhältnis zu den Massen visionär, begeistert und so-

gar ekstatisch war, war der Ausdruck Goebbels' bewußt machiavellistisch, kalkuliert und theatralisch.
Das wirkte sich auch auf seine Ansichten zu Propaganda aus, deren Aufgabe nicht in einer intelligenten
oder gebildeten Ausdrucksweise, sondern lediglich
dem letztlichen Erfolg lag.[45] Ebenso wie für Hitler
bestand für ihn der Kern der Nazi-Herrschaft in der
Kombination von Propaganda, Kunst und Terror;
alle drei Elemente waren für die größtmögliche Ef-
fektivität des Systems erforderlich. Er verstand unter
Propaganda »Menschen so völlig, so entscheidend
von einer Idee zu überzeugen, daß sie ihr schließlich
vollständig erliegen und niemals mehr davon los-
kommen können«.[46] Es war Goebbels gleichzeitig
klar, daß dies nur möglich war, wenn bereits eine
entsprechende Aufnahmefähigkeit der Öffentlichkeit bestand und die Propaganda im Bezug zu den
wirklichen Bedürfnissen und Problemen stand.[47] Es
war, in anderen Worten, nicht einfach eine Angele-
genheit von Manipulation und Technik, sondern
eine Fokussierung und Verschärfung bereits beste-
hender Haltungen und Weltanschauungen. Die Propaganda hatte einen bereits existierenden Strom zu
kanalisieren und den populären Bedürfnissen und
Gefühlen Richtung und Kraft zu geben. Emotionale
Elemente allein würden nicht zum gewünschten
Ziel einer Indoktrination der Massen führen können. Die Öffentlichkeit mußte sowohl durch einen
Appell an ihren rationalen Verstand als auch an ihre
irrationalen Instinkte überzeugt werden.[48] Nur so
konnte die potentielle Kluft zwischen der Nazi-Re-
gierung und dem Volk überbrückt werden. Der »politische Willen« der Nation ließ sich ohne genügend
Enthusiasmus und Engagement der Massen nicht erfolgreich koordinieren. Es war die zentrale Aufgabe
der Propaganda nach 1933, diese »Koordination« zu
sichern, um so die Nation noch fester zusammenzuschweißen.

Als Präsident der Reichskulturkammer hatte
Goebbels der Kunst die besondere Aufgabe zugewiesen, dem Nazi-Ideal der *Volksgemeinschaft* Ausdruck zu verleihen und eine wahre Volkskultur zu
schaffen. Er war in seiner Kulturpolitik anfänglich
gemäßigter als andere Nazi-Führer, weil er in gewisser Weise um die Weltmeinung besorgt war. Eine
Zeitlang unterstützte er diejenigen Gruppen, die
den Nationalsozialismus mit dem Expressionismus
verbinden wollten. Barlachs expressionistische
Skulpturen schmückten sein Heim ebenso wie die
Arbeiten des kontroversen Malers Emil Nolde, bis
Hitler beide als dekadente Künstler verurteilte.
Goebbels versuchte vergeblich, Stefan George zur
Übernahme des Vorsitzes der Reichsliteraturkam-
mer zu überreden, ebensowenig gelang es ihm, Fritz
Lang zum Leiter der Nazi-Filmproduktion zu machen oder Thomas Mann nach Deutschland zurück-
zuholen.[49] Auf dem Gebiet der Musik hatte er mit
dem Komponisten Richard Strauss und dem führenden Dirigenten Wilhelm Furtwängler mehr Erfolg;
beide blieben in Deutschland und lieferten ihren
Beitrag zur Aufrechterhaltung des kulturellen Prestiges des Dritten Reiches.

Im November 1936 gab Goebbels die »gemä-
ßigte« Fassade auf und verbot jede Kunstkritik, die
durch reine Berichte und Beschreibung ersetzt
wurde.[50] Nach seiner zungenfertigen Behauptung
zeigten die Kritiker »bis zu den jüdischen *Literati* von
Heinrich Heine bis Alfred Kerr« Respekt für die
Leistungen anderer, ohne sich selbst als unfehlbare
Richter aufzuspielen. Jedoch hatte die jüdische kulturelle Infiltration zu »einer vollständigen Verzerrung des Ausdrucks ›Kritiker‹ geführt«, wofür
Menschen, die selbst keine künstlerische Begabung
hatten, verantwortlich waren. Deutsche Kritiker
hatten bereits vier Jahre Zeit gehabt, sich den nationalsozialistischen Prinzipien anzupassen. Ab jetzt
hätten sie sich auf eine bewertungsfreie Beschreibung zu beschränken.[51]

Am 15. März 1933 hatte Goebbels in einer umfassenden Stellungnahme gegenüber Vertretern der
Presse noch eine vorsichtigere Linie vertreten, indem er die Freiheit der Kritik einerseits voraussetzte,
während er andererseits sicherstellte, daß niemand
davon Gebrauch machte. Es war die Aufgabe der
Presse und der Medien, eine Brücke zwischen der
nationalsozialistischen Bewegung (die Ausdruck des
Volkswillens war) und dem Volk zu bilden.[52] Daher
sollte die Presse ebenso *belehren* wie informieren, um

die Menschen aktiv für die Ziele der Nazis zu gewinnen. Die Propaganda, erinnerte Goebbels seine
Zuhörer, war ungerechterweise zu einem negativ
gefärbten Begriff geworden. In Wirklichkeit müßte
ein Propagandist wissen, was in den Köpfen der
Menschen vorgeht, um »die geheimen Schwingun-
gen der Volksseele von einer Seite zur anderen zu erkennen«.[53] Er müßte mit den Menschen aus unterschiedlichen sozialen Klassen und Landesteilen in einer Sprache sprechen, die sie verstehen würden. Der
Kern der Propaganda wären »Einfachheit, Kraft und
Konzentration«, um konfuse und komplexe Ideen
»in einem einzigen griffigen Satz zusammenzufassen
und diesen dann dem Volk als ganzem nahe zu bringen«.[54] Auch der einfachste Mann auf der Straße
müßte verstehen, was von ihm erwartet wurde. Die
Nazis erwarteten von der Presse die Erfüllung dieser
didaktischen Aufgabe. Objektivität war kein Thema,
da alle Berichte grundsätzlich offen oder versteckt
tendenziös gefärbt waren. Wie Goebbels sagte, war
Unparteilichkeit in der Tat sowohl geschlechts- als
auch wertlos.

Zehn Tage später entwickelte Goebbels bei einer
Ansprache vor Vertretern des Rundfunks seine vor-
ausschauende Vision eines neuen und aktuellen
Rundfunksystems, das mit dem Zeitgeist und den
nationalen Verpflichtungen im Einklang stand. In
einer Zeit des technischen Fortschritts war es wesentlich, daß Nachrichten von nationalen Ereignissen das ganze Volk erreichen sollten, um ihm die
Möglichkeit zu geben, »an den großen Ereignissen
unserer Zeit direkt teilzuhaben«.[55] Es gab keinen
Grund, erklärte er, Reichstagssitzungen nicht zu
übertragen; wenn das Fernsehen eines Tages weiter
entwickelt wäre, sollte es der ganzen Nation möglich sein, Ereignisse aktuell am Bildschirm zu verfolgen. Inzwischen mußte jedoch das Radio als das
aktuelle Massenmedium entsprechend den Bedürfnissen der Nazis modernisiert werden. Das Regime
war sich der Möglichkeiten des Rundfunks sehr bewußt, was sich u.a. darin ausdrückte, daß Hitler im
ersten Jahr nach der Machtergreifung nicht weniger
als fünfzig Rundfunkansprachen hielt. Sein wohlbe-
kanntes Diktum »Ohne Autos, Tonfilm und Radio

gibt es keinen Sieg des Nationalsozialismus« zeigte,
daß er, ähnlich wie Goebbels, größten Wert auf die
Entwicklung der neuen Technologien legte.[56] Bis
zum Jahre 1939 konnten 70 Prozent aller Deutschen
die Rundfunksendungen mit ihrem eigenen Ra-
dioempfänger verfolgen, der im Volksmund »Goeb-
bels-Schnauze« genannt wurde.

Dieses neue Instrument der Massenkommunikation wurde aber in den frühen Jahren eher als eine
verstärkte Ausdrucksform politischer Kundgebun-
gen und als Mittel angesehen, die Zahl der Zuhörer, die an Hitlers Lippen hingen, zu vergrößern.
Die Deutschen wurden regelmäßig ermuntert, in
den Fabriken, Kasernen und anderen öffentlichen
Plätzen Radio zu hören, während das in der Abge-
schlossenheit der eigenen Wohnung nicht sehr er-
wünscht war. Der Rundfunk sollte den Menschen
ein neues Gefühl dafür vermitteln, daß es ihnen ver-
gönnt war, die Geschichte ihres Landes unmittelbar
mitzuerleben. Wenn es allerdings um aktuelle Nachrichten, öffentliche Ereignisse und internationale
Politik ging, wurde jede Nachricht von den Nazis in
ein vorbestimmtes, stereotypes und letztlich mythi-
sches Schema der historischen Entwicklung ge-
zwängt.[57]

Es war aber nicht das Radio, sondern eher das
Kino, von dem Hitler und Goebbels wirklich besessen waren, weil sie es für das potentiell kraftvollste
Massenmedium des neuen Zeitalters hielten. Bereits
in den zwanziger Jahren hatte das deutsche Kino
eine Art Blütezeit erlebt. Wie Siegfried Kracauer vor
langem aufzeigte, gab es eine seltsame Überschnei-
dung zwischen der Traumwelt, die das Kino vor
Hitler projiziert hatte, und dem Deutschland, wie es
sich nach 1933 tatsächlich entwickelte.

Selbsternannte Caligarigestalten hypnotisierten
unzählige Cäsarfiguren in Richtung Mord.
Wahnsinnige Mabuses begingen straflos phanta-
stische Verbrechen, und verrückte Iwans erfan-
den beispiellose Torturen. Zusammen mit dieser
unheiligen Allianz verwandelten sich viele von
der Filmleinwand bekannte Motive in tatsächliche Ereignisse. In Nürnberg wurde das ornamentale Muster von *Nibelungen* auf gigantische Größe

aufgeblasen: Ein Meer von Fahnen und kunstvoll arrangierte Menschenmengen. Die Seelen wurden gründlich manipuliert, um den Eindruck zu erwecken, daß das Herz das Bindeglied zwischen Hirn und Hand war. Tag und Nacht marschierten Millionen Füße über die Straßen der Städte und des Landes. Das militärische Signalhorn tönte unaufhörlich und die Spießer in den noblen Salons waren voller Hochstimmung. Man hörte Kampflärm und Sieg folgte auf Sieg. Es war alles so, wie man es zuvor auf der Filmleinwand gesehen hatte.[58]

Das von Fritz Lang in den zwanziger Jahren gedrehte Filmepos *Nibelungen*, das in einer Orgie gegenseitiger Vernichtung endet, faszinierte sowohl Hitler als auch Goebbels. In der Tat führte die Bewunderung des Propagandaministers für den Halbjuden Lang dazu, daß er ihm anbot, die deutsche Filmindustrie zu reorganisieren – was von diesem natürlich abgelehnt wurde. Trotz des massiven Exodus von Filmkünstlern (viele von ihnen jüdischen Glaubens), gelang es Goebbels, einige der dadurch nach 1933 entstandenen Probleme abzumildern. In der Erkenntnis, daß das Publikum wenig Lust auf Braunhemd-Epen im Kino verspürte, gelangte er zu der Überzeugung, daß Unterhaltung die beste Filmpropaganda darstellte! Eskapismus wurde zur Lieblingsformel, besonders während des Zweiten Weltkrieges, als die deutschen Städte zu brennen begannen, und es dringend notwendig war, die Moral der Bevölkerung aufrechtzuerhalten.

Nichtsdestoweniger gab es Ausnahmen zu dieser Regel, zu denen auch die 1940 erstmals aufgeführten drei antisemitischen Filme gehörten, die das Publikum davon überzeugen sollten, daß die »jüdische Frage« eine radikale Lösung erforderte. Der erste dieser Filme, *Jud Süß*, zeigt den Aufstieg und Fall eines Hofjuden im Württemberg des 18. Jahrhunderts, wobei die offensichtlichen Parallelen zur Gegenwart nicht zu übersehen waren. Dieser relativ anspruchsvolle Film war ein großer Publikumserfolg und genau die Art jenes perfiden Films mit einer »Botschaft«, die Goebbels bevorzugte. Im Vergleich dazu war der Dokumentarfilm *Der ewige Jude* auf

reine Propaganda ausgerichtet. Es war ein außerordentlich bösartiger und gemeiner Film, der die Juden als eine kriminelle Rasse von Parasiten, vergleichbar mit den Ratten, schilderte und durch Hitlers persönliche Intervention noch blutrünstiger und aggressiver gestaltet wurde. Es gibt darin entsetzliche, verzerrte Szenen ritueller Tierschlachtungen und viele abstoßende Aufnahmen aus den Ghettos von Warschau und Lodz, deren Insassen von den Nazis bereits für die Vernichtung vorgesehen waren.[59] Diese osteuropäischen Juden, die von den Nazis in Polen unter unmenschlichen Ghettobedingungen eingepfercht waren, wurden als Zeugen des normalen jüdischen Alltagslebens dargestellt. Ein bedeutsamer Hinweis darauf, daß dieser Film zur Rechtfertigung der »Endlösung« dienen sollte, ist der Zusammenschnitt mit einer Aufnahme vom 30. Januar 1939, die Hitler bei seiner grausigen »Prophezeiung« zeigt, daß im Falle eines Zweiten Weltkrieges alle Juden Europas von der Vernichtung bedroht wären. Der Film endet mit beschwingten Szenen, die blonde, muskuläre »arische« Typen gegen einen blauen Himmel zeigen, mit Hitlergruß und flatternden Fahnen: Die unmißverständliche Warnung lautet, die Rasse rein zu halten und damit die Zukunft des deutschen Volkes zu sichern.

Nach 1940 hat Goebbels derartige antisemitische Attacken im Kino nicht mehr wiederholt, vermutlich deswegen, weil die Nazis annahmen, daß die Öffentlichkeit genügend für die geplante »Lösung« des jüdischen Problems in Deutschland und den besetzten Gebieten vorbereitet war.[60] Die Zweifel des Propagandaministers an dem Film *Der ewige Jude* waren natürlich nicht in einer abweichenden Haltung zu dessen giftigem Antisemitismus begründet. (Goebbels wußte instinktiv, daß dieser Film die Leute aus den Kinos trieb, mußte sich jedoch in diesem speziellen Fall Hitlers Unnachgiebigkeit beugen.)

Sieben Jahre zuvor hatte Goebbels bereits in einer Rede über die deutsche Filmindustrie davor gewarnt, sich die ganze Zeit auf politisch korrekte Filmdarstellungen zu konzentrieren.[61] Er bestand darauf, daß sich die Filme mit beliebten Themen be-

*Noch ein Phototermin: Die Bühne für »Der Triumph des Willens«. Leni Riefenstahl filmt von ihrer beweglichen Kameraplattform
(oben links zwischen den Hakenkreuzen) aus ihren Führer. Nürnberger Reichsparteitag, September 1934.*

fassen mußten, wenn sich die Kinos füllen sollten. Mit Recht verlangte das Publikum nach Zerstreuung und Amusement. Goebbels wußte nur zu gut, daß ein antisemitischer Schreckensfilm diesen Anforderungen nicht entgegenkam. Das gleiche galt für die sogenannten nationalsozialistischen Filme, die die Bewegung auf endlose Paraden, Aufmärsche und Fanfarenmusik reduzierten. Man konnte ihnen nicht nachsehen, daß sie die Zuschauer langweilten und einen »bei der Betrachtung schaudern ließen«. Entscheidend war die Art und Weise, in der solche Themen behandelt wurden. Die drei Filme, die von Goebbels als besondere cinematische Kunstwerke hervorgehoben wurden, waren Sergei Eisensteins *Panzerkreuzer Potemkin* (»ein wunderbarer unvergleichlicher Film«), *Anna Karenina* mit Greta Garbo und Fritz Langs *Nibelungen*. Was Goebbels besonders an *Potemkin* beeindruckte, war dessen künstlerische Brillanz und seine »Überzeugungskraft«.[62]

Goebbels sah ebenso wie Hitler in der Propaganda die Kunst, die Massen zu beeinflussen. Sein Konzept hatte dabei nur sehr wenig mit den Methoden der Werbung zu tun. Es ging um einen politischen Kampf und die geistige und emotionale Notwendigkeit, das deutsche Volk für den von den Nazis getragenen Umbruch zu gewinnen. Er warnte, daß eine Macht, die sich nur auf Bajonette stützte, letztlich untergehen müßte, wenn sie die Herzen der Menschen nicht gewinnen und an das System binden könnte. Die Propaganda spielte dabei eine Schlüsselrolle, mußte jedoch, um ihr Ziel zu erreichen, Wege finden, wie man die Begeisterung der Massen am Leben halten konnte.[63] Nach Goebbels' Überlegungen konnte die Filmkunst sehr viel dazu beitragen. Daher auch seine Bewunderung für Eisensteins *Panzerkreuzer Potemkin* als einem Filmmythos, der die bolschewistische Revolution in Rußland legitimierte.

Der einzige deutsche Filmregisseur, der dieser kommunistischen Leistung nahekam, war Leni Riefenstahl mit ihrem auf dem Nürnberger Parteitag von 1934 gedrehten Film *Triumph des Willens*. Sie hatte von Hitler den Auftrag erhalten, einen künstlerischen Film über diesen Parteitag zu drehen, weil dieser von ihren früheren Werkfilmen, besonders

Blaues Licht, beeindruckt war. Sie hatte bereits 1933 für Hitler auf dem Parteitag in Nürnberg einen Film gedreht, der *Sieg des Glaubens* hieß und mit dem sie später nichts mehr zu tun haben wollte. (Die Ermordung des SA-Chefs Ernst Röhm, der in diesem Film an prominenter Stelle zu sehen war, erklärt zweifellos, daß spätere Filmaufführungen offiziell unerwünscht waren.) Riefenstahl vermerkt fast beiläufig in ihren Aufzeichnungen zum Film von 1934: »Die Vorbereitungen für den Parteitag entstanden gleichzeitig mit der Planung der Kameraarbeit.«[64] In der Tat war das Parteitreffen von Anfang an als Bühne für ein spektakuläres Stück Filmpropaganda, das die Nazis verherrlichen sollte, geplant.

Der *Triumph des Willens* war natürlich ein Film über den Nürnberger Parteitag, die Versammlung »diente jedoch lediglich als eine Dekoration für einen Film, der abschließend den Charakter einer authentischen Dokumentation übernehmen sollte«.[65] Unter der Aufsicht von Hitler und der fähigen Assistenz von Albert Speer wurden die Grundlagen für den Parteitag von den Nazis auf sorgfältigste Weise erarbeitet, wobei präzise Pläne für die Aufmärsche und Paraden erstellt wurden. Das grandiose Arrangement der Nürnberger Parteitagsgebäude war so gestaltet, daß die Massenparaden bestens zur Geltung kamen. Die Reden selbst spielten nur eine sekundäre Rolle, während der visuelle Symbolismus eine ekstatische und beständig angeregte Stimmung erzeugte. Die Stadt Nürnberg wurde zu einem Meer wehender Hakenkreuzbanner, während die Flammen von Freudenfeuern und Fackeln die Nacht hell erleuchteten. Die ganze Zeit waren auf den Plätzen und Straßen die Rhythmen der Marschmusik zu hören.[66] In Riefenstahls Film wird das beeindruckende Bild der vorrückenden Standarten, Fahnen und Flammen mit neuartigen Kameratechniken aufgezeichnet, die eine endlose fieberhafte Bewegung der Massen suggerieren.[67] Die Eingangsszene von *Triumph des Willens* zeigt uns das Flugzeug des Führers, wie es lautlos durch wundervolle Wolkenbänke auf Nürnberg zufliegt. Vor dem Anflug auf die Stadt erinnert uns ein in den Film eingeblendeter Text daran, daß der 5. September 1934 zwanzig Jahre

Der Führer und die Massen: Nürnberg, 1935.

nach dem Ausbruch des Ersten Weltkriegs, 15 Jahre nach Beginn der deutschen Leidenszeit (Versailles, die Weimarer Republik) und 19 Monate nach der deutschen Wiedergeburt liegt. Inzwischen sehen wir die Begrüßungsszene durch die Augen des Füh-

rers, eine Verbundenheit, die auch in vielen weiteren Szenen des Films durch Nahaufnahmen von Hitlers Gesicht und seiner Reaktion auf die Menschenmengen wiederholt betont wird. Der Anflug von Hitlers Flugzeug durch die Wolken war ein Anklang auf die kommende Mission eines Gottes oder eines übernatürlichen Wesens. Einmal auf der Erde gelandet, ist er jedoch eindeutig ein Mann des Volkes. In Riefenstahls Film werden die Menschen immer so gezeigt, als würden sie durch ihre Verbundenheit mit der Nazi-Bewegung eine Befreiung erfahren, als würden sie erst hier und jetzt *ganz* werden. Das eine Wort, das auf dem Parteitag am häufigsten zu hören ist, heißt »Heil!«, was auch »ganz« bedeutet und eine Erlösungsbotschaft trägt.

Es scheint mir, daß Klaus Theweleit recht hat, wenn er sagt, daß Hitler bei dieser und bei anderen Parteiveranstaltungen nicht als reiner Demagoge oder Schauspieler auftrat, sondern seinen Zuhörermassen eine neue Religion verkünden wollte:

Die Fahnen hoch, die Reihen dicht geschlossen: All das ersetzt die Grundsätze eines Gottes, der jetzt bedeutungslos geworden ist. Einst, als die Welt von Dämonen bevölkert war, hatte Gott die Oberhand. Jetzt führt die Jugend Deutschlands den Kampf weiter... Sie wissen, daß Gott tot ist. Der Führer verkündet eine neue Religion. Indem sie ihren Glauben an Gott abschwören, gewinnen sie gleichzeitig ihre Überlegenheit gegenüber der etablierten Kirche.[68]

Die Nazis filmten jede Phase und jeden Aspekt ihrer Herrschaftszeit in allen Einzelheiten, um sich die Kontrolle über ihr eigenes Bild auf Zelluloid zu sichern, jedoch gab es keinen anderen Dokumentar- oder Spielfilm, der die Propagandawirkung von *Triumph des Willens* jemals erreichte. Dies war die großartigste Visualisierung der politischen Religion der Nazis in filmischer Form. Seine künstlerische Wir-

kung, verstärkt vom Grandeur und der Kraft des Nürnberger Dekors, soll uns zu einer leidenschaftlichen Identifizierung mit Hitler als einer Art menschlicher Gottheit führen.[69] Das gewaltige Schauspiel von Einheit und Loyalität zum Führer überträgt die machtvolle Botschaft, daß die Nazi-Bewegung das lebende Symbol einer wiedergeborenen deutschen Nation war. Da ist der Führer, da ist das Volk, die Begeisterung in der Gemeinsamkeit, die ekstatischen Gesichter der Freude, der Glaube an das Ideal, das perfekte geometrische Muster der Massenformationen. Das ganze Schauspiel erinnerte nach Kracauers Worten an die *Nibelungen*. »Siegfrieds theatralische Trompeter, eindrucksvolle Stufen und autoritäre Menschenmuster tauchen in diesem modernen Nürnberger Festspiel in extremer Vergrößerung wieder auf.«[70]

Riefenstahls spätere Versuche, ihre ästhetischen Konzepte von der propagandistischen Absicht zu trennen, bleiben unglaubwürdig. Ihr Film vom Nürnberger Parteitag war nicht ein Stück reine Geschichte, sondern Geschichte, die zum Theater wurde. In *Triumph des Willens* ist das Filmdokument nicht länger nur eine Aufzeichnung der Realität, vielmehr wurde, nach Susan Sontags Worten, »Realität« konstruiert, um den Bildern des Films dienlich zu sein.[71] Es ist eine Konstruktion, die die Nazi-Ideale von Schönheit, Gemeinschaft, Mut und heroischer Männlichkeit auf positive Weise darstellen soll. Das neue Deutschland, das in perfekten Marschkolonnen und in endlosen dynamischen Figuren über die Leinwand marschiert, bildet die ideale Verkörperung dieses Ausstattungsfilms.

KAPITEL 4:

Die Kultur der Barbarei

*»Zugegebenermaßen hat die Kunst nichts mit Propaganda zu tun, sie ist aber tiefster
Ausdruck der wahren Seele eines Volkes. Diese Seele wurde jedoch von der
jüdischen bolschewistischen Propaganda beschmutzt und irregeführt, so daß sie nicht mehr
zu ihren Wurzeln findet. In diesem Sinne ist es die Aufgabe der Propaganda, die gesunden Auffassungen
der Öffentlichkeit wieder zurück zu Freiheit und Wahrheit zu führen.«*
HITLER ZU GOEBBELS, 1932

Es war keine Erfindung der Nazis, die moderne Kunst als ästhetisch abstoßend und politisch subversiv anzuprangern. Bereits in der zweiten Hälfte des 19. Jahrhunderts entwickelten sich Konzepte wie Dekadenz und »Entartung« als Teil einer allgemeinen Kritik an der europäischen Kultur und Gesellschaft.[1] Einer der heftigsten und sicher einer der umstrittensten Angriffe auf die künstlerische Dekadenz des *fin de siècle* stammte aus der Feder von Max Nordau, einem deutschsprechenden jüdischen Arzt und Literaten aus Budapest, der sich später in Paris niederließ. In seinem Buch *Degeneration* prangert er die Rastlosigkeit der modernen Zeit und die vom Stadtleben zerrütteten Nerven des Menschen wegen ihrer verheerenden Wirkung auf Körper und Geist an. In seinem erfolgreichen Buch befaßte er sich ausführlich mit der künstlerischen Dekadenz, die er in direkte Verbindung mit körperlichem Verfall, sexueller Abartigkeit, Kriminalität und Wahnsinn stellte.[2] Zu den Künstlern des 19. Jahrhunderts, die von ihm als »degeneriert« angeprangert wurden, gehörten Baudelaire, Wagner, Ibsen, Tolstoi, Rimbaud, Verlaine, Zola und Oscar Wilde. So gut wie keiner der Modernen blieb von dieser krankhaften Diagnose ausgenommen.

Im München und Wien des frühen zwanzigsten Jahrhunderts wurde die experimentelle Kunst in ähnlicher Weise verleumdet. 1909 wurde der Maler Oskar Kokoschka in der führenden liberal-bürgerlichen Zeitung Wiens als »geisteskrank«, »entarteter Künstler« und »Untermensch« verurteilt.[3] Dem Dresdner Expressionisten warf man *Meschuggismus* vor (»Unterstützung eines Kults des Wahnsinns«) und im Jahre 1910 verlangte eine angesehene Münchner Zeitung die Verhaftung der *Blaue Reiter*-Maler Marc, Klee, Kandinsky und Macke.[4]

Nach dem Ersten Weltkrieg war diese Furcht vor der modernen Kunst mehr als nur ein Zeichen für eingefleischtes Spießertum, konservative Tradition und den verbreiteten Geschmack der bürgerlichen Gesellschaft. Besonders in Deutschland erzeugte der verlorene Krieg in der politischen Rechten eine heftige Bewegung gegen den Pazifismus der Expressionisten, wie z.B. des Bildhauers Ernst Barlach, der Maler Otto Dix und George Grosz oder der beißenden Satire der Dadaisten. Die Bauhaus-Schule wurde ebenfalls als eine von Moskau inspirierte »feindliche Festung« im Herzen des Vaterlandes angesehen.[5] Vor allem war es aber die Stadt Berlin, die in den Augen der völkischen Rechten die Rolle von Paris als ehemalige Weltstadt der Verruchtheit, Obszönität und dekadenter moderner Kunst übernommen hatte.[6] Die Kultur der Weimarer Republik, die in dieser »korrupten« Hauptstadt am zentralsten zum Ausdruck kam, war definitionsgemäß entwurzelt, sensationslüstern, häßlich, gotteslästerlich, schamlos

und sogar verbrecherisch. Nach der feinfühligen For-
mulierung Alfred Rosenbergs war »die deutsche
Nachkriegskunst die von Mestizen, bastardische
Ausgeburten, erzeugt von geistiger Syphilis und ma-
lerischem Infantilismus...«[7] Auch Hitler hatte in
Mein Kampf nichts als Verachtung für die moderne
Kunst übrig und kündigte an, daß der Staat eingreifen
müsse, um die Menschen davor zu bewahren »in die
Arme geistiger Verwirrung« getrieben zu werden.[8]

Nachdem die Nazis an die Macht gekommen waren, zeigte sich sofort die Absicht, das Kulturleben
Deutschlands umzugestalten. Auf dem Nürnberger
Parteitag 1934 erklärte Hitler, daß »das nervöse 19.
Jahrhundert sein Ende gefunden habe«.[9] Das deutsche Volk müßte durch eine rassische Reinigung in
Richtung neuer kultureller Ziele umerzogen werden. Er fiel in heftigster Weise über den »jüdischen
Intellektualismus« her, der angeblich die Saat für geistige Verwirrung und Anarchie gelegt hatte, die sich
in Europa seit dem Mittelalter ausgebreitet hatte. Als
Schirmherr und Wächter über die deutsche Kunst
versprach er feierlich, diesem krankhaften Zustand
ein Ende zu bereiten.

Auf einer ein Jahr später stattfindenden Versammlung in Nürnberg wütete Hitler erneut gegen die
Dadaisten, Kubisten, Futuristen und Expressionisten. Sie waren entweder Dummköpfe, Betrüger
oder »jüdische Bolschewisten«, wenn sie dachten,
daß Künstlerkretins »als Symbole der Mutterschaft«
oder buckelige Idioten als »Repräsentanten männlicher Stärke« zeichnen müßten.[10] Solche Ankündi-
gungen signalisierten, daß bald die letzten Worte
über die moderne Kunst im Dritten Reich gespro-
chen werden würden. Der mittelmäßige aber fanatische Nazimaler Wolf Willrich nahm Hitlers Gedan-
kengänge auf und forderte in seinem im Frühjahr
1937 erschienenen Buch die »Säuberung des
Kunsttempels« und lieferte damit ein Thema für die
größte Säuberung in der Geschichte der Kunst.[11] Er
war Mitglied eines vierköpfigen Säuberungstribu-
nals, das überall in Deutschland Museen und Kunstgalerien inspizierte und die Entfernung von Zeichnungen, Gemälden und Skulpturen anordnete, die
ihnen »entartet« erschienen.

Neben Willrich gehörten zu diesem Tribunal der
unermüdliche Professor Adolf Ziegler (sehr treffend
als der »ästhetische Torquemada« des Dritten Reiches beschrieben), Hans Schweitzer-Mjölnir und
Graf Baudissin.[12] Der Graf, der Direktor des Folk-
wang Museums in Essen war, betrachtete treffender-
weise den Stahlhelm als »das herrlichste Gebilde, das
im Ablauf der letzten Epoche geschaffen wurde«.[13]
Das Ergebnis ihrer gemeinsamen Bemühungen war
eine Ausstellung von ca. 650 Arbeiten der führenden
Dadaisten, Kubisten und Expressionisten, deren
Werke als abschreckende Beispiele verspottet wurden.[14] Diese Ausstellung wurde offiziell am 19. Juli
1937 in der alten Kunstgalerie im Münchner Hof-
garten eröffnet, genau einen Tag nach der Vernissage
der Großen Deutschen Kunstausstellung.

Es war die Absicht der Veranstalter, dem gewöhnlichen, anständigen deutschen Bürger zu zeigen, von
welchen perversen, verzerrten und verabscheuungs-
würdigen Monstrositäten er befreit worden war.
Den Vertretern des »kulturellen Bolschewismus«
wurde vorgehalten, daß sie sich verräterisch und
gottlos gegen das deutsche Vaterland und seine Armee verhalten hätten, daß sie die Religion mißach-
tet, in gemeiner Weise die Prostitution zu einem
moralischen Ideal erhoben und die Mütter Deutschlands beleidigt hätten.[15] »Was Sie hier sehen, sind die
verkrüppelten Ergebnisse von Verrücktheit, Anma-
ßung, Unfähigkeit und Entartung«, erklärte Professor Adolf Ziegler bei seiner Eröffnungsrede, in der er
Hitlers unfehlbares ästhetisches Urteil besonders
heraushob.[16] Nur der Führer, fügte er hinzu, konnte
der deutschen Kunst den Weg zeigen, auf dem sie
vorangehen müsse, um den deutschen rassischen
Charakter auszudrücken. Der Ausstellungskatalog
erkärte mit brutaler Direktheit, um was es ging. Danach wollten die Veranstalter die »Entartung der
Kultur« vom Beginn des zwanzigsten Jahrhunderts
bis zum großen politischen Umschwung durch den
Nationalsozialismus aufzeigen. Es war ihre Absicht,
aufzuzeigen, daß diese Dekadenz nicht das Werk
einzelner Künstler war, sondern daß kulturelle und
politische Anarchie gemeinsame Wurzeln hatten –
sie hofften, »kulturelle Entartung« und »kulturellen

»Entartete Musik«:
Aus dem Ausstellungskatalog von Dr. Hans Severus Ziegler,
Düsseldorf, 1938. Ein rassistisches Bild, das den Jazz
als »jüdisch«, »verniggert« und sexuell abartig verteufelte.

nen entscheidenden Bruch mit der Vergangenheit. Hitlers Aufruf nach einem »gnadenlosen Säuberungskrieg gegen die Elemente kultureller Zersetzung« hatte Gehör gefunden. Alles, was seit der Gründung der Gruppe *Blaue Reiter* 1906 in der deutschen Malerei und Plastik als »modern« bezeichnet werden konnte, war jetzt vollständig unterdrückt. Die Werke, die »den tiefsten Verfall unseres Volkes und seiner Kultur« zeigten, waren dem Urteil des Volkes preisgegeben worden.[18]

Unmittelbar nach 1918 war den Deutschen ein beispielloser Blick in die Tiefen des kompletten Zerfalls und des Verlustes allen Glaubens und aller Ideale gewährt worden – ein Blick, der eine Welt voller Zynismus und Verrücktheit zeigte, die von kranken Geistern bevölkert war.[19] Nach den Worten eines Kritikers war dies auch eine schreckliche Warnung vor den Gefahren des Chaos in den bildenden Künsten, das durch den »Intellektualismus fremdrassischer Elemente« inspiriert wurde.[20] Nach der Ansicht eines anderen Beobachters war es das große Verdienst der Ausstellung, daß sie dem deutschen Volk zeigte, aus welchem perversen Sumpf es befreit worden war. Jetzt könnten die Künstler endlich ihre Werke nach »den ewigen Gesetzen ihres Blutes und ihres ästhetischen Gefühls« erschaffen.[21] Nachdem sie sich von dem dekadenten Schrecken eines barbarischen Zeitalters geläutert hatte, konnte sich die Kunst unter dem Nationalsozialismus jetzt ihrer wahren Aufgabe zuwenden – der Darstellung des Schönen, Sublimen und Transzendenten.

In einer am 26. November 1937 in Berlin gehaltenen Ansprache vor der Reichskulturkammer griff Goebbels dieses Thema auf und begrüßte die »gesunde Säuberungsaktion« in München. Verachtungsvoll ging er über die ausländische Kritik an der Einschränkung künstlerischer Freiheit und der Behinderung des modernen Fortschritts hinweg. Seiner Ansicht nach war es voll gerechtfertigt, die verpfuschten Arbeiten dekadenter Künstler »deren monströse, entartete Schöpfungen immer noch die Plastik unserer Zeit verfolgen«, an den Pranger zu stellen. Dies geschah in Übereinstimmung mit dem Geschmack der breiten Masse, »der immer unverändert geblieben ist«.[22]

Bolschewismus« im wahrsten Sinne des Wortes bloßstellen zu können; sie wollten beweisen, daß Künstler ohne Gewissen, Charakter oder Skrupel sich mit ihren Werken zu »Verbündeten der Juden und Bolschewisten« gemacht hatten; und schließlich wollten sie das deutsche Volk vor den »gefährlichen künstlerischen Aktivitäten« der jüdischen und bolschewistischen Rädelsführer und denen, die fälschlicherweise ihre Verbindung mit ihnen ableugneten, warnen. Letztlich appellierten sie an den gesunden Menschenverstand des deutschen Volkes, indem sie es daran erinnerten, daß diese widerliche Pseudokunst nur dank der Umwälzung durch die Nazis überwunden werden konnte.[17]

Die deutschen Medien feierten diese Ausstellung enthusiastisch als eine endgültige Klarstellung der nationalsozialistischen kulturellen Ziele und als ei-

Ohne Kommentar

Die schreckliche kulturelle Vergangenheit war größtenteils auf die Langeweile und den Snobismus reicher Nichtsnutze zurückzuführen.

> Hätten die Vertreter des Verfalls sich an das große Volk gewandt, sie wären dort auf eisige Verachtung und kalten Hohn gestoßen. Denn das Volk hat keine Angst davor, von wildgewordenen jüdischen Literaten als unzeitgemäß und reaktionär angepöbelt zu werden. Diese Angst hat nur der Reichtum, wenn sich mit ihm geschmackliche Unsicherheit verbindet.[23]

Goebbels drückte dies auf noch gehässigere antisemitische Weise aus: »Wie tief der perverse jüdische Geist die deutsche Kultur bereits durchdrungen hat, zeigt sich in den fürchterlichen und abschreckenden Exponaten der ›Ausstellung Entarteter Kunst‹ in München, die dort als warnendes Beispiel zusammengestellt sind.«[24]

Nachdem er auf diese Weise die Juden und die »hohlen Kulturlakaien«, die seiner Meinung nach für den Verfall der Kunst verantwortlich waren, verunglimpft hatte, spendete Goebbels ein breites Lob für den gesunden Geschmack der gewöhnlichen Bürger, die die Münchner Ausstellung besucht hatten. Über eine Millionen von Ihnen hätten damit ihren Abscheu vor dieser »frechen Arroganz« ausgedrückt. Ebenso lobte er Hitler dafür, daß dieser »Ordnung und sicheres Augenmaß in dieses Chaos gebracht habe«. Hitler und die Nationalsozialisten würden die wirtschaftliche Lebensgrundlage deutscher Künstler sichern, ebenso wie ihren sozialen Status und ihre Anerkennung durch die breite Bevölkerung und auf diese Weise ihre volle Integration in die völkische Gemeinschaft vorantreiben. Der Führer, versprach Goebbels, betrachtete Kunst als »eine heilige Mission und eine erhabene Aufgabe, als letzte und höchste Ausdrucksform menschlichen Lebens«.[25]

So war es

Früh, wenn du auf dem Weg zur Arbeit
Die schwarzgehöhlten Straßen mißt,
Raunen die Ecken dir entgegen:
Vergiß nicht, daß du Jude bist.

Und suchst du, um dein Brot zu schlingen,
Dir eine Bank an stillem Ort,
So schreit die Bank: Steh auf, du Jude!
Du schrickst empor und schleichst dich fort.

Wenn sich die Kinder unterm Spiele
Nach deines Schattens Schatten drehn,
Du siehst in ihren hellen Zügen
Nichts als des Teufels Grinsen stehn.

Wenn gar ein Blitz aus scharfem Auge
Dich seitlich trifft und jäh erkennt –
Das Pflaster wölbt sich dir entgegen,
Das Herz erstarrt, die Sohle brennt.

Trifft dich zur müden Abendstunde
Ins Ohr der Klingel greller Stich,
Schnellt dich der Stuhl aus seinen Armen:
Jetzt sind sie da! Jetzt holt man dich!

Du suchst den Wald. Die Bäume rauschen,
Und »Jude« raunt es ohne Ruh'.
Das Echo schwillt, die Berge rufen
Dir »Jude, Jude, Jude!« zu.

Es jagt dich über kahle Felder,
Durch stille Dörfer fliehst du hin.
Allein! Allein! – Da schreit's von innen:
O Fluch, daß ich ein Jude bin!

Du klammerst an den toten Steinen
Dich fest und horchst in sie hinein,
Ob sie zum Leben nicht erwachen
Und deiner Unschuld Schande schrein.

Was gilt des Hungers irres Nagen,
Der Heimatlosen strömend Heer!
Wer solche Marter je ertragen,
Dem sprang das Herz und heilt nicht mehr.

GERTY SPIES, 1945

Hitlers eigene Ansichten über die Kunst wurden bei seiner Rede zur Eröffnung des Hauses der Deutschen Kunst am 18. Juli 1937 in München im Detail erkennbar. Seine Rede bestand aus einer bekannten Mischung abgenutzter Klischees, dogmatischer Vorurteile und einer utopischen, visionären Rhetorik. Er begann mit einem Angriff auf die Phrasendrescher des Kulturlebens, die unter jüdischem Einfluß die Kunst zu einer »internationalen Erfahrung« erklärt hatten.[26] Indem sie die »moderne Kunst« als ein zeitgebundenes Phänomen ansahen, reduzierten sie sie auf das triviale Niveau der Mode. Unter dem Motto »jedes Jahr etwas Neues« hätten sie die großen Meister der Vergangenheit herabgewürdigt und vergessen, daß »wahre Kunst ewig ist und bleiben wird«.[27] Die »jüdische Entdeckung«, daß die Kunst nur der Ausdruck einer Epoche ist, war nach Hitlers Meinung »eine Verschwörung der Unfähigkeit und Mittelmäßigkeit gegen wirklich gute Kunstwerke jeden Zeitalters«. Um diesem Unfug zu begegnen, sei das Haus der Deutschen Kunst gegründet worden, als ewiges Monument zur Bewahrung dessen, »was bleibend und dauerhaft ist«. Es war der Zweck dieses Hauses, wahre »deutsche« Kunst zu zeigen, die dem Lebensgefühl und Charakter des deutschen Volkes entsprach. Es sollte »die kulturelle Säuberung des Volkslebens abschließen« und ein Schritt zur deutschen kulturellen Renaissance sein.[28] Damit hätte der nationalsozialistische Staat die Bedingungen für eine neue lebendige Blütezeit der Kunst geschaffen. Ein neues Zeitalter arbeitete auf »einen neuen menschlichen Typus« hin. Männer und Frauen waren gesünder und stärker und strahlten eine neue Lebenslust aus. Hitler rühmte in diesem Zusammenhang die Olympischen Spiele, den Sport im Allgemeinen und die strahlende, stolze Körperkraft der Jugend. »Nie war die Menschheit in ihrer äußeren Erscheinung und ihrer Geisteshaltung der antiken Welt näher als heute.«[29]

Diesem leuchtenden Vorbild der Gesundheit stellte Hitler die Werke der sogenannten »modernen« Kunst gegenüber. Verunstaltete Krüppel und Kretins, Frauen, die nur Ekel erregen können, Männer, die eher wilden Tieren gleichen, und Kinder, die, wenn sie lebendig wären, wie von Gott verflucht erscheinen würden.« Er bedauerte die Tatsache, daß es Maler gab, die aus Prinzip »Wiesen als blau empfanden, den Himmel als grün und die Wolken als schwefelgelb«.[30] Als Führer des deutschen Volkes sah er es als seine klare Aufgabe, »diese bedauernswerten Unglücklichen, die offensichtlich an einem Sehfehler leiden«, davor zu bewahren, ihre mangelhafte Beobachtungsgabe als »Kunst« zu präsentieren. Hitlers brutale Lösung für solche Abweichungen war auch ein vielsagender Hinweis auf seinen künftigen Umgang mit all denen, die er als Außenseiter betrachtete – ob es nun Juden, Zigeuner, Homosexuelle, Kriminelle, Geisteskranke oder Körperbehinderte waren. Wenn diese Künstler tatsächlich glaubten, was sie in ihren Werken darstellten und ihr Sehfehler erblich war, dann »hätte sich das Reichsinnenministerium mit der Frage zu beschäftigen, wenigstens eine weitere Vererbung derartig grauenhafter Störungen zu unterbinden. Oder aber sie glauben selbst nicht an die Wirklichkeit solcher Eindrücke, sondern sie bemühen sich aus anderen Gründen, die Nation mit diesem Humbug zu belästigen, dann fällt so ein Vorgehen in das Gebiet der Strafrechtspflege.«[31]

Nach Hitlers Ansicht waren diese »Kunststotterer«, die sich als modern ausgaben, tatsächlich in höchstem Maße »archaisch, vermutlich viel älter als die Steinzeit«. Was ihre Werke charakterisierte, war ihre Unverschämtheit und ihr »schockierender Mangel an Qualität«. Das sei etwas, was die Menschen immer instinktiv verstanden hätten. So sei diesen z. B. das Genie Richard Wagners lange vor seiner Anerkennung durch die versnobten Kunstkritiker klargeworden. Das gleiche galt für den Betrug mit der modernen Kunst. Hitler schloß seine Rede mit der Hoffnung, daß »der Allmächtige aus der Masse dieser anständigen Kunstschaffenden wieder einzelne zum ewigen Sternenhimmel der unvergänglichen gottbegnadeten Künstler großer Zeiten emporheben möge«.[32]

Die beiden Kunstausstellungen, die in München Mitte Juli 1937 gleichzeitig abgehalten wurden, um den Gegensatz zwischen »germanischer« und »entar-

teter« Kunst zu demonstrieren, stellten für das Regime eine entscheidende symbolische Konfrontation dar. Nach vier Jahren unterschiedlicher Versuche, des Zögerns und gelegentlicher Doppeldeutigkeit wurde jetzt die moderne Kunst unwiderruflich mit Abnormität und Entartung gleichgesetzt. Auf dem Gebiet der Malerei und Skulptur hatten die biologischen Theorien der rassischen Überlegenheit, der völkischen Ideologie und des arischen Mythos endgültig triumphiert.[33] »Moderne« Kunst war definitionsgemäß nichts anderes als fauler Auswurf, Quelle kultureller Zersetzung, ein Fremdkörper, von dem sich der deutsche Volksorganismus gründlich befreien mußte. Sie war ein Hauptsymptom der inneren Vergiftung, die durch jüdischen Einfluß, Marxismus, parlamentarische Demokratie und die Weimarer Republik ausgelöst wurde: Das hervorstechendste Beispiel des Verfalls der modernen Welt.[34]

Für die Nazis stand die expressionistische, kubistische und abstrakte Malerei für den Zusammenbruch der kohärenten Form, die Fragmentierung des Körpers und die Auflösung des sozialen Organismus. In ihren Augen spiegelte sich in einer derartigen künstlerischen Inkohärenz, Entfremdung und Desorientierung notwendigerweise eine chaotische Gesellschaft, die ihre »rassische Reinheit« verloren hatte – daher auch der vollständige Verlust von Idealismus, Heldentum, Zusammenhalt und Gefühl für Identität. Wenn die nationalsozialistische Kunst sich erst von diesem Gift befreit hätte, würde sie zweifellos imstande sein, wieder eine hierarchische, geordnete Gesellschaft mit einer kohärenten Sicht des Menschen mit einem »heldenhaften« Ideal wiederherzustellen, ebenso wie sie dem Ziel der vollständigen Wiedereingliederung des einzelnen in die Gemeinschaft dienen würde.

Politik und Staat spielten bei der Verwirklichung dieser utopischen Vision der Nazis eine entscheidende Rolle. Goebbels, der Hitler häufig als einen Künstler-Politiker bezeichnet hatte, sah in der Formung der Menschen aus einer primitiven Urmasse die höchste Form der Kunst. In ihrer höchsten Entwicklungsstufe war die Nazipolitik nichts anderes als Gestaltung, ein Schöpfungsakt, der den kranken

Volkskörper und eine zerfallende Kultur wieder gesunden lassen würde. Daher war die Einmischung des Staates in kulturelle Angelegenheiten ein wesentlicher Teil der weitreichenden utopischen Sichtweise, die die Nazis von ihrer Politik als »Gesamtkunstwerk« entwickelt hatten. Dementsprechend gab es keine Kunst um der Kunst willen, da alle schöpferische Tätigkeit durch eine größere Gesamtheit geformt wurde. Diese totale Kulturform konnte nichts Chaotisches, Ungesundes oder Dissonantes in ihrer Mitte dulden.[35]

Die zwei Münchner Ausstellungen, die »gesunde« und »entartete« Kunst gegenüberstellten, waren ein dialektisches Beispiel für diesen ideologischen Imperativ. Sie boten der deutschen

Die Säuberung der Kultur: Offizielle Besucher der Ausstellung für »Entartete Kunst« in München, 1937.

Öffentlichkeit zwei sich gegenseitig ausschließende Sichtweisen, zwei gegensätzliche Denkrichtungen und Darstellungsarten. Mit seinen monumentalen Konturen, seinen regelmäßigen und symmetrischen Formen und eindrucksvollen Säulen ragte das Haus der Deutschen Kunst als Beispiel einer neuen Form beeindruckender Staatsarchitektur heraus. Als Tempel der Kunst entworfen, der auf Ordnung, Dauer und »ewige Werte« ausgerichtet war, entsprach der Bau vollständig der Sichtweise Hitlers.[36] Die Anordnung der Gemälde und Skulpturen, die in den großzügigen Räumen mit perfekter militärischer Präzision ausgerichtet waren, entsprach der äußeren Ordnungsstruktur des Gebäudes. Im Gegensatz dazu war die Anordnung der Ausstellung für »entartete Kunst«, die nebenan untergebracht war, absichtlich chaotisch, um die »moderne« Kunst so abstoßend wie möglich darzustellen. Aggressive Hetzüberschriften wie etwa »Die Verniggerung der bildenden Künste«, »Totale Verrücktheit« oder »Die Prostituierte zum moralischen Ideal erhoben« ähnelten eher

obszönen Scherzen oder Graffiti als informativen Beschreibungen.[37] Die Bilder wurden teilweise ungerahmt, dicht nebeneinander, in langen schmalen, Platzangst erzeugenden Räumen ausgestellt, um so das Gefühl für Anarchie und Unordnung zu verstärken. Im Gegensatz zu den gelobten neuen und vor Gesundheit strotzenden arischen Supermenschen im Haus der Deutschen Kunst beschuldigte man die »entarteten« Künstler, in ihren Bildern nichts als den Abschaum der Menschheit zu zeigen. Für die Nazis stellte dieser Gegensatz eine sichtbare Weihe für ihren rassischen Mythos und einen Beweis für den endgültigen Sieg über die Kräfte des Zerfalls dar.

Die Exponate waren in neun Abteilungen aufgeteilt, beginnend mit der »fortschreitenden Zerstörung des Gefühls für Form und Farbe« in den Werken von Malern wie etwa Otto Dix, Oskar Schlemmer und Ernst Ludwig Kirchner. Zur zweiten Abteilung gehörten insbesondere Arbeiten Emil Noldes, die unvorteilhafte »Offenbarungen deutscher Religiosität« darstellten. Ein herabsetzender Spruch über Noldes *Das Leben Jesu* verurteilte das Bild als »gemalten Hokuspokus«. Die dritte Abteilung, in der gesellschaftskritische Bilder von Hunger, Armut und Unglück zu sehen waren, wurde mit dem Schlagwort »Verworfenheit« betitelt. Die Werke waren der »Beweis« für die Verbindung zwischen künstlerischer und politischer Anarchie. In der nächsten Sektion wurden Otto Dix und George Grosz wegen ihrer »marxistischen Propaganda gegen den Militärdienst« angegriffen. Ihre »Kunst« war dazu mißbraucht worden, deutsche Soldaten als »Idioten, sexuelle Degeneraten und Trunkenbolde« zu diffamieren. Die fünfte Sektion war vorwiegend durch ihre Hetzüberschriften gegen Expressionisten

ausgezeichnet, die die Welt als ein »einziges großes
Bordell« ansahen, die die Prostituierte idealisierten
und vorzugsweise Zuhälter und sexuell zügellose
Gestalten abbildeten. In der sechsten Abteilung
wurde gezeigt, wie der »Neger und der Südseeinsu-
laner« zum sarkastisch gemeinten »rassischen Ideal
der modernen Kunst« geworden sind. Hier wurde
vor allem auch expressionistische Plastik an den
Pranger gestellt. In der Abteilung sieben wurden der
Idiot, der Kretin und der Spastiker als »spirituelles
Ideal« der modernen Kunst repräsentiert. In Verbindung damit stand der letzte und grausigste Teil dieser
Ausstellungsgruppe, in dem die Werke von Geistes-
kranken mit denen der modernen Kunst verglichen
wurden. Schließlich gab es noch zwei Abteilungen,
die »den Höhepunkt der Entartung« darstellen sollten. In der Abteilung, die mit »Völlige Verrücktheit«
überschrieben war, fanden sich vorwiegend abstrakte und konstruktivistische Werke. Die andere
repräsentierte nach Ansicht der Aussteller den »endlosen Vorrat jüdischen Mülls«, für den es keine pas-
senden Worte gab.[38]

Der Versuch der Nazis, »Entartung« der Kunst mit
Judentum gleichzusetzen, war eine groteske Verken-
nung der Tatsachen. Es gab relativ wenige Juden auf
dem Gebiet der bildenden Kunst, auch wenn sie als
Kunsthändler und Galeristen sowie als Förderer der
Avantgarde eher hervortraten. Die Künstler, die
deutsche Juden waren, malten in einem Stil, der bei
weitem eher deutsch als jüdisch wirkte.

Ebensowenig machte das Etikett »Kulturbolsche-
wist« einen Sinn, auch wenn es eine bewährte Methode war, Furcht in die Herzen der neurotischen
Konservativen und der beschränkten kleinbürgerlichen Spießer hineinzutragen. Als ein allumfassendes
Konzept, das die weit verbreitete Feindschaft gegenüber vielen Elementen der Weimarer Kultur und
Politik einschloß, zeigte jedoch eine solche Etiket-
tierung ihre emotionale Wirksamkeit. Mit ihrer
wiederkehrenden Behauptung, daß die moderne
Kunst »bolschewistisch«, »jüdisch« oder »international« sei, richteten sich die Nazis eher gegen ein my-
thisches *Prinzip* als gegen individuelle Künstler. Sie
bestärkten damit auch ihre Behauptung, daß sie eine

OBEN: *»Der Streichholzverkäufer« von Otto Dix,
dessen Werk von den Nazis als »marxistische Propaganda«
verdammt wurde.*
UNTEN: *Der umrahmte Jesus: John Heartfields graphische
Kritik der Nazifizierung der protestantischen Kirche
Deutschlands während des Dritten Reiches.*

volkstümliche Massenbewegung darstellten, die sich, auch als sie an der Macht war, darum bemühte, die gängigen Vorurteile gegen kulturellen Elitismus, Snobismus und den experimentellen Charakter der modernen Kunst auszunutzen.[39]

Die Ausstellung »Entartete Kunst« (es war das letzte Mal, daß die deutsche Öffentlichkeit im Dritten Reich solche Bilder sehen durfte) war in der Tat ein großer Erfolg. Sie hatte über zwei Millionen Besucher, mehr als dreimal so viel wie die Große Deutsche Kunstausstellung. Vermutlich war es aber nur eine Minderheit, die sich mit ihrem Besuch von geliebten Kunstwerken verabschieden wollte. Paul Rave, der die Tag für Tag einströmenden Menschenmengen beobachtete, schrieb später: »Man darf nicht zweifeln, daß das propagandistische Ziel, der echten Kunst der Gegenwart den Todesstoß zu versetzen, damals in weitem Umfang erreicht worden ist.«[40]

Auch nach ihrer Eröffnung im Jahre 1937 zogen die späteren offiziellen Kunstausstellungen in München viele Besucher an. Beginnend mit 400000 im Jahre 1939, stiegen die Besuchszahlen während der Kriegsjahre auf 850000 im Jahre 1942 an.[41] Wie weit war aber der Anspruch der Nazis, eine neue und authentische »deutsche« Kunst zu präsentieren, tatsächlich gerechtfertigt? Für die Ausstellung 1937 wurden alle deutschen Künstler, die »arisch« waren, zur Teilnahme eingeladen. Von 15000 eingereichten Werken wurden schließlich 900 ausgestellt. Hitler verwarf verärgert viele der Einreichungen als »unvollkommen« und erklärte bei der Ausstellungseröffnung des folgenden Jahres: »Bei unzähligen Bildern war es ersichtlich, daß vom Einsender die beiden Ausstellungen verwechselt worden waren«, womit er die gleichzeitig stattfindende »deutsche« Kunstausstellung und die Ausstellung »Entartete Kunst« meinte.[42] Das Problem war, daß der Aufruf Adolf Wagners während der Eröffnungsfeierlichkeiten 1937 »nur die besten und perfektesten Werke deutscher Kunst zu zeigen« im Widerspruch zu der Grundidee einer *jährlichen* Ausstellung stand. Wie Berthold Hintz feststellte, waren alle acht großen deutsche Kunstausstellungen im wesentlichen Ver-

kaufsveranstaltungen, auf denen man Kunstwerke zu günstigen Preisen erwerben konnte. Diese Ausstellungsstruktur stimmte nicht so ohne weiteres mit Hitlers Forderungen nach einer »zeitlosen« Kunst überein, die es wert war, im Kulturtempel auf der Prinzregentenstraße ausgestellt zu werden.[43]

Darüber hinaus läßt sich der Anspruch der Nazis, einen neuen Kunststil geschaffen zu haben, im Hinblick auf die Malerei sehr anzweifeln, auch wenn er für die Plastik eher zutreffen mag. Ein entsprechender Hinweis stammt von Bruno E. Werner, einem aufmerksamen Beobachter der Kunstentwicklung dieser Zeit.

Die meisten der Gemälde zeigen eine engste Verbindung zur Münchner Schule der Jahrhundertwende. Die stärksten Einflüsse stammen von Leibl und seinem Kreis und gelegentlich auch von Defregger. Ihr Stil klingt in vielen Gemälden an, die Bauern mit ihren Frauen, Holzfäller, Schafhirten usw. zeigen, ebenso wie in der Darstellung von Interieurs, die in liebevoller Weise viele kleine und charmante Ereignisse des Landlebens abbilden. Daneben gibt es eine außerordentlich große Zahl von Landschaftsbildern, die ebenfalls in Fortsetzung der alten künstlerischen Traditionen gemalt sind ... Schließlich findet sich noch eine große Auswahl an Portraits, insbesondere die Darstellung von Regierungsmitgliedern und Parteiführern. Auch wenn direkt der nationalsozialistischen Bewegung entnommene Themen relativ selten sind, findet sich dennoch eine große Gruppe von Gemälden mit symbolischer und allegorischer Thematik. Man sieht den Führer als Ritter in silberner Rüstung zu Pferd, in der Hand eine flatternde Fahne ... Auch der weibliche Akt ist in dieser Ausstellung, die die Freude am gesunden Körper zeigt, stark repräsentiert.[44]

Gleichzeitig wies Werner darauf hin, daß die über 200 ausgestellten Skulpturen, vorwiegend Büsten und Ganzkörperplastiken des nackten menschlichen Körpers, Beispiel für ein hohes Leistungsniveau waren und in dieser Hinsicht die Gemälde klar übertrafen. Die konventionelle Darstellung in der »neuen«

Malerei spiegelte zweifellos Hitlers eigenen Geschmack, der wenig bekannte deutsche und österreichische Provinzkünstler des späten 19. Jahrhunderts bevorzugte. Die bis zum Ausbruch des Zweiten Weltkriegs im allgemeinen bevorzugten Themen waren traditionell und der Natur angelehnt. Die Gemälde zeigten Landschaften und die Vorzüge ehrlicher Landarbeit. Neben vielen Abbildungen von Bauern, Fischern oder Handwerkern betonten die Maler des Dritten Reiches das Sujet der Mutterschaft und Themen wie Familie mit ihren Haustieren und Erdverbundenheit. Die endlosen Aktdarstellungen hatten auch einen offensichtlich ideologischen Hintergrund. Gewöhnlich konzentrierte sich der Künstler auf »das gesunde physische Wesen und den biologischen Wert des Individuums als Voraussetzung jeder völkischen und spirituellen Wiedergeburt«.[45] Die Nazi-Ansicht von der Kunst verlangte, daß die Maler perfekte Formen, Harmonie der Bewegung, Gesundheit und Vitalität zu einer germanischen Version des klassischen athletischen Ideals kombinieren sollten.

Nach dem Kriegsausbruch 1939 verlagerte sich der Schwerpunkt zu Bildern von Marschkolonnen, Kampfszenen, heldenhaften Arbeitern, Fabrikgebäuden und Schiffen auf hoher See. Der Bauer, der Arbeiter und der Soldat wurden jetzt als Auserwählte dargestellt, als Embleme der »nationalen Gemeinschaft« und der germanischen Rasse. Es ist aber offensichtlich, daß die Arbeiter als nichts anderes als Produktionssoldaten der Volksgemeinschaft angesehen wurden.

Die Ikonographie der Frauenbildnisse war mit ihrer Betonung von Mutterschaft, Familie, Sozialhygiene und sanktionierter sexueller Vorherrschaft nicht weniger klischeehaft. Auch auf den etwas sinnlicheren Gemälden zeigt sich die einzige Aufgabe der Frauen darin, die Wünsche des Mannes zu befriedigen, wobei ein starkes voyeuristisches Element sichtbar wird. Die Frauen werden in der Regel in passiven und unterwürfigen Haltungen dargestellt, in denen sie sich dem Blick des männlichen Betrachters darbieten. Auf einer eher ideologischen Ebene betont die bildende Kunst die Rolle der Frau als ein »Lebensquell« des Volkes und als Stütze der »natürlichen« Ordnung. Unter Bezug auf traditionelle bürgerliche Konzepte sowie völkische Werte erwarteten die Nazis von den Frauen, daß sie ein beruhigendes Familienbild aus Fruchtbarkeit und robuster Stärke präsentieren sollten.[46] Sie verfügten schließlich über eine Moral sowie eine soziale Rolle als »Hüter der Rasse«. Wenn diese Anforderungen in symbolische Skulpturen übersetzt wurden, entstanden weibliche Akte, die angeblich das klassisch nordische rassische Wesen repräsentierten. Diese Plastiken waren das Gegenstück zu den Darstellungen männlichen Heldentums: Athletische Körper bar jeder erotischen Ausstrahlung, eine Sichtweise, die von den Nazis zweifellos als Antwort auf die moderne Kunst betrachtet wurde.[47]

Als Gebärende hatten die Frauen im Nazi-Staat eine besondere Aufgabe zu erfüllen. Als künftige Mütter erwartete man von ihnen, daß sie ihren Körper durch körperliches Training und Sport gesund hielten. Der Bund Deutscher Mädel, zu dessen bevorzugten Aktivitäten Wandern, Zelten und das Leben im Freien allgemein gehörten, war Zeugnis für die Prioritäten. Den Mädchen wurde beigebracht, »sauber«, »rein« und »natürlich« zu sein und sich soweit wie möglich von dem Klischee der »emanzipierten Frau« der Weimarer Republik fernzuhalten. Lippenstift, Puder, das Rauchen und »dekadente« Kleidung wurden nicht gern gesehen. Moderne Tänze wurden als offene Aufforderung zu sexueller Promiskuität betrachtet, besonders der Swing und die »Negermusik« des Jazz.

Sowohl in der Kunst als auch im Leben reflektierte die Nazi-Einstellung zu Frauen einen kleinbürgerlichen Traditionalismus und konservative Wertvorstellungen.[48] Sie hatten die emanzipatorische Frauenbewegung von Anfang an abgelehnt und darauf bestanden, daß das Familienleben das Zentrum der weiblichen Lebenssphäre sein müsse. Tatsächlich hatte der Nazi-Philosoph Alfred Rosenberg in seiner unnachahmlichen schwerfälligen, obskurantistischen Prosa behauptet, daß dies genau das war, was Frauen selbst wünschten:

Die Emanzipation der Frau von der frauemananzipatorischen Bewegung ist die erste Forderung an eine Frauengeneration, die das Volk und die Rasse, das ewig Unbewußte und die Grundlage der Kultur vor Niedergang und Verfall retten möchte. [49]

Indem sie den Frauen ihren Platz in der Familie zuwiesen, verhinderten die Nazis gleichzeitig jede Frauentätigkeit in führenden und verantwortlichen Positionen. Um es mit den knappen Worten des politischen Theoretikers der Nazis Engelbert Huber zu sagen: »Die Wiederauferstehung Deutschlands ist ein männliches Ereignis.«[50]

Die »politische« Frau war in den Augen der Nazis schon immer ein ebensolches Symbol der Entartung gewesen wie der Bolschewismus, die Juden, die Demokratie oder die moderne Kunst. Tatsächlich prangerte man das ungesunde weibliche Interesse für Politik oder Sexualität als eine bewußte Verschwörung zur Unterwanderung moralischer Werte des christlichen Volkes an. Der Nazi-Theoretiker Gottfried Feder verurteilte das »verrückte Dogma von der Gleichberechtigung« und ging so weit zu behaupten, daß die Juden »uns die Frau gestohlen haben ... wir müssen den Drachen töten, um sie wieder ihrer heiligen Stellung als Dienerin und Magd zuzuführen«. Für Feder stellten die Emanzipation der Frauen und das Judentum die Zwillingsübel des liberalen Modernismus dar, die beide zueinander und zu der umfassenderen sozialen und kulturellen Krise in Beziehung standen. Die versteckte Beziehung zwischen Frauenfeindlichkeit und Antisemitismus stellte offensichtlich einen wichtigen Hintergrund für die neurotischen männlichen Ängste dar, die die Nazi-Kultur motivierten.

Jedoch gewannen die Nazis trotz ihres obsessiven Antifeminismus auf ihrem Wege zur Macht die Unterstützung sehr vieler Frauen.[51] Viele von ihnen glaubten, daß sie auf diesem Wege ihre verlorene Würde als Hüterin spiritueller Werte und des Familienlebens wiedergewinnen würden. Einige begrüßten die Vorstellung, eine wohlbestimmte eigene Lebenssphäre, die in der Sorge um die Kinder, Erziehung und wohltätiger Arbeit bestand, zugewiesen zu bekommen.[52] Der dazu passende Nazispruch »nicht

gleichartig, sondern gleichwertig« hatte eine gewisse, primitive Anziehungskraft.

Nach ihrer Machtergreifung bauten die Nazis auf die Unterstützung der Frauen, verteilten besondere Privilegien an »fruchtbare Mütter« und führten eine eigene Ehrung, das Mutterkreuz, ein. Am Muttertag des Jahres 1939 sollte drei Millionen deutschen Frauen erstmals diese neue Ehrenmedaille verliehen werden.[53] Auch hier gab Adolf Hitler, wie auf so vielen anderen Gebieten, den Ton an. In einer Ansprache vor dem Nationalsozialistischen Frauenkongress erklärte er am 15. September 1935: »Die Frau hat auch ihr Schlachtfeld. Mit jedem Kind, das sie der Nation zur Welt bringt, kämpft sie ihren Kampf für die Nation.«[54]

Was war die Bedeutung solcher ungewöhnlichen spartanischen und puritanischen Ansichten für die nazistische Volkskultur? Und wie waren Moral und Ästhetik in dieser gesäuberten Kulturwelt miteinander verbunden? Ein wunderbares Beispiel für die hinter der Nazirhetorik stehende soziale Realität läßt sich in einem gehässigen Angriff gegen den Fünf-Uhr-Tee lesen, der in einer Zeitschrift der Sturmtruppen erschien. Zu Beginn des Artikels wird die Rede des Führers zur Eröffnung der Münchner Kunsttage 1937 als »das zweifellos wichtigste kulturpolitische Dokument der heutigen Zeit« bezeichnet.[55] Der Nazi-Autor zieht einen zustimmenden Vergleich zwischen der kürzlich erfolgten Säuberung der Museen von »den scheußlichsten Erzeugnissen eines entarteten Menschentums« mit der Bücherverbrennung im Jahre 1933. Er sieht eine direkte Verbindung zwischen »künstlerischer Impotenz« und »den übelsten Produkten jüdischer Schmieranten« ebenso wie eine Verknüpfung zu den »Verherrlichern der Negermusik«. Jedoch waren Nachmittagstee und Tanz nicht weniger gefährlich für das deutsche Volk! Es handelte sich hier um eine Sitte, die aus dem dekadenten England nach Deutschland gekommen war, aber in Wirklichkeit dem »jüdischen Geist« entsprang.

Der Fünf-Uhr-Tee förderte das Geschwätz, nicht die Konversation, ebenso wie rastloses »jüdisches Vagabundentum« anstelle »gemeinschaftsbewußter«

deutscher Geselligkeit. Am schlimmsten aber war es, wenn junge Leute zur Swing-Musik (auch ein »jüdischer Impuls«!) tanzen würden, einer Musik, der der Führer und alle gesunden Deutschen einen Kampf bis aufs Messer erklärt hatten. Das Volk Beethovens, Bachs, Mozarts und Haydns konnte nicht gestatten, daß der vornehmste Ausdruck des Kulturlebens zum Opfer der »monströsen Entartung« und des Nihilismus moderner Musik würde. Diese lärmende, inhaltslose Swing-Musik war das Produkt übersättigter, kranker Nerven, ein Symptom des Zerfalls und »das Kennzeichen der vorderasiatischen Rasse und kulturellen Äußerung«.[56]

Solche wüsten Schmähartikel gegen irgendwelche Moden oder Gewohnheiten, die als international und nicht als authentisch deutsch angesehen wurden, waren in der Nazi-Presse regelmäßig zu finden. Das gilt auch für den grotesken Versuch, moderne Musik und Tanz als »asiatisch«, »jüdisch« oder »Negermusik« zu verteufeln. Diese sogenannte entartete Musik war jedoch deswegen besonders gefährlich, weil sie die puritanische Furcht schürte, daß dadurch die sexuelle Freiheit gefördert und das Nazi-Ideal der Weiblichkeit beschädigt werden könnte. Themen wie kulturelle Entartung, sexuelle Unmoral, jüdische und fremde Einflüsse und der Zusammenbruch geordneter Formen vereinigen sich zu einem Miasma des primitiven Rassismus.

In der Sicht der Nazis von der »entarteten Kunst« waren die Konturen des Feindes viel deutlicher erkennbar als die des positiven Ideals, das an ihre Stelle treten sollte. Es war einfacher, auf die »Krankheit« der modernen Kultur hinzuweisen, als überzeugende konkrete Alternativen zu finden, die sich in authentische Kunstschöpfungen umsetzen ließen. Die Nationalsozialisten predigten endlos über die Kultur als *das* Ziel menschlichen Lebens und über die Kunst als »höchster Ausdruck völkischer Existenz«.[57] Ihre »geleitete Kultur« erwies sich aber als außerordentlich steril, nachdem alle alternativen Möglichkeiten von den Nazis beseitigt waren. Wir haben bereits gesehen, wie sie die Möglichkeit abwehrten, den Expressionismus in ihren Dienst zu stellen.[58] In Nazi-Deutschland war nichts Vergleichbares zu dem »revolutionären« und dynamischen Charakter der futuristischen Kunst in Italien oder dem Konstruktivismus in der UdSSR erlaubt. Goebbels, der sich möglicherweise in diese Richtung bewegt hätte, paßte sich in opportunistischer Weise Hitlers Wünschen an. Die systematische Diffamierung der modernen Maler und Bildhauer im Jahre 1937 war Ausdruck dafür, wie sehr sich die Nazis vor dem fürchteten, was diese Künstler repräsentierten. Es verdient auch festgehalten zu werden, daß die gesamte Aktion zur kulturellen Säuberung tatsächlich von Künstlern, Kunstkritikern, Lehrern und Akademikern durchgeführt wurde, die von einer seltsamen Mischung aus Neid, Haß und kulturellem Missionsbewußtsein angetrieben wurden. Es waren die Angehörigen der gebildeten Mittelklasse, die offensichtlich die reaktionären Ansichten der Nazis bezüglich Formlosigkeit, Chaos und Dekadenz teilten.[59] Hitler gelang es, ihren Gefühlen von Angst und Wut Ausdruck zu verleihen und sie mit der gleichen Aggressivität umzusetzen, mit der er die moderne Kunst völlig ausgegrenzt hatte. (Während er seine Eröffnungsrede im Haus der Deutschen Kunst hielt, schäumte er sichtlich im wahrsten Sinne des Wortes vor Wut.) Die Heftigkeit solcher Angriffe und die ritualisierte Anprangerung und Teufelsaustreibung, die den Nazis eigen war, verriet jedoch nur ihre tiefe Furcht vor der Freiheit. Sie waren nicht imstande, in der Offenheit der Moderne etwas anderes als den Ausdruck des Wahnsinns zu sehen. Der Sensibilität, Experimentierfreudigkeit und Verspieltheit der modernen Kunst begegnete man mit einer tödlichen Ernsthaftigkeit, die in der Tat jeden Versuch zu Erneuerung und Wechsel im Keim ersticken wollte.

Wie bei den Bücherverbrennungen 1933 war auch die Ausmerzung der »entarteten Kunst« ein öffentliches Schauspiel, an dem das ganze Volk beteiligt war. Darüber hinaus war diese Aktion in der Bevölkerung wirklich populär, denn nie zuvor hatten so viele Menschen eine Kunstausstellung besucht. Damit hatte das Regime einen weiteren Vertrauensbeweis für seine Kulturpolitik erhalten, die Hitler als politische Ermunterung empfunden haben muß.

Nazi-Bücherverbrennung: Berliner Opernplatz, 10. Mai 1933.

Zur Verdeutlichung der von Hitler angebotenen Alternative scheute das Naziregime keine Kosten, um damit die bildenden Künste in allen ihren Formen besonders herauszustellen und ihre Pflege als eine fast heilige Tätigkeit erscheinen zu lassen. Die wichtigen Kunstereignisse machten Schlagzeilen in der Presse und wurden mit Festakten, endlosen »Kulturreden« und Aufmärschen gefeiert und von der Berichterstattung der Wochenschau übernommen. Der Filmbericht von der Großen Deutschen Kunstausstellung 1937 wurde sogar von der Musik aus dem ersten Satz von Beethovens Zweiter Symphonie begleitet. Die Parteizeitung der Nazis überschlug sich mit Kommentaren wie »die historische Größe dieses Augenblicks« und »die erhebende Zeremonie und die Nationalhymnen, die wie ein Treueschwur des Volkes und der Künstler klangen«.[61]

Der Höhepunkt all dieser Feierlichkeiten und der Medienpublizität war der historische Kostümumzug, der das Motto des Tages der Deutschen Kunst illustrieren sollte.[62] 1937 sollte der gigantische Umzug all das verkörpern, was in der deutschen Geschichte ewig und unveränderlich war und die »Größe« Deutschlands in schlagkräftigen Bildern herausstellen. Die Bilder, Personen und Symbole der Geschichte sollten dabei wie eine wunderschöne, atemberaubende Darstellung herausragen. Es war eine Geschichtsdarstellung, die die *deutsche* kulturelle Identität und Kontinuität in ästhetischen Kategorien vorführte. Entsprechend angemessen ekstatisch klang auch der Kommentar des Reporters des »Völkischen Beobachters«:

Germanische Kämpfer, germanische Frauen, germanische Priester und Seher ziehen an uns vorbei ... Sogar die bloßen Nachahmungen dieser mächtigen Symbole aus der mythischen Welt unserer Vorfahren haben die Kraft, unsere heutigen Gefühle zu überwältigen. Die Sonne, das Symbol des Tages, der Mond, die Göttin der Nacht, überzeugen und beeindrucken mit ihren brillanten Farben. Gestalten aus den Sagen unserer Vorfahren sind plötzlich unter uns ... Die bewegenden Töne der zu Pferde sitzenden Trompeter und Trommler reißen uns aus unserer inbrünstigen Meditation.[63]

Danach folgten bildliche Darstellungen der Leistungen Karls des Großen, Heinrichs II., Friedrich Barbarossas und Heinrichs des Löwen. Dahinter kam die gotische Periode mit ihren Rittern und Hofdamen, ihren Chorstühlen, Altären und Schnitzereien – Symbole, »die eine ganze Welt in unserer Vorstellung auferstehen ließen«.

Söldnertruppen, von Flötenspielern und Trommlern begleitet, führten die Paradegruppe zur deutschen Renaissance an. Danach sah man die Festwagen mit Bildern aus dem Hochbarock, der klassischen und der romantischen Periode. Als Höhepunkt folgten die Darstellungen der Neuzeit. Der Zeitungsbericht stellte die rhetorische Frage, ob denn die Thematisierung dieser modernen Ära notwendig und überhaupt möglich sei. Wie zu erwarten war, bestand die Antwort in einer uneingeschränkten Identifizierung mit der Gegenwart. »Heute saßen wir als Zuschauer im Schauspiel unserer eigenen Gegenwart und sahen wahre Größe...«[64] Um diese Sicht auch demjenigen Zuschauer klarzumachen, dem vielleicht die nahtlose Verwobenheit von Vergangenheit und Gegenwart entgangen war, fügte der Zeitungsreporter diese Sätze hinzu:

Am Ende dieses Umzuges, der 2000 Jahre deutscher Kultur feierte, waren wiederum Soldaten zu sehen; Soldaten in Grau, Soldaten in Braun, Soldaten in Schwarz ... Die Wehrmacht und die SA marschierten unter dem Jubel der Zuschauer durch die Straßen. Der Schlußapplaus galt den motorisierten NS-Einheiten, der Arbeitsfront und der SS.[65]

KAPITEL 5:

Eine glitzernde Fassade

»Der Erfolg des Tages [der Deutschen Kunst] war ein Zeugnis der Macht der Nazi-Mythologie.
Es war in Geschenkpapier verpackter Nationalsozialismus,
dessen Opfer unsichtbar blieben und dessen Anziehungskraft von der Existenz eines
Konzentrationslagers in der malerischen Stadt Dachau – nur zwanzig Zugminuten
von München entfernt – scheinbar unberührt blieb.«
ISABEL HILTON, 1993

Im Sommer des Jahres 1939 war der Tag der Deutschen Kunst bereits einer der regelmäßigen Höhepunkte im Festkalender des Dritten Reiches. Am Morgen des 16. Juli kam Adolf Hitler nach München, um die Dritte Deutsche Kunstausstellung zu eröffnen, die ein Teil dieses dreitägigen spektakulären Kunstereignisses war. Am Nachmittag bewegte sich, den gelegentlichen Regengüssen trotzend, der vertraute historische Aufzug, mit dem Motto »Zweitausend Jahre Deutscher Kultur« durch die Straßen und an Hitlers Aussichtstribüne vorbei. Am Abend besuchte Hitler eine Aufführung seiner Lieblingsoperette *Die lustige Witwe*. Anläßlich der Feierlichkeiten war der gesamte Verkehr in München gesperrt worden, um dem Publikum und den Künstlern die Möglichkeit zu geben, zur Musik der besten deutschen Orchester auf den Plätzen der Stadt zu tanzen.

Die festliche Atmosphäre erhielt nicht nur durch

Wächter der Kunst:
Ein offizielles Photo des Führers bei der Inspektion seiner
SS-Bataillone vor dem Haus der Deutschen Kunst.

die Anwesenheit Hitlers, sondern auch durch die Teilnahme nahezu aller höheren Nazi-Offiziellen eine besondere Note. Unter ihnen befanden sich Heinrich Himmler, Joseph Goebbels, Robert Ley, Albert Speer, Rudolf Heß, Julius Streicher und der oberbayerische Gauleiter Adolf Wagner, der die Begrüßungsansprache hielt. Zu den prominentesten Abwesenden gehörten Feldmarschall Hermann Göring, der eine Bootsfahrt durch die deutschen Kanäle und Flüsse machte, Außenminister Joachim von Ribbentrop und Innenminister Wilhelm Frick. Eine große Abordnung des faschistischen Italien und etwa 300 ausländische Pressevertreter (von insgesamt 650 Journalisten) nahmen jedoch am Eröffnungsempfang teil.

Angesichts der wachsenden politischen Spannungen in der Danzigfrage wartete die internationale Presse ungeduldig auf Hitlers Äußerungen, obgleich bereits bekannt war, daß seine Rede wohl kaum po-

Betroffenheit in München:
Gruppenphoto für den Frieden: Chamberlain, Daladier, Hitler, Mussolini und Graf Ciano am 30. September 1938.

litischer Art sein würde. Wie der Korrespondent des *Manchester Guardian* lakonisch formulierte: »Unschmeichelhafte Anspielungen auf die Juden und die Demokratien sind ziemlich sicher, aber international wichtige Verlautbarungen sind nicht zu erwarten.«[1] Tatsächlich beschränkte sich Hitler in seiner völlig unpolitischen Ansprache auf die Kunst, er erwähnte nicht einmal das internationale Judentum, den Bolschewismus oder die westlichen Demokratien. Gemessen an seinem Maßstab, war es ein bemerkenswert zurückhaltender und sparsamer Auftritt, der kaum 15 Minuten dauerte. Auch wenn es den damals Anwesenden noch unbekannt war, sollte dies die letzte ›Kulturrede‹ seines Lebens werden.

Hitlers Hauptthema war es einmal mehr, in den Zeiten schneller revolutionärer Veränderungen die Notwendigkeit von Leitlinien und politischer Regelung von Kunstfragen zu rechtfertigen. Nur auf

diese Weise könne die Trennung zwischen Kunst und Volk (wie auch die Isolation der Künstler selbst) verhindert werden. Hitler zufolge interessierte sich die politische Führung der Vergangenheit, nach der Gründung des Zweiten Deutschen Reiches 1870/71, nicht für die Kunst. Die erfolgreichsten Staatsmänner und Militärs jener Epoche kannten die ›unsterblichen‹ zeitgenössischen Künstler nicht persönlich. Im Gegensatz dazu betrachte der Nationalsozialismus seine kulturellen Verpflichtungen als »bedeutsamen Teil seiner Mission«.[2]

Das Naziregime, das zwei Jahre zuvor nicht gezögert hatte, Deutschland von dem »ekelhaften dekadenten Schwindel« zeitgenössisch-modischer »Schmierereien« zu reinigen, würde alles tun, um geachteten Künstlern Aufträge und Arbeitsmöglichkeiten zu verschaffen. Hitler erklärte feierlich, daß »bereits ein recht gutes allgemeines Leistungsniveau erreicht sei«. Er beklagte aber, daß bisher noch kein Künstler die großen Ereignisse im Nazi-Deutschland mit einem Talent und einer Kraft gewürdigt habe, die den künstlerischen Werken früherer Epochen vergleichbar seien. Der Führer gab seiner Hoffnung Ausdruck, daß sich einzelne Künstler zukünftig mehr der Gegenwart zuwenden und ihre Inspiration aus dem Glanz ihrer eigenen Zeit schöpfen würden, »die den Vergleich mit den großartigsten Epochen unserer deutschen Geschichte nicht zu scheuen brauche«.[3]

Später am Morgen speiste Hitler im privaten Kreis mit Himmler, dem Reichsführer der SS und Polizeichef, mit Goebbels und anderen Regierungsmitgliedern. Auch der italienische Propagandaminister Dino Alfieri war zugegen. Der Nazibezirksleiter von Danzig, Albert Forster, nahm an einem gesonderten Essen teil, das vom Münchner Bürgermeister ausgerichtet wurde. Er saß neben dem Führer der Sudetendeutschen, Konrad Henlein. Der amtierende sowjetische Botschafter in Berlin, Georg Astachov, war bei Tisch von zwei Generälen flankiert. Eine Woche danach würde sein Land Wirtschaftsverhandlungen mit Nazideutschland beginnen. In weniger als einem Monat setzten Hitler und Stalin ernsthafte Gespräche in Gang, die zum Pakt der Nazis mit den Sowjets und zur Teilung Polens führten. Der diplomatische Coup des Jahrhunderts, der Hitler freie Hand für den Krieg geben würde, war nur wenige Wochen entfernt.

Am Nachmittag wand sich der 8 km lange Festzug, zweitausend Jahre deutscher Kultur symbolisierend, an der Tribüne des Führers vorbei. Von einer Million Zuschauer auf den Straßen Münchens aufmerksam verfolgt, benötigte er zweieinhalb Stunden, um Hitlers riesigen goldenen Baldachin zu passieren. Es war ein beeindruckendes Schauspiel, dazu ausersehen, der deutschen Kunst und Geschichte als Ganzes das Siegel der Nazis aufzuprägen und die »lebendige Ewigkeit des Volkes zu offenbaren«.[4]

Während der beiden vorhergegangenen Tage gab es herrliches Wetter, jedoch fand der Umzug selbst an einem regnerischen Sonntagnachmittag statt. Ein britischer Korrespondent bemerkte, daß Hitlers An-

kunft von Donner und Wolkenbruch begrüßt wurde, »und ein vom Baldachin stürzender Wasserschwall ihn und Dr. Goebbels zwang, einige Schritte zurückzutreten«.[5] Dem britischen Journalisten fielen insbesondere die Festwagen ins Auge, die Österreich, das Sudetenland, Böhmen, Mähren und die Memel symbolisierten.

Einer von ihnen trug einen silbernen deutschen Adler hoch auf Deutschlands neuen Grenzbefestigungen; der nächste zeigte zwei böhmische Löwen, die das ›Tor zum Osten‹ weit offen hielten, hinter dem slawische Bauten sichtbar waren, die slovakische und ukrainische Städte symbolisierten.[6]

Diese Erinnerungen an die gewaltsame Annexion Österreichs, an die brutale Zerschlagung der Tschechoslowakei sowie die Andeutung eines weiteren ›Dranges gen Osten‹ lösten bei den westlichen Medien Besorgnis aus. Die britische Presse war voll von Nachrichten über den Druck der Nazis auf Polen. Weiterhin gab es polnische Erklärungen zur Danzigfrage, Mitteilungen über deutsche Truppen an den tschechischen Grenzen, und die zornige Antwort von Goebbels auf eine »Welle britischer Hetze«.[7]

Nur zwei Tage vor dem Höhepunkt des Münchner Kulturspektakels, am 14. Juli 1939, hatte der britische Kriegsminister Leslie Hore-Belisha die Militärparade in Paris beobachtet. Sie fand auf den Tag genau 150 Jahre nach der Erstürmung der Bastille statt. Bevor er Paris verließ, sagte er: »Der Anblick, der sich uns bot, war zweifellos ein großartiges Schauspiel, das in meinem Geist einen tiefen Eindruck von der Ruhe und Stärke Frankreichs hinterlassen hat.«[8] Der französische Premierminister Edouard Daladier gab sich vorsichtiger, wenn er die »schweren Opfer« und die »ungeheure Anstrengung« betonte, die notwendig seien, um Sicherheit, Frieden und Freiheit zu gewährleisten.

Die Schlagzeilen des Londoner *Daily Telegraph* waren nicht besonders ermutigend. Sie enthielten Themen wie »Die letzten ausländischen Touristen verlassen Südtirol. Brite an der Grenze durchsucht«. »Französische Berichte über Deutsche in Italien«, und »Ohne Gasmasken« – ein Bericht darüber, daß

Technischer Fortschritt!:
Die neuen Gasmasken für die deutschen Familien.

sie offensichtlich den Bewohnern von Clapham nicht zur Verfügung standen.[9] Die regierungskontrollierte deutsche Presse verwies mit Nachdruck auf den Kontrast zwischen dem angeblichen ausländischen Kriegsgerede und der festlichen Stimmung in Deutschland. Die Franzosen waren mit ihren lärmenden Militärparaden beschäftigt, die Polen waren vom ›Danzig-Fieber‹ ergriffen, und das britische Parlament versuchte, Deutschland durch die Bildung neuer Allianzen gegen Hitler ›einzukreisen‹. Premierminister Neville Chamberlain sprach von nichts anderem als von der Erhöhung der Zahl von Bombern, Kampfflugzeugen und Zerstörern. Dagegen bereitete der deutsche Führer in vollkommener Ruhe seine neuen Entwürfe für Gebäude vor, die Jahrhunderte überdauern sollten.[10] Großbritannien wurde unterstellt, es versuche, einen Keil zwischen die deutsche Regierung und das Volk zu treiben.

Nach Meinung der Nazimedien war das in München stattfindende großartige Fest der Freude, der Kreativität und der inneren Erbauung die beste Demonstration der friedlichen deutschen Absichten. Sie betonten die Aufgabe der deutschen Kunst, den üblichen Sinn des Wortes Gemeinschaft zu erweitern und ihm eine höhere Bedeutung zu verleihen.[11] Wie um diesen Punkt zu beleuchten, nahm Hitler am 25. Juli an der Eröffnung der Bayreuther Festspiele teil, sah sich am darauffolgenden Tage eine

Aufführung von Wagners *Tristan und Isolde* an und gab am 1. August im Haus Wahnfried einen Empfang für die Künstler.

Die offiziellen Medien räumten ein, das ruhige Selbstvertrauen der Deutschen beruhe letztlich auf dem Glauben an ihre starke Wehrmacht. Die Aufrüstung während der unmittelbar vorhergegangenen Jahre war eine notwendige Voraussetzung der Fröhlichkeit und Freude am Tag der Deutschen Kunst und rechtfertigte sie. Deutschland hatte sich keineswegs wiederbewaffnet, um neuen Boden zu erobern. Es wünschte nichts als in Frieden zu leben und neue kulturelle Werte zu schaffen![12] Seine politische Einheit würde nun *allen* Talenten der Nation – insbesondere den kulturell Begabten – ihre freie Entfaltung ermöglichen.

In seiner Ansprache an die versammelten Gäste legte Adolf Wagner, Münchner Gauleiter und Gastgeber der Feierlichkeiten, das größte Gewicht auf das Tempo des ›friedlichen‹ Wiederaufbaus Deutschlands und der kulturellen Aktivität.[13] Bevor er Hitler das Wort übergab, sagte Wagner, daß die Kunstfeste »in gleichem Maße anwachsen, in dem der Führer das Reich vergrößert«. Er wies auf die Ausstellungen in Wien, im Sudetenland, in Prag, Böhmen, Mähren und Memel hin und fügte hinzu: »Wir haben es nicht nötig, die deutsche Kultur in diese Länder einzuführen. Sie war seit Jahrhunderten dort. Der Führer hat sie nur, zusammen mit dem Land und den Menschen, wieder heimgeholt.«[14] Bei den annektierten oder in das deutsche Reich eingegliederten Gebieten (Wagner ergänzte die Liste in verhängnisvoller Weise durch »unser deutsches Danzig«, das dieses Schicksal noch nicht erlitten hatte), handelte es sich keineswegs um die materielle Ausbeutung von ›Kolonien‹ oder überseeischen Ländern, sondern im wahrsten Sinne des Wortes um die Rückführung deutschen ›Kulturguts‹.[15]

Der Reichspressechef, Dr. Otto Dietrich, gefiel sich anläßlich einer Pressekonferenz im Nymphenburger Park in einer subtileren Verteidigungsrede. Er wies darauf hin, daß die Eröffnung des Dritten Tages der Deutschen Kunst am 150. Jahrestag der Französischen Revolution kein Zufall sei.

Münchener Teegesellschaft:
Reichspressechef Dr. Otto Dietrich bewirtet Vertreter
des deutschen und ausländischen Pressecorps im Garten des
Nymphenburger Schlosses. München, 14. Juli 1939.

Diese [Französische] Revolution hatte zwar das Wort Freiheit auf ihre Fahnen geschrieben, in Wahrheit aber unterwarf sie die Freiheit der Willkür und Zügellosigkeit des Individuums ... Dieses Idol von 1789, das der Feind der Freiheit und Persönlichkeit war, wurde von uns zerstört und durch ein Monument wahrer Freiheit ersetzt.[16]

Die deutsche Revolution, so sagte Dr. Dietrich weiter, hatte den »vollständigen Wandel des Begriffs *ich* zum Begriff *wir* und vom Einzelnen zum Ganzen« bewirkt. Sie hatte nicht nur für Millionen von Menschen Arbeit und Brot gebracht und großartige Gebäude und Autobahnen geschaffen, sondern sie hatte auch »neue Tempel des Geistes« und eine neue kulturelle Grundlage errichtet. Die Nazi-Revolution hatte nicht etwa der Freiheit eine Absage erteilt, sondern sie nur von ihrer falschen Ausdrucksweise befreit, die zu verantwortungslosem Umgang mit der Gemeinschaft geführt hatte.

Der Nazismus hatte den dekadenten Mißbrauch des liberalen Individualismus korrigiert und ihn durch ein Ideal des »Dienstes an der Gemeinschaft« ersetzt.[17] Der Führer selbst hatte erklärt, es sei das Ziel der deutschen Kunst, die gesamte deutsche Volksgemeinschaft anzusprechen, nicht nur eine Handvoll Intellektueller. Die Kunst müsse vom Le-

ben des deutschen Volkes getragen werden, »dessen glänzendster, schönster und verehrungswürdigster Ausdruck sie ist«.[18] Denjenigen, die behaupteten, der Nationalsozialismus beraube das Individuum seiner Kreativität, gab Dr. Dietrich die unerschrockene Antwort: »Wie könnte eine künstlerische Natur wie die des Führers diese nationale Gemeinschaft geschaffen haben, wenn sie der Individualität entgegenstünde? Nein, diese Gemeinschaft wurde von einem Genie geschaffen, damit sie Genies aus sich hervorbringe!«[19]

Wie andere führende Nazis verwies Goebbels auf die Tatsache, daß die Kunst im Dritten Reich dem Volk zurückgegeben wurde. Sie galt nicht mehr ›den oberen Zehntausend‹, sondern war wieder in das Alltagsleben des Durchschnittsdeutschen eingegliedert worden. Gemäß dem Vortrag, den Goebbels auf der zweiten Sitzung des jährlichen Kongresses der Deutschen Kunst hielt, standen die Ausstellungen und Künstler in der Vergangenheit »so vollständig unter jüdischer Kontrolle, daß keine künstlerische Entwicklung möglich war«.[20] Mit der Kunstkritik beginnend (durch die sie die Anerkennung guter Werke verhinderten, während sie ›verachtenswerte‹, sogenannte moderne Kunst himmelhoch lobten), sei die Deutsche Kunst von den Juden entwertet worden. Jüdische Kunsthändler, die den Markt beherrschten, hatten ausschließlich ›entartete Kunst‹ zum Verkauf angeboten, die die Menschen nicht verstehen konnten. Der Nationalsozialismus hatte dieses »Trugbild der jüdischen Kunstgalerien« hinweggefegt und das »Gefühl für natürliche Schönheit und Harmonie wieder zurück gebracht, das in den Menschen immer sehr lebendig geblieben ist«.[21]

Goebbels behauptete großsprecherisch, in das Haus der Deutschen Kunst fände »nur das Schöne, das Ehrbare, kurz: die Kunst selbst, Eingang. Aber darüber hinaus würde versucht, die Kunst als solche in die Weltsicht der Menschen einströmen zu lassen«. Die Reichskulturkammer, der er vorstand, repräsentierte vorgeblich den Versuch, die individuelle kreative Freiheit mit den Verpflichtungen gegenüber einer größeren Gemeinschaft ins Gleichgewicht zu bringen. Ihre Aufgabe lag nicht darin, geniale oder talentierte Menschen zu finden, sondern »alle Hindernisse und Benachteiligungen zu beseitigen, die der organische Entwicklung des künstlerischen Potentials unseres Volkes im Wege standen«.[22] Letztlich jedoch glaubte Goebbels, sei es die Aufgabe der Kunst, Hitlers Beitrag zur deutschen Geschichte zu verewigen und unsterblich zu machen; sie sollte die Taten der Nazis loben und preisen, »damit sie durch Lied, Wort, Melodie, Farbe oder Stein in die fernsten Jahrhunderte getragen würden«.[23]

Goebbels erwähnte natürlich nicht, daß jeder schaffende Künstler seiner Kulturkammer angehören mußte, um seine Werke öffentlich verkaufen oder ausstellen und sein Talent demonstrieren zu können. Der Preis für diese Mitgliedschaft bestand im Konformismus, und die staatliche Reglementierung führte in der Regel zu einer tödlichen Verkümmerung der Kunst. Nur die offiziell abgesegneten und zugelassenen Kunstwerke konnten öffentlich gezeigt werden, einmal ausgestellt, unterlagen sie keiner Kritik mehr. Hatte nicht schließlich Goebbels selbst erklärt, Kunstkritik sei überflüssig?

Die vielen Preise und finanziellen Beihilfen, die man den schaffenden Künstlern für solche Werke anbot, die »den Geist unserer Zeit« verkörperten, ebenso wie die Ehrentitel und Zusatzeinkünfte derjenigen, die Hitler und den Nazi-Staat glorifizierten, konnten ihre Leere und Eintönigkeit nicht verbergen.[24] Sogar Hitler selbst hatte das Problem in seiner Ansprache in München teilweise anerkannt und die Tatsache beklagt, daß »wirklich befähigte individuelle Künstler« sich innerlich noch nicht der Nazi-Revolution als Quelle ihres Schaffens zugewandt hatten. Die Schwierigkeit lag nicht nur in der autoritären, Gehorsam fordernden Haltung der Führung, sondern in der inneren Natur der Parteiideologie, soweit sie den Bereich der Kunst betraf. Hitler und seine Gefolgsleute betrachteten die Kunst als ›zeitlos‹ und biologisch geprägt, als den höchsten Ausdruck des Genius jeder Rasse. Dementsprechend mußte die Kunst im Dritten Reich das reine deutsche Rassenbewußtsein zum Ausdruck bringen, wie es in der Nazi-Weltanschauung definiert war.[25]

Die Künste waren angeblich auf eine allen verständliche ›schöne Einfachheit‹ gegründet und auf den Prinzipien der Stärke, Klarheit und Logik. In der Praxis jedoch war das Kunstschaffen weitgehend den Erfordernissen der Propaganda untergeordnet und wurde so zu einem wichtigen Mittel, die Ideologie des Regimes zu popularisieren. In der Tat war die Kultur, zusammen mit der Entwicklung der materiellen, militärischen und politischen Macht, ein wesentlicher Teil des Ethos des Dritten Reiches. Die Militarisierung Nazi-Deutschlands wurde von ihren Vertretern oft als notwendiges Mittel zur Pflege der kulturellen Ziele verteidigt, die das Regime sich gesetzt hatte. Sie war das Schwert, das den Deutschen angeblich »die Möglichkeit, schöpferisch zu sein«, verschafft hatte. Die andere Seite der Kultur bestand im Wunsch der Nazis, die fortwährenden Anschuldigungen der Barbarei zurückzuweisen, die gegen sie im Ausland erhoben wurden. Wenn der Nationalsozialismus auf eine echte kulturelle Renaissance hinweisen und Belege für seine weitreichenden Behauptungen über die germanische Kultur als Erbe des Hellenismus vorweisen konnte, hätte er über ein eindrucksvolles Propagandaargument sowohl für den einheimischen wie auch für den ausländischen Gebrauch verfügt.

Der Tag der Deutschen Kunst in München zeigte, wenn schon nichts anderes, deutlich genug, wie ernst das Regime seine Aufgabe als Patron der Künste nahm. Aber einsichtsvollere ausländische Beobachter waren nicht so leicht von den bombastischen Beteuerungen der Nazis zu überzeugen. Es gab zum Beispiel wenig Anzeichen dafür, daß sich etwaige künstlerische Meisterwerke notwendigerweise aus den Kräften des ›Über‹-Menschen, der angeblich im Dritten Reich entstand, entwickeln würden. C. Brook Peters war in einem Bericht, den er eine Woche nach der großen Münchner Schau nach New York sandte, ausgesprochen skeptisch.

In Literatur, Musik, Theater und den graphischen Künsten war nur wenig zu sehen, was Lob verdiente. Der Großteil moderner Literatur in Deutschland wird aus anderen Sprachen übersetzt – meist aus dem Amerikanischen oder Eng-

lischen. In der Musik und im Theater richten sich
die größten Anstrengungen offensichtlich auf
die Reproduktion klassischer Werke – und die
Neuaufführungen sind im allgemeinen ausgezeichnet. Aber es gibt Weniges, was neu und gut
ist.[26]

Hinsichtlich der Malerei sah der Reporter die Kluft
zwischen den regelmäßig aus München zu hörenden
Verlautbarungen zur Kunst und der nur mittelmäßigen Qualität der Exponate in der jährlich stattfindenden Ausstellung.

Die meisten Schwierigkeiten zwischen den Malern und der Regierung betreffen eher die Stoff-
wahl und Konzeption als die Komposition und
Maltechnik – obgleich extravagante Malerei tabu
ist, weil der Führer sie nicht wünscht. Als Ergebnis zeigt sich in der derzeitigen Münchner Ausstellung eine Überfülle neutraler Themen, zum
Beispiel Akte, und ein unübersehbares Aufgebot
von ›Blut und Boden‹-Motiven – Tierleben,
ländlichen Szenen, Bauern in malerischen Trachten, Landschaften, und das alte Thema von Mutter und Kind.[27]

Nach einer Auflistung waren in den Großen Deutschen Kunstausstellungen nach 1937 40 Prozent der
Einsendungen Landschaften, 30 Prozent zeigten gewöhnliche Menschen, 11 Prozent waren Porträts historischer Persönlichkeiten, 10 Prozent gaben Tiere
wieder und 7 Prozent Stilleben.[28] Der Stil der Malerei war traditionell, oft erinnerte er an die bayerischen Kunstausstellungen der Zeit vor den Nazis.
Dies war angesichts der großen Zahl der von der
Regierung anerkannten Maler und Bildhauer, die
bereits vor 1933 ihre Werke in den Ausstellungen der
Münchner Akademie gezeigt hatten, kaum überra-
schend. Viele dieser Künstler waren Mitglieder der
ehemaligen Münchner Sezession, die sich einfach
der neuen Ordnung anpaßten. Einige, wie Franz
Eichhorst und Fritz Erler, hatten deutsche Bauern
gemalt und gingen zu Darstellungen heldenhafter
Soldaten oder stahlharter SA- und SS-Männer über.
Der Künstler Elk Heber spezialisierte sich ebenfalls
auf Kriegsthemen. Dann gab es noch Conrad Hom-
mel, den bekanntesten Porträtmaler der Partei, der

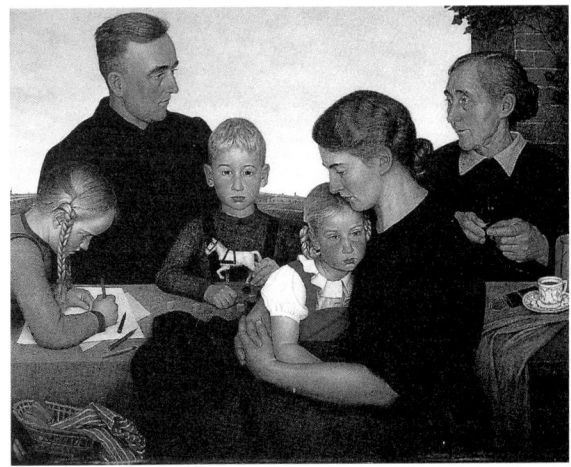

*Ländliches Glück: Adolf Wissels
idealisiertes Portrait einer Bauernfamilie im Dritten Reich.
Große Deutsche Kunstausstellung, München 1939.*

zahllose Bilder des Führers wie auch von Goebbels
und weniger wichtigen Parteileitern produzierte.
Adolf Wissel galt als anerkannter Meister bäuerlicher
Charaktere, während Julius Paul Junghanns
Deutschlands bekanntester Tiermaler wurde. Das
Nazi-Kunstmagazin ›Die Kunst im Dritten Reich‹
beschrieb seine Tierbilder, die Hitler persönlich für
die erste Große Deutsche Kunstausstellung ausgewählt hatte, als »Denkmäler einer sprachlosen, heroischen Haltung und Stärke, und würdigste Zeug-
nisse unserer Zeit«.[29] Das Genre der erdnahen
Bauernmalerei, welches das gewöhnliche Landleben
auf der Leinwand verherrlichte und seine einfachen
Tugenden der Stärke und Bodenständigkeit betonte,
paßte augenscheinlich ebensogut in die ›Blut und
Boden‹-Ideologie der Nazis wie die Darstellung der
Familie, insbesondere der Bauernfamilie, die als gesunder Kern der Nation mit der Natur und der
Landschaft verbunden war. In Büchern und Filmen
wie in Gemälden wurde die Familie als Quelle der
Stabilität, Moral und Rassenreinheit gepriesen.

Der idealen Frau schrieb man eine ähnliche euge-
nische Aufgabe als Hüterin der germanischen Rasse
zu, die stolz darauf war, als Beitrag ihres Kampfes für
die Nation gesunde Kinder zur Welt zu bringen.[30]
Ihr Bildnis als Mutter oder Madonna mit Kind stand
über allem. Frauen mußten gesunde Körper haben

und wurden vorzugsweise als groß, blond und blau-
äugig dargestellt. Die Frau galt als Inkarnation der
Schönheit der Natur, ihrer Reife, Fruchtbarkeit und
Verspieltheit. Aber ihre Darstel-
lung in Malerei und Skulptur
blieb unverändert klischeehaft.
Nach Peter Adams gelungener
Formulierung:

> Die Oberfläche ihrer Haut
> ist glatt, es gibt kein schwel-
> lendes Fleisch, keine Haut-
> falten oder Runzeln. Mit
> sanften Linien und weichen
> Konturen gezeichnet, ist die
> Frau ein Bild der Hingabe
> und Anpassung. Sie ist nur
> noch Objekt, bestimmt, sich
> dem Mann zu unterwerfen
> und fruchtbar zu sein. Ihre
> eigene Sexualität wird ge-
> leugnet.[31]

Die von führenden Nazi-
Künstlern wie Adolf Ziegler,
dem Präsidenten der Reichskammer für bildende Künste
(und Organisator der berüchtigten Münchner Ausstellung
›Entartete Kunst‹), gemalten
Akte waren besonders glatt, kalt
und unpersönlich.

Die spröden, pseudoklassi-
schen, nackten Wachsfiguren
des mittelmäßigen, wenn auch
technisch vollendeten Malers
Ziegler, boten der Phantasie
keinen Spielraum – nicht umsonst wurde er im Volk als
»Meister des deutschen Scham-
haars« verspottet. Sein *Urteil des
Paris*, das 1939 in der Deutschen

OBEN: *Die Bauernvenus: Der Maler Sepp
Hilz und sein wollbestrumpftes Modell.*
UNTEN: *Erotische Kunst: »Leda und der
Schwan« von Paul Mathias Padua.
Die Sensation der Großen Deutschen
Kunstausstellung verursachte einen Skandal,
wurde aber vom Führer aufgekauft.*

in eintönigen Formen verherrlicht, was zweifellos
Hitlers Vorliebe für Zieglers Werke erklärt.

Sepp Hilz, bekannt als »Meister der ländlichen
Venus«, malte erotische Akte,
die gelegentlich ans Pornogra-
phische grenzten.[33] Sein Bild
einer »Bauernvenus« als wollbestrumpftes Pin-up-Girl war
eine der Hauptattraktionen der
39er Ausstellung.

Das kontroverseste Gemälde
der Münchner Schau war aber
zweifellos Paul Mathias Paduas
Leda und der Schwan, das vom
Magazin *Time* in seiner Juli-
Ausgabe 1939 als »beerotic« bezeichnet wurde.[34] [A.d.Ü.:
Kunstwort aus den englischen
Ausdrücken ›beer‹ und ›erotic‹,
weil solche Bilder laut *Time* gut
in einen Werbekalender für
Bier gepaßt hätten.] Padua war
einer der jüngeren talentierte-
ren Künstler, die von den Nazis
gefördert wurden; seine früheren Gemälde bayerischer Bauern waren sehr beliebt. *Leda und
der Schwan* war so offenkundig
unzüchtig, daß nur eine einzige
deutsche Zeitung eine Wiedergabe des Bildes veröffentlichte.[35] Die gewagte, nahezu
photographisch getreue Darstellung verursachte einen
Skandal, nichtsdestoweniger
wurde das Bild aber von Hitler
selbst gekauft.

Die Zahl der Akte verviel-
fachte sich im Laufe der Jahre
und versorgte die Münchner

Kunstausstellung gezeigt wurde, besitzt einen offensichtlich voyeuristischen Aspekt. Wie in allen seinen
Gemälden wird die photographisch getreue Wiedergabe vollkommener Körper und ›arischer‹ Typen

Kunstausstellungen mit einer gesunden Portion ›arischen‹ Fleisches. Wie die Bauern, die bukolischen
Familien und die kampfbereiten Soldaten, waren
diese weiblichen Akte Ausdruck einer peinlich

künstlichen Darstellung eines Rassentypus. Aber die
offiziellen Nazi-Kritiker, die es liebten, Hitlers
Donnerwort nachzusprechen, daß »die Kunst eine
mächtige und fanatische Mission ist«, waren davon
überzeugt, daß die Gemälde an den Wänden des
Hauses der Deutschen Kunst einen echten Durchbruch darstellten. In seinem Bericht über die Deutsche Kunstausstellung 1939 betonte Walter Horn,
daß sie nicht nur eine Kunstausstellung sei, sondern
eine wahre »Ernte künstlerischen Strebens«. Die
Kunst war aus ihrer Zurückgezogenheit zur germanischen Rasse und zum Volk zurückgekehrt, »sie
zeigt den Reichtum der deutschen Seele in Bildern,
die die politischen Veränderungen widerspiegeln«.[36]
Horn bestand darauf, daß die Nazi-Malerei und
-Plastik in ihrer Schlichtheit und Unmittelbarkeit
kein Biedermeier-Idyll sei, sondern der Ausdruck
eines neuen männlichen Ethos, dessen klare Wiedergabe der Schönheit der griechischen Antike nahe
kam.[37]

Diese Nazi-Didaktik konnte aber die nahezu vollständige Wirklichkeitsferne dieses Malstils nicht verbergen. Es gab dort keine Andeutungen von Krankheit und Leid, keine Bezüge zu der Grausamkeit
oder den Verbrechen des Regimes, keine Hinweise
auf die Schrecken des Krieges. Wie ein zeitgenössischer Kritiker es vor kurzem ausdrückte: »Die Nazi-
Kunst war eine gigantische verlogene Darstellung
eines reinen, moralischen und besseren Deutschland, das Hitler angeblich erschaffen hatte, das aber
in der Realität niemals existierte.«[38]

Nirgends wurde der Nazi-Mythos vom ›neuen
Menschen‹ und seine tatsächliche Distanz zur Wirklichkeit deutlicher als in der Plastik. Wie in der Malerei hatten viele der führenden Künstler, unter ihnen Georg Kolbe, Fritz Klimsch und Richard
Scheibe, ihre besten Werke vor 1933 geschaffen. Es
gab aber auch offizielle Staatskünstler wie Arno Breker und Josef Thorak, die zu prominenten Vertretern eines spezifisch nationalsozialistischen Stils
wurden. Ihre öffentlichen Ehrungen und Aufträge
waren ein Zeichen der Bedeutung, die die Nazis der
Bildhauerkunst als Ausdruck ihrer Ideologie und als
Medium politischer Botschaften beimaßen. Ihre

großen Skulpturen, die in enger Beziehung zu dem
vom Regime geförderten monumentalen Baustil
standen, vermittelten den Ausdruck einer Größe,
die man für die neue Zeit angemessen hielt. Im idealisierten männlichen Akt schien der Nationalsozialismus das von ihm gewünschte Bild physischer
Stärke, klassischer Schönheit, Ordnung, männlichen
Mutes und heldischen Willens gefunden zu haben.[39]
Die ›ewige deutsche Kunst‹, die von den Politikern
ständig verkündet wurde, konnte am leichtesten mit
den Mitteln der Skulptur zu den ›reinen Formen‹ des
antiken Griechenland zurückfinden.

Die nordische Version des hellenistischen Ideals
betonte den schönen harmonischen Körper, den
heldenhaften Athleten in seiner ›Natürlichkeit‹ als
Gegensatz zu dem vorgeblichen Chaos und den Ver-
zerrungen der modernen Kunst. Hitler, Rosenberg
und andere führende Nazis begründeten diese Vorliebe zum griechisch-römischen Vorbild mit dessen
rassischer und politischer Verwandtschaft. In seiner
Rede am 22. Januar 1938 hatte Hitler in München
hochtrabend verkündet: »Jede politisch heldenhafte
Epoche wird sofort eine Brücke zu einer anderen
ebenso heldenhaften Vergangenheit bauen. Die
Griechen und Römer werden den Deutschen plötzlich nahestehen, weil ihre Wurzeln ebenfalls in der
Rasse liegen.«[40] In ihrem meisterhaften Film *Olym-
piade der Nationen* (1938) fing Leni Riefenstahl das
nationalsozialistische Schönheitsideal in gleitenden
Übergängen von Bildern zeitgenössischer, nordisch
aussehender Olympiateilnehmer zu antiken griechischen Statuen ein.

Man ging davon aus, daß das griechische Vorbild
der Bildhauerkunst dem Nazi-Postulat einer ›zeitlosen Kunst‹ und dem Bedürfnis entsprach, die Menschen über sich selbst hinaus in eine verwandelte und
veredelte Wirklichkeit zu erheben. Die Plastik war
verständlicherweise dazu ausersehen, solche ›ewigen‹ Werte zu vermitteln. Im Dritten Reich bedeutete das jedoch im wesentlichen die visuelle Darstellung einer starken, gesunden Herrenrasse. Mit der
zunehmenden Erstarrung der Nazi-Ästhetik nach
1936 wurden die Skulpturen immer monumentaler,
propagandistischer und paßten sich den vom Nazi-

Regime gelobten Tugenden des Gehorsams, der Disziplin und des stählernen Mutes an. Monumentale Bildwerke zierten nun die öffentlichen Gebäude und Plätze, die neuen Stadien und Arenen, mit ihren göttergleichen Figuren und verkündeten das Nazi-Ideal des heldischen Ariers.

Hitlers Lieblingsbildhauer Arno Breker, ein wirklich befähigter Künstler, brachte das, was das Regime von seinen Kunstschaffenden erwartete, in vollkommener Form zum Ausdruck. Die beiden Bronzefiguren, *Die Armee* und *Die Partei*, die er 1939 für den Innenhof der Berliner Reichskanzlei schuf, waren offensichtlich dazu ausersehen, diese beiden Stützpfeiler des Nationalsozialismus zu rechtfertigen und Bewunderung für sie zu wecken. Sie repräsentieren ästhetisch vollkommene, edle, idealisierte Männerbilder, lassen aber jede Lebendigkeit vermissen. Wie vieles in Brekers Werk, versetzen diese Bilder männlicher Kraft den Zuschauer letztlich in einen Zustand starrer Empfindungslosigkeit. Aber sie sind der unverkennbare Widerhall der Aura von Brutalität, Stärke und erdrückender Dominanz, die der Nazismus selbstbewußt verkörperte.[41] In der Großen Deutschen Kunstausstellung in München 1939 erscheint Brekers Skulptur *Bereitschaft*, die einen Mann mit einem halb gezogenen Schwert darstellt, nur allzu charakteristisch. Die kraftvolle Hand, bereit, einen Gegner anzugreifen, die Spannung und Aggressivität der Pose, die übertriebene Muskulatur der Arme und Beine, vermitteln ein Bild furchterregender Kraft. In den Augen der Nazis hatte Breker in seinen Bildwerken in bewundernswerter Weise ein neues politisches Ideal menschlicher Gestalt und rassischer Schönheit

Bereitschaft: Arno Brekers Darstellung arischer Männlichkeit verbindet klassische Anklänge mit muskulärer Kampfeslust. Große Deutsche Kunstausstellung 1939.

im Streben zu unpersönlicher Monumentalität eingefangen.[42] Es war ihm tatsächlich gelungen, die Wirklichkeit zu veredeln und den Menschen in eine höhere mythische Sphäre zu erheben. Allerdings erscheinen Brekers synthetische, metallisch-glänzende Muskelmänner, ähnlich Thoraks monumentalen Plastiken einer gigantischen und heldenhaften Menschheit, im Rückblick eher als unbewußte Vorwegnahmen des bevorstehenden Nazi-Aggressionskrieges.

Damals jedoch war die neue vom Regime geschaffene Kunstrichtung ziemlich populär. Die Verbannung von Häßlichkeit, menschlicher Qual, Not und Pein zugunsten der Idylle, des Schönen und Heldenhaften, verursachte kaum Proteste. Viele einfache Menschen begrüßten voll Begeisterung den bewußten künstlerischen Ausschluß des von Sorgen und Belastung gekennzeichneten, modernen industriellen und städtischen Lebens. Von Anbeginn hatte Hitler über den Volksgeschmack bestimmt, indem er darauf bestand, daß alle im Haus der Deutschen Kunst ausgestellten Werke klar und verständlich sein sollten. In der Ansprache in München 1937 hatte er den wohlbekannten Ausspruch als sein persönliches Leitmotiv zitiert: »Deutsch sein, heißt klar sein − das aber würde besagen, daß deutsch sein damit auch logisch und vor allem auch wahr sein heißt«.[43] Dieser Geist, so verlangte er ausdrücklich, sollte künftig die deutschen Maler, Bildhauer, Architekten, Denker, Dichter und Musiker leiten. Vor allem hatten sie für das Volk zu schaffen, und »wir werden dafür Sorge tragen, daß gerade das Volk von jetzt ab zum Richter über seine Kunst aufgerufen wird«.[44] Hitler war davon überzeugt, daß wenn das deutsche Volk nun durch diese Räume gehen wird, es mich auch hier als seinen Sprecher und Ratgeber anerkennen wird. Denn es wird feststellen, daß hier zum ersten Mal seit vielen Jahrzehnten nicht der künstlerische Betrug, sondern *ehrliche, künstlerische Leistung* ihre Würdigung erfahren hat. So wie es schon heute seine Zustimmung gibt zu unseren Bauten, so wird es auch innerlich aufatmend sein freudiges Einverständnis ausdrücken zu dieser Reinigung der Kunst. Und das ist entscheidend: Denn eine Kunst, die nicht auf die freudigste und innigste Zustimmung der gesunden, breiten Masse des Volkes rechnen kann, sondern sich nur auf kleine – teils interessierte, teils blasierte – Cliquen stützt, ist unerträglich.[45]

Hitler bestimmte häufig die auszustellenden Werke und eröffnete die Münchner Kunstausstellungen immer selbst. Oft war er auch der beste Kunde (1938 kaufte er über 200 Werke). Die Ausstellungen waren unleugbar populär, die erste Eröffnung 1937 hatte 60000 Besucher angezogen, was Goebbels veranlaßte, sie als ›ein nationales Ereignis‹ zu feiern, durch das »die deutsche Kunst nach Jahren schrecklichen Niedergangs wieder zu sich selbst gefunden hat«.[46] Ein Teil der Faszination leitete sich zweifellos von dem eindrucksvoll entfalteten Gepränge der Fahnen und Farben ab, das die Eröffnungsfeiern dieser Ausstellungen kennzeichnete.[47] Vor der riesigen, Beifall spendenden Menschenmenge in den Straßen Münchens zogen die Kunstbeispiele verschiedener Epochen (von der frühen germanischen Zeit bis in die Gegenwart zwei Jahrtausende der Geschichte des Reiches umfassend) ebenso vorüber wie die Modelle der neuen Nazi-Architektur Münchens. Alles war hier zu sehen, vom Ochsenkarren, der die ›Blut und Boden‹-Mystik symbolisierte, bis zu Modellen von Wikingerschiffen; von mittelalterlichen Rittern zu Pferde mit Hakenkreuzbannern, die im Wind flatterten, bis zu Figuren der Pallas Athene, des Vater Rhein oder großen Büsten von Adolf Hitler.[48] Das alles war nicht nur aufwendige Unterhaltung, nicht einfach eine moderne Form von ›Brot und Spiele‹ für die Massen, sondern eine öffentliche Präsenta-

tion des Regimes, ein Ausdruck seiner Überzeugung, daß das neue Reich tausend Jahre dauern werde. Es war auch ein Ausdruck der Art und Weise, wie der Nationalsozialismus sich alles Wertvolle aus der deutschen Vergangenheit aneignete und es ausbeutete, um damit seine eigene ›kulturelle‹ Herkunft zu bekräftigen.

Die Feier des Tages der Deutschen Kunst im Jahre 1939 warf ein interessantes Schlaglicht auf die Methoden der Nazis, die verschiedenen Epochen der deutschen Geschichte wiederzugeben. Was (im Gegensatz zu deutsch) als ›germanisch‹ bezeichnet wurde, war offensichtlich von entscheidender Wichtigkeit, da hier die Wurzeln der deutschen Kultur und des ›ursprünglichen‹ deutschen Charakters zu finden waren.[49] Die germanischen Stämme wurden naturgemäß als tapfer, kriegerisch, großmütig und edlen Geistes angesehen; ihre heidnische Religion gründete auf dem Jahreskreislauf der Sonne und deren Verehrung als Symbol des immerfort erneuerten Lebens (eine der Bedeutungen des Hakenkreuzes). Treue zur Familie und zur Sippe, Heldentum angesichts des Todes, Kampfbereitschaft und Erdverbundenheit zählten zu ihren Haupttugenden. Diese kriegerischen Werte des nordischen Geistes fanden u.a. in der Sage von den Nibelungen ihren symbolischen Ausdruck; ebenso im Walhallakult und in den Wikingerschiffen, welche die Furchtlosigkeit, Abenteuerlust, Beutegier und Freiheit ausdrückten, die dem Geist der Ahnen innewohnten. Diese ursprünglichen nordischen Sagen waren nach den Worten Rosenbergs als »das Alte Testament des deutschen Volkes« zu betrachten und als mahnende Erinnerung seiner ungebrochenen rassischen Kontinuität und Stärke.[50]

Die romanische Epoche wurde wegen ihrer Architektur, Skulptur und Heldenlieder geschützt, mehr noch aber wegen der Entstehung eines germanischen Reiches und seiner Konsolidierung. Beginnend mit Karl dem Großen (ausschließlich der deutschen Geschichtsschreibung zugeordnet), über Heinrich I. bis zum Höhepunkt unter Friedrich Barbarossa und den Hohenstaufen, sah man diese Periode als Beispiel für die kriegerischen Tugenden

edlen Blutes. Die gotische Periode, Zeuge des Zerfalls des Ersten Reiches, war für die Nazis trotz der
hochragenden Kathedralen, die Oswald Spengler
einst als höchsten Ausdruck der ›faustischen‹ germanischen Seele beschrieben hatte, erheblich proble-
matischer. So behauptete z. B. der Chefideologe der
Partei, Alfred Rosenberg, der den Einfluß des römischen Katholizismus leidenschaftlich ablehnte, un-
verblümt, der gotische Stil sei eine Sackgasse des
deutschen schöpferischen Willens gewesen. Gleichzeitig aber sprach er dem Gotischen eine gewisse
Größe und ›germanische‹ Qualität nicht ab.[51] Die
gotischen Elemente zeigten sich bei den Münchner
Festlichkeiten in der Darstellung von mittelalterlichen Ritterorden, Kreuzzügen, Rathäusern sowie
der Entstehung eines soliden Bürgertums und der
Qualität des deutschen Handwerks.

Die Renaissance, mit ihrer Wiederbelebung der
klassischen Motive, der Künste und Wissenschaften
und des deutschen Humanismus, wurde zwar angemessen dargestellt, ohne daß ihr aber eine besondere
Aufmerksamkeit gewidmet wurde. Die Architektur
dieser Epoche hatte in Deutschland nur verhältnis-
mäßig wenige Werke hinterlassen, das Interesse der
Renaissance für die klassischen Lehren galt als elitär,
und einige einflußreiche, rassisch ausgerichtete Kritiker wie Schultze-Naumburg betrachteten sie als
Fremdkörper auf der Bühne der deutschen Kulturgeschichte.[52]

Das Barock war eine weitere Epoche, die unterschiedlich bewertet wurde, zum Teil, weil seine
Ursprünge südlich der Alpen lagen und seine Verknüpfungen mit dem Katholizismus vielen Nazis
verdächtig erschienen. Rosenberg hielt die Kunst
dieser Epoche für ›jesuitischen Stil‹, Schultze-
Naumburg und andere nannten sie ›undeutsch‹, obwohl Hitler tatsächlich die Architektur des Barock
liebte, von der es in Bayern viele ausgezeichnete
Beispiele gab.[53] Das theatralische Gepräge, mit dem
Hitler seit seiner Jugendzeit in Österreich vertraut
war, war eine besondere Eigenschaft, die das Barock
mit den Organisatoren der Massenfeste des Dritten
Reiches teilte. Friedrich der Große war die einzige
deutsche, politisch und militärisch herausragende

Persönlichkeit der Neuzeit, mit der Hitler und die
Nazis sich durchgehend identifizierten. Bei den
Münchner Festzügen repräsentierte Friedrich der
Große die einzige Führergestalt der Geschichte zwi-
schen den Hohenstaufen und Hitler.[54]

Der Neoklassizismus des späten 18. Jahrhunderts
(insbesondere die Wiederbelebung der griechischen
Antike) wurde im allgemeinen hoch geschätzt. Die
Abbildungen Goethes, Schillers, Mozarts und Beethovens hatten bei den Festlichkeiten zum Tage der
Deutschen Kunst einen Ehrenplatz und wurden als
wesentlicher Bestandteil dieser historischen Periode
gewertet. Die neoklassizistischen Architekten des
frühen 19. Jahrhunderts, wie zum Beispiel Friedrich
Gilly und Karl Friedrich Schinkel, übten einen an-
haltenden Einfluß auf Hitlers architektonischen
Mentor, Paul Ludwig Troost und auf Albert Speer
aus. Tatsächlich verdankte das von Troost während
der frühen dreißiger Jahre in München errichtete
Haus der Deutschen Kunst vieles dem Berliner Mu-
seum Schinkels, das nahezu ein Jahrhundert früher
entstand.[55]

Die Zeit der Romantik mit ihrer Rückwendung
zum Mittelalter und ihrer Betonung der germanischen Vergangenheit, mit der Inbrunst von Sturm
und Drang und ihren Befreiungskriegen gegen Na-
poleon, war nicht weniger wichtig. Hier erschien
zum ersten Mal das ›Volk‹ auf der Bühne der Geschichte als zum Teil selbständiger Darsteller. Die
Romantik brachte auch Richard Wagner hervor,
den Hitler und die Nazis unverkennbar als größten
Verkünder des Deutschtums in der Musik seiner
Zeit ansahen.

Es ist bemerkenswert, daß trotz der zentralen Bedeutung von Ereignissen wie dem Deutsch-Franzö-
sischen Krieg, der deutschen Einigung oder der
Rollen Bismarcks und Kaiser Wilhelms II. für die
moderne deutsche Geschichte die Zeit zwischen
1850 und dem Dritten Reich in den Festzügen stark
heruntergespielt wurde. Unter dem politischen
Aspekt muß man das als eine willkürliche Anstrengung Hitlers verstehen, seine eigene nationale Rolle
und die des Dritten Reiches auf Kosten seiner unmittelbaren Vorgänger herauszustellen.

Die deutsche Kulturgeschichte nach Wagner wurde absichtlich als Wüste dargestellt oder als das, was die Nazis gern und oft »die Zeit des Zerfalls« nannten. Während der ausschließlich auf das Positive ausgerichteten Festlichkeiten bestand keinerlei Interesse, diese Zeit der ›Dekadenz‹ vorzuführen, in der die schnelle Industrialisierung und Modernisierung die inneren Bindungen des Volkes zerstört hatte. Der Niedergang wurde als unvermeidliche Folge des vorherrschenden Individualismus, des Liberalismus und der materialistischen Weltanschauung gedeutet, die die Mittelklasse und die Arbeiter beherrscht hatten. Der deutsche Gemeinschaftssinn war unter den Angriffen der Großindustrie, der Profitsucht, des ungesunden Großstadtlebens und der finsteren ›jüdischen‹ Einflüsse zusammengebrochen. Gerdy Troost (Paul Ludwig Troosts Witwe) beschrieb die deutsche Bourgeoisie von der Jahrhundertwende bis zur Nazizeit als: »rassisch uninteressiert, unvölkisch, unsozial, bar jeder tieferen Bindung an die Gemeinschaft, gefesselt von Geld und Maschinen, von den Juden verführt und mehr und mehr in die Zerstörung hineingetrieben«.[56] Die in den Festumzügen vollkommen übergangene Weimarer Republik war nur der Höhepunkt dieses sozialen, kulturellen und politischen Verfalls. Allein durch den Aufstieg des Dritten Reiches waren das deutsche Volk und seine Kultur im letzten Augenblick vor der Selbstzerstörung bewahrt geblieben.

Indem sie alle optischen Möglichkeiten eines Umzugs nutzten, der karnevalistische Elemente, solche eines Kostümballs, historische Lehrstücke und Kitsch, in sich vereinigte, wurde die Münchner Veranstaltung durchaus zum Vermittler einer Botschaft. Diese Botschaft gipfelte in der Darstellung der aktuellen neuen Zeit mit ihren symbolischen Figuren des Glaubens, der Treue und des Opfers, mit ihren Jugendaufmärschen, den Modellen der Führerbauten, der Glorifizierung der bodenständigen Bauern, ihren Fahnen, Hakenkreuzen und Marschsäulen der Wehrmacht, der SA, der SS und anderer Naziformationen.

Der Tag der Deutschen Kunst sollte eine Feier des Volkes sein, das sich in all seinem Ruhm, all seiner Größe und Reinheit, in den Errungenschaften seiner Geschichte und in der Kontinuität seiner Kultur sonnte. Von den germanischen Stammeshäuptlingen, den Kreuzrittern und den gotischen Kathedralen zu den Giganten der deutschen Musik (Bach, Beethoven, Mozart), von den preußischen Soldaten zur Wehrmacht, von den Nibelungen zu Wagner und Hitler, war es im wesentlichen *eine* gemeinsame Vergangenheit, *ein* Volk, *ein* Reich. Die gleichen Urtugenden des Heldentums, des Mutes und der Willenskraft, die gleiche Rassenreinheit und überlegene Kultur, die in der gesamten deutschen Geschichte sichtbar wurden, würde dem Dritten Reich dazu verhelfen, wieder über seine Feinde zu triumphieren und nach Osten zu expandieren.[57] Alle diese Fäden waren im Nationalsozialismus zusammengelaufen, der nicht nur ihr Erbe sein wollte, sondern auch der Höhepunkt und die Erlösung der zweitausendjährigen deutschen Geschichte. Einer der Nazi-Kommentatoren behauptete voller Überzeugung, daß »der Tag der Deutschen Kunst zeigt, wie sehr die Kunst ein Anliegen der ganzen Nation und des Volkes ist, in dem sie verankert ist«.[58]

Zweifellos trug allein schon der Umfang der prachtvollen Schauspiele viel zu der Massenwirkung bei. 1937, im ersten Jahr der Aufführungen, waren 26 Festwagen beteiligt, 426 Tiere und 6000 Menschen in Kostümen der jeweiligen Epochen.[59] Triumphierend veröffentlichten die Nazis Statistiken, die zeigten, daß 33821 Menschen an den Vorbereitungen mitgearbeitet hatten, und daß 690000 Arbeitsstunden aufgewendet worden waren. Diese Zahlen sollten nicht nur die erfolgreiche Organisation und den Nutzen für die Arbeitsbeschaffung, sondern auch die wirtschaftliche Bedeutung der Feste für die Stadt München beleuchten.[60]

Wie bei allen ihren Massenveranstaltungen legten die Nazis besonderen Wert auf die Choreographie, das Design, die Symbolik und die Ausschmückung der Straßen. Die Gesamtverantwortung für die Organisation des Festes lag in den Händen der beiden ausgezeichneten Münchner Kunstprofessoren Richard Knecht und Hermann Kaspar, die bei der Dekoration der Straßen von Professor Georg Buchner

Erfrischungspause:
Teilnehmer des jährlichen Münchner Umzuges anläßlich
des Tages der Deutschen Kunst machen eine Pause.

(ebenfalls München) und dem Kostümdesigner Otto Reigbert unterstützt wurden. Man achtete sorgfältig darauf, alle wichtigen Straßen, Plätze, Tore und Gebäude (besonders die vom Naziregime errichteten) längs des Weges des Festzuges zu berücksichtigen. Der Umzug begann in der Prinzregentenstraße und wand sich über mehrere Kilometer zum Maximilian-Denkmal. Der zeitliche Ablauf der Parade, die Kostüme, die flatternden Fahnen mit Adlern und Hakenkreuzen, sollten die Zuschauer mit dem größtmöglichen Effekt in das Ereignis einbeziehen. Teilnehmer und Zuschauer waren schließlich Teil derselben Volksgemeinschaft.

Die Straßendekorationen mit ihren leuchtenden Farben wurden ebenfalls in monumentalem Maßstab ausgeführt, um den erwünschten einheitlichen Eindruck zu schaffen.[61] Die klassischen Gebäude Münchens waren im Hinblick auf ihre Eignung als eindrucksvoller Hintergrund des großen Festzuges und der Marschsäulen, die in ihren schwarzen und braunen Uniformen die Nachhut bildeten, sorgfältig ausgewählt worden. Obgleich der Tag der Deutschen Kunst als fröhliches Ereignis konzipiert war, das die Freude des Volkes an der Kunst feiern sollte, war die vollkommene militärische Präzision der Kolonnen der Wehrmacht, der SA und der SS zweifellos der Höhepunkt in den Augen der Nazis.

Der historische Festzug und die Kunstausstellung waren nicht nur zur Legitimierung des Regimes ausersehen, sie waren auch eine notwendige Ablenkung von den sozialen und wirtschaftlichen Problemen und eine triumphale Bestätigung völkischer Massenkultur. Vor allem waren sie eine Verschmelzung aller vorherrschenden Mythen des Dritten Reiches: der Volksgemeinschaft, »der lebendigen Ewigkeit des deutschen Volkes«, der heldenhaften Kontinuität seiner Vergangenheit, seiner kriegerischen Tugenden und Rassenreinheit, der kulturellen Gemeinschaft der deutschen Nation und ihrer schließlichen mystischen Wiederauferstehung.[62] München, die Stadt der Feste und der Geburtsort der Nazi-Bewegung, war auserwählt worden, um die neue deutsche Renaissance zu verkünden und die kunstvolle kulturelle Fassade für die bevorstehende Expansion des Reiches zu bilden. Hitler hatte die Stadt zur künstlerischen ›Via Triumphalis‹ des neuen Reiches bestimmt, aber die sorgfältig aufgebaute kulturelle Fassade verkündete letztlich nur den brutalen Willen zur Macht und Eroberung.

KAPITEL 6:

Braune Hemden, blauer Himmel

> *»Die Farbe besaß eine unheimliche Wirkung, sie verwandelte bösartiges Schwarz in den*
> *ursprünglichen Schein reiner Unschuld ... Tage der Unschuld und Hoffnung,*
> *die erst durch unser Wissen verdüstert werden ... Das Programm stellte eine vorsichtige*
> *Warnung vor den Verlockungen und Gefahren der Naivität dar ... der Naivität,*
> *das Leben zu erleichtern, indem man ein ganzes Volk vernichtet.«*
> CARIG BROWN, *The Sunday Times*, 23. Mai 1993

Was war die Ursache der Anziehungskraft des Nationalsozialismus auf die Massen? Wie gelang es einem Regime, verantwortlich für Krieg, Verwüstung und Massenmord nie zuvor erlebten Umfangs, eine zivilisierte Nation zu verführen und ins Unglück zu stürzen? Besaß der deutsche Faschismus einen geheimnisvollen Zauber, den wir nicht übersehen dürfen, wenn wir die Faszination verstehen wollen, die er auf Millionen von Menschen ausübte? Welches waren die tieferen Quellen, aus denen heraus es den Nazis gelang, selbst anständige, ehrbare und intelligente Menschen über ihre wahren Absichten zu täuschen?

Wir haben versucht, diese schwierigen und quälenden Fragen zu beantworten, indem wir uns mit dem Nazismus auf einem Gebiet auseinandergesetzt haben, auf dem er sich als Meister erwiesen hat. Es ist zu bezweifeln, ob jemals eine andere politische Bewegung dem Nazismus in seiner sichtbaren Zurschaustellung der Macht, der Manipulation von Mythen und Illusionen oder seiner Finesse der politischen Propaganda und Verschleierung

Hans Feierabend.

gleichkam. Zur Einsicht in diese Welt der Phantasien und Vorstellungen haben uns einige einzigartige Bilder verholfen, die ein hochbegabter Amateurfilmer am Tag der Deutschen Kunst aufgenommen hat, der vom 14. bis zum 16. Juli 1939 in München stattfand. Die Kraft dieser Bilder voller Sorglosigkeit, naiver Freude, Hoffnung und Unschuld, eine Vergangenheit zu beschwören, ist beängstigend. Der azurblaue bayerische Himmel, die farbenfrohen Kostüme, die Deutschen Adler, Hakenkreuze und Braunhemden mischten sich zu einem Trugbild bezaubernder, friedvoller Harmonie. Dennoch verbirgt sich, wie wir gesehen haben, hinter dieser spektakulären Fassade eine dunkle, eiskalte Wirklichkeit. Das Dritte Reich stand damals nicht nur vor dem Einfall in Polen (wodurch der zweite Weltkrieg ausgelöst wurde), sondern auch vor dem entsetzlichen ›Vernichtungskrieg‹ gegen die UdSSR, der kaum zwei Jahre später beginnen würde und im Holocaust des europäischen Judentums gipfelte.

Unser Text und die begleitenden Bilder haben Nazideutschland am Vorabend dieser furchtbaren

Umwälzung dargestellt. Wir haben den Hintergrund dieses historischen Schauspiels aufgezeigt, mit dem 2000 Jahre deutscher Kunst und Kultur gefeiert wurden. Das Ereignis hatte nahezu alle führenden Nazis in München versammelt. Es war in den deutschen und internationalen Medien in großem Umfang angekündigt worden, insbesondere auch weil Hitler während der Feierlichkeiten zur Eröffnung der Deutschen Kunstausstellung im Haus der Deutschen Kunst sprechen sollte. Aber die Nazi-Propagandamaschine, die bereits fieberhaft mit den Kriegsvorbereitungen befaßt war, übersah eine Dokumentation des festlichen Ereignisses, die der Münchner Gauleiter Adolf Wagner höchstpersönlich in Auftrag gegeben hatte. Dieser hinreißende Farbfilm wurde von einem unbekannten Amateurfilmer namens Hans Feierabend (und Mitgliedern des Münchner Amateurfilmclubs) mit einer 16 mm Bolex Kamera gedreht. 50 Jahre später sollte er wieder ans Tageslicht kommen.

Die Dokumentation wurde von dem jungen deutschen Forscher Alexander van Dülmen entdeckt, der für das Münchner Filmarchiv tätig war. Er hatte sich für die Existenz eines Münchner Amateurfilmclubs während der späten dreißiger Jahre interessiert, zu dessen Stützen Hans Feierabend gehörte. Feierabend, der beruflich als Hersteller künstlicher Gliedmaßen tätig war, hatte beim Münchner Amateurfilmfestival 1940 für einen kurzen Schwarz-Weiß-Film mit dem Titel *Holzbein* einen Preis gewonnen. Obgleich Hans nicht mehr am Leben war, gelang es van Dülmen, seine beiden Söhne ausfindig zu machen, die noch in München wohnten.

Es war Peter Feierabend, der in der Folge den zuvor unbekannt gebliebenen, von seinem Vater gedrehten Farbfilm in das Münchner Archiv brachte. Das dreißig Minuten umfassende, in loser Folge auf Kodachrome aufgezeichnete Material war in bemerkenswert gutem Zustand. Die Farben waren scharf und brillant geblieben und ließen eine Stadt in festlichem Glanz wiedererstehen. Alles ist aufgezeichnet: die schön geschmückten Straßen und Plätze der Stadt München, einige ihrer historischen Gebäude, die Tanzgruppen im Englischen Garten, die Vorbereitungen für den Festmarsch und nicht zuletzt die aufregende Parade. Wir sehen große Festwagen, teutonische Ritter in ihren mit Hakenkreuzen verzierten Schilden und Rüstungen, blonde Rheinnixen, hübsche junge Mädchen als griechische Nymphen bekleidet und blumentragende Kinder. Da finden sich Frauen in schicken Sommerkleidern mit eleganten Hüten, gewöhnliche Bürger, die auf den Straßen und in den Parks friedlich ihren Geschäften nachgehen und wertvolle flüchtige Eindrücke von den Münchner Menschenmengen angesichts der Parade. Vor allem aber zeigen sich Hitler und andere Naziführer in gänzlich ungewohnter Weise: außergewöhnlich entspannt und ungezwungen. Hitler, in farbig-scharfer Nahaufnahme in seiner braunen Parteiuniform; mit seinem Eisernen Kreuz Erster Klasse und dem rotblonden Schnurrbart erweckt einen etwas träumerischen chaplinesken Eindruck. Er und die anderen Nazibonzen scheinen mit dem Ablauf der Ereignisse außerordentlich zufrieden zu sein und sich in der Volksmenge recht wohlzufühlen. Mit Ausnahme des Regens, der die Parade am Sonntag nachmittag beeinträchtigt, strahlt – im Einklang mit der festlichen Atmosphäre – der bayerische Himmel in klarem Blau, und die Braunhemden marschieren in makelloser Formation.

Alle diese sichtbaren Einzelheiten, verstärkt durch die immer noch lebendigen Farben mit ihrer ungewöhnlichen Qualität und faszinierenden Wirkung, verleihen Feierabends kurzem Film seine packende Frische. Er ist auch deswegen einzigartig, weil im gesamten Bildmaterial des Dritten Reiches kein farbiges Filmmaterial von dieser Länge vorliegt, das einen ähnlichen Zugang zu einem herausragenden Ereignis erlaubt. Es gibt allerdings eine Anzahl körniger Farbfilmsequenzen, die Hitler in seinem Bergsitz bei Berchtesgaden zeigen, sowie einige Schnipsel von anderen Amateurfilmern, aber dieses Material ist vergleichsweise bedeutungslos. Man muß sich daran erinnern, daß Farbaufnahmen, ebenso wie das Fernsehen, zu jener Zeit noch in den Kinderschuhen steckten. Die Propagandamaschine der Nazis stützte sich bis zum Ende des Zweiten Weltkrieges in mehr als einem Sinn auf die Schwarzweißdarstellung.

*Hüter der Kunst: Adolf Hitler eröffnet die Große Deutsche Kunstausstellung 1939 im Haus der Deutschen Kunst.
Das Ereignis wird von einem Mitglied des Münchner Amateurfilmvereins gefilmt.*

Hans Feierabends Film wurde niemals von den Parteiautoritäten manipuliert oder für Propagandazwecke benutzt. Der Kontrast zwischen seiner distanzierten unideologischen Einstellung zu den dargestellten Ereignissen und der offiziellen Nazi-Filmversion des Tages der Deutschen Kunst ist eindrucksvoll. Der Schwarzweißbericht zeigt, wie Hitler beim Klang der martialischen Musik und der Fanfaren die ihm zujubelnden anonymen Massen entschlossen durchschreitet: die Deutsche Kunstausstellung, die er eröffnet, leitet uns zu einem riesigen, überwältigenden Porträt des Führers, und die von der Kamera eingefangenen Ausstellungsstücke zeigen kräftige, muskulöse Skulpturen ›arischer‹ Männlichkeit. Das kulturelle Konstrukt, auf das Goebbels und seine Helfer sich gewöhnlich bei der filmischen Wiedergabe derartiger Gelegenheiten stützten, war voll von hysterischer Lobhudelei, wagnerianischem Pomp und rhythmischen Märschen der Wehrmacht, der SA und der SS.

Feierabends Führer ist vergleichsweise nahezu ›benutzerfreundlich‹: bestimmt, aber auch zögerlich, zuversichtlich, aber seltsam mißtrauisch, Macht ausstrahlend, aber nicht ohne eine gewisse komische Unbeholfenheit bis hin zur Schüchternheit. Die Wechselwirkung zwischen der Nazi-Elite und der Menge wird hier in ihrem ungezwungenen, komplizenhaften Charakter deutlicher erkennbar als im üblichen deutschen Propagandamaterial. Nicht nur Hitler, sondern auch Himmler, Goebbels, Heß, Ley, Speer, Streicher, Wagner und die anderen Naziführer scheinen sich inmitten der Leute geradezu heimisch zu fühlen, und die Menschen ihrerseits sind – nach ihrem Gesichtsausdruck zu urteilen – kaum eingeschüchtert. Sie scheinen nicht von Furcht vor einem nahenden Weltkrieg beschwert zu sein, und es ist unwahrscheinlich, daß sie an die verfolgten Juden oder die dissidenten Künstler denken, die aus der Großen Deutschen Kunstausstellung verbannt wurden. Wenn überhaupt, so scheinen sie eher wegen des plötzlichen Wetterwechsels besorgt zu sein, der die Parade am Sonntag nachmittag mit einem wolkenbruchartigen Regenguß bedrohte. Die Kameraamateure fangen diese augenscheinlich sorglose Unschuld ein, die angesichts der tatsächlichen europäischen Gegebenheiten des Sommers 1939 um so unheimlicher wirkt.

In seinem Film findet sich nichts von der organisierten Massenhysterie, der ausgefeilten Theatralik und Inszenierung, die eine übliche Goebbelssche Propagandaproduktion kennzeichnet. Es gibt keinen Versuch, den Zuschauer mit Eindrücken Hitlerscher Macht oder der Größe des Dritten Reiches zu überwältigen. Es sind beinahe menschliche, alltägliche Dimensionen, die durch die Farben eine überraschende Unmittelbarkeit und Gegenwärtigkeit erhalten. Der Schockwert des Films liegt darin, daß wir Adolf Hitler und seine Braunhemden, Himmler und seine SS, die begeisterten Zuschauer, die eleganten Damen und die lachenden Jugendlichen buchstäblich in unser Wohnzimmer hereinschreiten sehen. Und doch ist diese unerwartete, beunruhigend intime Begegnung mit den Nazis,

Soldaten und Kinder säumen die Straßen des Münchner Umzugs anläßlich des Tages der Deutschen Kunst 1939.

bar ihrer gewöhnlichen Propagandafallen, in ihrer potentiellen Anziehungskraft nicht weniger verführerisch. Feierabend filmte natürlich ein von den Nazis organisiertes Ereignis, und obgleich seine Einstellung gänzlich unpolitisch war, können wir auch heute noch etwas von der Verführungskraft dieser festlichen Massenveranstaltungen spüren. Es fällt uns leichter, zu verstehen, wie gewöhnliche Menschen in den Nationalsozialismus hineingezogen werden konnten, und wie seine magischen Manipulationen die Masse der Bevölkerung in ihren Bann brachten und zu Komplizen machten.

Hans Feierabends Material wurde nach angemessener Bearbeitung 1993 in eine Dokumentation des ›Channel Four‹ der British Broadcasting Corporation (BBC) eingefügt, die *Good Morning, Mr. Hitler!* betitelt war. Nach dem Erwerb der Rechte an dem Material reisten die Direktoren, Luke Holland und Paul Yule, nach München, um noch lebende Teilnehmer der 1939er Parade zu suchen. Durch Anzeigen in der örtlichen Presse gelang es, eine Anzahl von ihnen zu einer Vorführung des Feierabendschen Amateurfilms zu versammeln, wobei einige ihrer spontanen Reaktionen festgehalten wurden. Unter den interviewten Personen befanden sich die beiden Söhne des Filmamateurs, Berndt und Peter Feierabend, die die Firma ihres Vaters zur Herstellung künstlicher Gliedmaßen fortgeführt hatten; weiterhin Martin Summer, ein achtzigjähriger, noch in München lebender und tätiger Optikingenieur, der in der Zeit vor dem Krieg ein enger Mitarbeiter Hans Feierabends im Münchner Amateurfilmclub war; Else Peitz, eine gute Bekannte

Hitler und Goebbels auf der Münchner Ausstellung 1939.

Hitlers, Tochter seines Herausgebers Adolf Müller, des Mannes, der die Erstausgabe von *Mein Kampf* druckte, und eine junge Reiterin, Inge Ungewitter, die 1939 als Walküre durch die Münchner Straßen geritten war. Eine andere junge, damals erst achtzehnjährige Teilnehmerin des Umzugs, Josefa Hammann, wurde ebenso befragt wie der Landschaftsmaler und Designer Günther Grassmann, der 1923 Augenzeuge von Hitlers fehlgeschlagenem Putschversuch gewesen war. Er hatte anläßlich des Tages der Deutschen Kunst einige Standarten entworfen. Zur Zeit des Interviews war er 92 Jahre alt und blind, aber sein Gedächtnis war bemerkenswert klar.

Nicht zuletzt wurde ein Interview mit Charlotte Knobloch, der Vorsitzenden der jüdischen Gemeinde in München, in die Dokumentation aufgenommen. Sie lebte bis zum Beginn der Massendeportation der Juden 1942 als junges Mädchen in dieser Stadt. Ihr Vater, wohlhabender jüdischer Anwalt und Ordensträger des Krieges 1914, war gezwungen worden, zu wählen, ob seine Mutter oder seine Tochter für einen Transport in die Todeslager geopfert werden sollte. Charlotte überlebte den Holocaust nur deswegen, weil ihr Vater sie bei einer örtlichen bayerischen Bauernfamilie versteckt hatte, wo sie 1945 befreit wurde. Es überrascht nicht, daß sich ihre Erinnerungen an diese Zeit von denen der anderen deutschen Befragten merklich unterscheiden.

Der Fernsehfilm zeigte vorwiegend das Wechselspiel von Feierabends unvertonten Bildern und den Erinnerungen der Überlebenden. Meine eigene Aufgabe bestand zunächst in der Identifizierung der Naziführer in dem vorliegenden Originalmaterial, danach in der zusammenfassenden textlichen Formulierung und schließlich in der Analyse der Bedeutung des historischen Ereignisses selbst. Diese Arbeit erforderte weitergehende Fragen zur Natur des Nationalsozialismus. Welche Beziehung bestand zu den Massen? Welcher Art war die Verknüpfung zwischen Kunst und Politik im Dritten Reich? Was verband Propaganda, Mythos und Erscheinungsbild? Warum war der Hitler-Mythos im Nazi-Deutschland so mächtig? Welches war die Stellung der Juden, und warum gab es dazu und zu anderen Aspekten der Nazi-Vergangenheit einen derartig starken Gedächtnisschwund im Nachkriegs-Deutschland? Worin bestand tatsächlich die Verwandtschaft zwischen Geschichte und Gedächtnis im zeitgenössischen Diskurs in Deutschland?

Dies waren die Probleme, die im Filmkommentar nur in kürzester Form angerissen werden konnten, der im wesentlichen in einer unmittelbaren Reaktion auf die Videobilder bestand. Die Stärke des Film als visuelles Medium lag – alles in allem – in der düsteren und unwiderstehlichen Qualität der Bilder selbst, in der ›unwirklichen‹ Lebhaftigkeit der Farben und ihrem unheimlichen Effekt, »das Böse in den ursprünglichen Anschein von Unschuld zurückzuwandeln«.[1]

Versteckt sich da nicht etwas Gefährliches und gleichermaßen Beunruhigendes hinter dem beiläufigen, unauffälligen, banalen Anblick der Naziführerschaft, wie er durch Feierabends Film vermittelt wird? Liegt nicht eher ein Risiko darin, Hitler, Heß, Goebbels, Streicher und andere Naziverbrecher durch den Anblick ihres Vergnügens angesichts eines Sommerfestivals zu vermenschlichen, anstatt sie schlichtweg niederzumachen? Würde man nicht unabsichtlich den Nazismus trivialisieren, indem man sein Augenmerk auf großartige Paraden, flatternde Fahnen, farbige Dekorationen, glückliche Gesichter, ›freundliche‹ Hakenkreuze und prunkvolle Trachten richtet, die nicht gefährlicher aussehen als die Szenen einer Dorfgaudi?[2]

Wenn dieses alles tatsächlich ein warnendes Beispiel dafür sein sollte, wie Menschenmassen in eine totalitäre Bewegung hineingezogen werden können – wenn es eine Warnung vor »der Naivität war, das Leben durch die Vernichtung eines ganzen Volkes vereinfachen zu wollen« –, dann wäre mit Sicherheit eine tiefergehende Analyse des hinter der schönen Fassade verborgenen Inhalts erforderlich. Es genügt nicht, mit den Worten Hannah Arendts, über die »Banalität des Bösen« zu sprechen, obgleich auch das ein Teil des Naziphänomens ist. Es darf nicht sein, daß man sich eines psychedelischen Trips zurück in die Nazivergangenheit erfreut, um dort vergnüglich ihre ›Kraft durch Freude‹ zu konsumieren, wenn man kritisch versucht, sich ihrer entsetzlichen historischen Erbschaft zu stellen. Die Wirkung der visuellen Orchestrierung sollte selbst aus diesem zeitlichen Abstand nicht unterschätzt werden, wie Isabel Hilton einfühlsam formuliert hat:

Charlotte Knobloch.

> Der Erfolg des Tages [der Deutschen Kunst] war ein Zeugnis der Macht der Nazi-Mythologie. Es war in Geschenkpapier verpackter Nationalsozialismus, dessen Opfer unsichtbar blieben, und dessen Anziehungskraft von der Existenz eines Konzentrationslagers in der malerischen Stadt Dachau – nur zwanzig Zugminuten von München entfernt – scheinbar unberührt blieb.[3]

In der Dokumentation berührt Charlotte Knobloch, die jüdische Überlebende, angesichts der berauschenden Inszenierung einen ähnlich aufschlußreichen Punkt: »Es ist mir vollständig unbegreiflich, daß Leute hier so glücklich sein können, wenn 20 km entfernt in Dachau ein Konzentrationslager steht, das bereits von Menschen überquillt, die gegen keinerlei Gesetze verstoßen haben, und die, allein wegen ihrer Rasse oder ihres Aussehens, hinter Stacheldraht eingesperrt und gefoltert wurden.«[4]

Was aber wußte Hans Feierabend von Dachau und seinen Insassen? Nach den Aussagen seines Sohnes Berndt wußte er sehr wohl etwas, weil er in freundschaftlicher Beziehung zu einem anderen Amateurfilmer stand, einem Herrn Bielmayer, der Bäcker in Dachau war.[5] Bielmeyer, der Mitglied der Nazipartei und »immer sehr ordentlich war«, fertigte 1943 einen lustigen, obgleich mittelmäßigen Amateurfilm über einen Ausflug des Filmclubs nach Dachau und Umgebung an, der uns erhalten geblieben ist. Hans Feierabend war einer der etwa zwanzig Teilnehmer dieser Landpartie. An einer Stelle stößt ein SS-Offizier zu der Gruppe, und in der letzten Filmeinstellung verläßt er sie wieder, wobei er fröhlich aus seinem Mercedes heraus winkt.[6]

Feierabends eigener Film des Tages in Dachau existiert nicht mehr, aber im gleichen Jahr machte er eine Fahrradtour in die Berge und nahm an den Quellen der Isar einen kurzen Schwarzweißfilm auf. Es gibt jedoch keinen direkten Beweis für seine etwaigen Bedenken gegenüber dem, was mit den Juden oder politischen Häftlingen in Dachau geschah, obwohl seine Söhne darauf beharren, daß er gegen das Regime starke Vorbehalte hegte. Sein Freund Martin Summer besteht darauf, daß »wir im Filmclub niemals Politik betrieben« und daß »man niemals über Politik sprach«.[7] Als »normale junge Menschen« hätten sie nie über internationale Angelegenheiten nachgedacht. Die Menschen wollten nichts als leben und arbeiten, sich ihrer Liebhabereien erfreuen und keinen Ärger haben. Fünfzig Jahre nach dem Krieg meinte Summer rückblickend: »Wir wußten nicht, daß es so extrem war. Wir wußten, es gab Konzentrationslager, aber es handelte sich einfach um politische Gegner, die da ein-

gesperrt waren. Was sich dort ereignete, wußte niemand. Wir erfuhren nichts. Es interessierte mich
nicht. Ich meine ... uns geschah nichts. Und wenn
einem selber nichts passiert, dann kümmert man sich
nicht wirklich darum.«[8]

Es ist schwierig zu erkennen, ob Hans Feierabend
diese etwas selbstzufriedene allgemeine Gleichgültigkeit teilte oder ob er, wie seine Familie behauptet,
ein Gegner des Naziregimes war. Eins allerdings
scheint, unabhängig von seiner
politischen Überzeugung, klar,
daß er nämlich wahrscheinlich
von Adolf Wagner, dem Gauleiter von München, beauftragt
worden war, den Film über den
Tag der Deutschen Kunst herzustellen. Wagner könnte dazu das
seltene und teure Kodachrom-
Filmmaterial beschafft und einen Sicherheitsausweis zu Verfügung gestellt haben, der es
Feierabend und seinen Mitarbeitern ermöglichte, Hitler und
die Naziführer aus der Nähe
aufzunehmen. Es handelte sich
um einen der ersten 16 mm
Farbfilme, die in Deutschland erhältlich waren, und
wenn Feierabend damit ausgerüstet wurde, bedeutet
es sicher, daß man ihm von seiten Adolf Wagners
und anderer Parteimitglieder Vertrauen schenkte.

Seinem Sohn Peter zufolge wurde ihm eine spezielle Erlaubnis erteilt, weil er »hochgeschätzt«, »ein
sehr guter Kameramann« und ein »echter Techniker«
war. Peter vermutet, glaubhaft genug, daß das Motiv
seines Vaters, den Auftrag anzunehmen, eher seine
Leidenschaft für den Film als irgendeine Identifika-
tion mit dem Nazismus war.[9] Wenn aber Hans Feierabend *nicht* sehr politisch ausgerichtet war, muß
man sich dann nicht darüber wundern, wieso er Hitler haßte und so sehr »gegen diese braunen nationalsozialistischen Horden war«?[10]

Nach den Aussagen seiner Söhne war letztlich die
Liebe zu seinem Hobby stärker als Hans Feierabends
Antinazismus. Später, während des Krieges, konnte

Martin Summer.

er, dank seiner oft benötigten Fachkenntnisse bei der
Anfertigung von Holzbeinen für verwundete deutsche Soldaten, in München bleiben. Dies erlaubte
ihm auch die Fortführung seines Filmhobbies und
die Bearbeitung des Farbfilms mit seinen einzigarti-
gen Nahaufnahmen von Hitler. Er wurde während
des Krieges im häuslich-familiären Kreis vorgeführt,
dann aber, als die Amerikaner 1945 einmarschierten,
unter einem Holzstapel im Keller versteckt.[11] Später
zeigte er den Film einigen ame-
rikanischen Offizieren und Generälen, die ihn besuchten und
zu denen er gute Beziehungen
hatte und »die davon sehr begeistert waren«. Er hatte jedoch
nicht den Wunsch, damit in die
Öffentlichkeit zu gehen, aus
Furcht, als Nationalsozialist gebrandmarkt zu werden.

Aus dem heutigen Zeitab-
stand gesehen, müssen Hans Feierabends Motive, Gefühle und
Absichten bezüglich des Films
einigermaßen rätselhaft bleiben.
Ein Punkt, der zu seinen Gunsten spricht, ist die Beschäfti-
gung eines deutschen Juden in seiner orthopädischen Werkstatt bis 1939, zu einer Zeit, in der dieses
Verhalten als recht gefährlich gelten mußte. Sein An-
gestellter, Ernst Eisenmann, emigrierte in der Folge
in das britische Mandatsgebiet Palästina und wurde
Arzt. Er blieb mit der Familie in freundlicher Verbindung und bestätigte mir persönlich in Israel, daß
Hans Feierabend ein sehr anständiger Mann war. Eisenmann hatte aber keine Vorstellung davon, was
Feierabend veranlaßte, diesen Farbfilm herzustellen.[12] Es ist deutlich genug, daß Hans eine unge-
wöhnlich dynamische Persönlichkeit war, die auf
ihre orthopädischen Fähigkeiten ebenso stolz war
wie auf ihre Begabung als Amateurfilmer. Vermutlich liebte er das Naziregime nicht, ohne jedoch
ein aktiver Gegner zu sein oder nach außen hin politisch in Erscheinung zu treten. Sein Bildbericht
läßt diese und andere Fragen offen, und dies ist

ebenfalls ein Teil der darin liegenden Faszination.

Berndt Feierabend bewertet den Film seines Vaters mit Recht als wichtiges historisches Dokument und als Warnung, die auch für ein wiedervereinigtes Deutschland Gültigkeit besitzt. Schließlich meint er, »es gehörte zur Nazipropaganda, diese Macht und diese Schönheit zu entfalten ... gerade das machte sie so eindrucksvoll, und so viele gingen hin und arbeiteten für den Führer und waren von allem begeistert. Das alles war zwar nur eine Vorspiegelung, aber bedauerlicherweise fallen die Menschen immer wieder darauf herein.«[13] Sein Bruder Peter gibt zu, daß »es immer noch ein Rätsel ist, warum so viele Menschen diesen verrückten Diktator verehrten«, aber letztlich führt er das Ganze auf die Fähigkeiten von Goebbels zurück, »die Massen zu verdummen«. Und er fügt hinzu, daß Goebbels einer »der größten Public Relations Manager aller Zeiten« gewesen sei, der wußte, wie man den Massenwahn und die Massenmedien jener Zeit meisterhaft ausnutzen konnte.[14] Dieser Aspekt des Image-Aufbaus ist uns bis heute erhalten geblieben, wie er scharfsinnig bemerkt.

Berndt Feierabend.

Peter Feierabend glaubt, daß der Film seines Vaters den Menschen zeigen kann, »mit welcher Raffinesse eine Bevölkerung zur jubelnden Begeisterung für einen Diktator verführt werden kann«. Es wird außerordentlich deutlich, »wie aufregend diese Art der Verpackung war, und wie die Menschen sich davon blenden ließen. Sie waren einfach begeistert, und tatsächlich besserten sich damals die Verhältnisse, die Arbeitslosigkeit nahm ab, es gab vieles, was das Volk als positiv empfand, und natürlich erkannte man nicht, daß Hitler nichts anderes wollte, als mehr Land zu erobern, und das war falsch.«[15]

Interessanterweise befürchtet die Familie Feierabend nicht, daß diese Art der Darstellung der Nazi-

zeit heute negative Folgen haben könnte. Obgleich die Neonazis derartiges Material für ihre Zwecke benutzen könnten, ist Peter Feierabend davon überzeugt, daß die deutschen Menschen gegenwärtig einfach zu gebildet und zu vernünftig sind, um durch die Konfrontation mit solchen verführerischen Bildern der Vergangenheit gefährdet zu werden.[16]

Professor Winfried Nerdinger, Experte für Naziarchitektur, lehrt in München und ist von dieser Deutung weit weniger überzeugt. Er stellt eine außerordentliche Unkenntnis bezüglich der Nazizeit fest, die unter den gewöhnlichen Münchner Bürgern und sogar unter seinen eigenen Studenten vorherrscht. Nur wenige, wenn überhaupt, sind sich bewußt, daß das ›Ehrenmal‹, das die Nazis im Münchner Zentrum zum Gedenken an die Märtyrer ihrer Bewegung errichteten, ihr wichtigstes Heiligtum war. Viele wissen nicht einmal, daß München die ›Hauptstadt der Bewegung‹ war, der Ort, an dem alles begann.[17] Die Architektur, so behauptet er, wird weder ernsthaft diskutiert, noch wird ihre Beziehung zum Nazi-System der Unterdrückung und des Terrors angemessen untersucht. Die allgemeine Bedeutung der Nazikunst, ob Malerei, Skulptur oder Architektur, wird weitgehend ignoriert, wodurch ihre Verknüpfungen mit einer rassistischen Ideologie und einem totalitären politischen System verwischt werden. Als Ergebnis zeigt sich, daß die Erinnerung an die Vergangenheit nicht in pädagogisch nutzbringender Weise am Leben erhalten wird. Das hat, nach seiner Meinung, die Wiederbelebung eines neuen Rassismus in Deutschland erleichtert und die Wirksamkeit der demokratischen Umschulung nach dem Krieg in Frage gestellt.

Charlotte Knobloch ist aufgrund ihrer lebhaften Kindheitserinnerungen an den Gestapoterror gegen

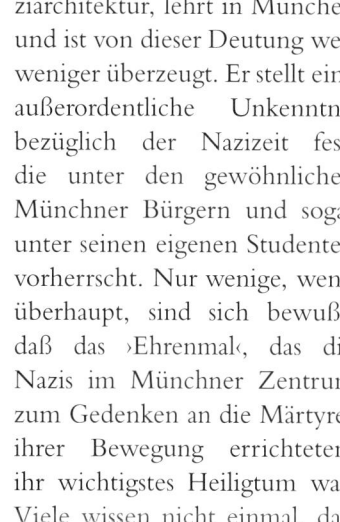

die Juden in München ebenfalls skeptisch, wenn auch aus anderen Gründen. Ihre persönliche Meinung geht dahin, daß »die Juden, welche nach dieser Periode des Schreckens versuchten (in Deutschland) wieder eine Zukunft für sich aufzubauen, immer noch nur Gäste sind«.[18] Es ist richtig, daß jüngere, nach 1945 geborene deutsche Juden die Nazizeit nicht als persönliches Trauma erlebt haben. Sie besuchten deutsche Schulen und wurden in die Sprache, in die Kultur, in die sie umgebende Gesellschaft und Arbeitswelt integriert. Aber selbst dann, und obwohl man sie nicht offen als ›Fremde‹ behandelt, werden sie als ›jüdische Mitbürger‹ unterschieden. Sie besitzen die gleichen Rechte wie die anderen, aber sie sind kein vollständiger Teil der Bevölkerung. Juden, so bemerkt sie, können in Deutschland immer noch angegriffen werden, einfach weil sie wie Juden aussehen. Zugegebenermaßen gab es vor zwei Jahren in München eine Lichterdemonstration gegen den Rassismus. Es handelte sich dabei aber um eine antirassistische Kundgebung zugunsten der Ausländer. »Wenn es einen Aufruf gegeben hätte, im Interesse der Juden auf die Straße zu gehen«, so fragt sie, »wieviele Kerzen wären dann wohl auf den Straßen zu sehen gewesen?«[19]

Beim Anschauen des Films von Hans Feierabend war Frau Knobloch davon beeindruckt, wie hellglänzend die Stadt im Jahre 1939 aussah und in welch strahlender Pracht die Nazis sich präsentierten. Sie meinte, daß diese Bilder die heutigen Neonazis in Deutschland und anderswo ermutigen würden. »Man möchte nicht glauben, daß die Menschen vor 50 oder 60 Jahren von all dieser Pracht derartig begeistert und eingenommen waren, aber es ist etwas, was die Neonazis wirklich leicht in ihrem Fanatismus bestärken kann. Es ist unglaublich, wie sich das zeigt. Wenn man diese Menschen sieht, könnte man

Inge Ungewitter.

annehmen, es wär' erst gestern gewesen. Unglaublich. Sie machten das tadellos, die Deutschen sind wirklich echte Meister. Ich muß sagen: Was immer sie tun, tun sie in hoher Vollendung. Mit dieser Perfektion haben sie auch die Juden vernichtet.«[20]

Trotz einiger Einschränkungen meinte Frau Knobloch, es sei für junge Juden wichtig, diesen Film zu sehen, einfach um zu verstehen, wie es möglich war, eine Bevölkerung dazu zu bringen »einen solchen Mörder zu bejubeln«.

Für die Münchner Juden, wie die Familie Knobloch, waren die Feiern im Jahr 1939 ein Alptraum. Nach der Machtergreifung durch die Nazis 1933 führten sie ein sehr abgeschiedenes Leben, voller Furcht und ohne zu wissen, was der nächste Tag bringen würde. »Jeder hatte Angst. Wenn ein Jude irgendwo gesehen wurde, ließ man ihn sofort verschwinden. Auch wir waren betroffen: als wir einen Spaziergang machten, wurde mein Vater unverzüglich ergriffen und zur Gestapo gebracht ... schließlich galten die Juden als Freiwild, man konnte mit ihnen tun, was immer man wollte. Es gab keinen einzigen Richter, der für sie eingetreten wäre.«[21] Natürlich hielten sich die Juden unter diesen Umständen von allen öffentlichen Festlichkeiten weit entfernt.

Good Morning, Mr. Hitler! deckt den Abgrund zwischen den Erinnerungen der Deutschen und der Juden in voller Schärfe auf. Für die jüdischen Bürger Münchens war der Tag der Deutschen Kunst ebenso wie alle anderen Nazifeierlichkeiten eine bittere Erinnerung ihres totalen Ausschlusses aus der nationalen Gemeinschaft. Sie waren ihrer Rechte beraubte Parias, gedemütigt und verfolgt, die sich sogar davor scheuten, ihre Gesichter in der Öffentlichkeit zu zeigen.

Die meisten Deutschen, die diese Zeit persönlich erlebten, hatten eine überwiegend positive Erinnerung an diese festlichen Paraden. Alles war gutes, sauberes Vergnügen, das sie zu endlosem Beifall hinriß. Inge Ungewitter erinnert sich, wie sie als Fünfzehnjährige auf ihrem Vollblut durch die Straßen Münchens ritt und Speer und Schild trug. »Es war ein wundervoller Tag. Wenn man den Bayern etwas Derartiges gibt … all dieses Gefunkel und Gold, dann lieben sie es.«[22] Bei dem Interview in ihrem schönen, in der Grillparzerstraße gelegenen Appartement nahe Hitlers früherer Münchner Wohnung erinnert sich Frau Ungewitter vor allem an die leuchtenden Kostüme, die Musik, den Lärm und die begeisterte Atmosphäre, die für Münchner Feste so charakteristisch ist. Als Malerin und eifrige Reiterin, der jedes politische Interesse abging, hatte sie nicht die leiseste Idee von den Absichten Hitlers und seiner Naziführer. Ebensowenig hatte sie zu jener Zeit die geringste Vorstellung vom Schicksal der

Josefa Hammann.

Juden. Sie besaß aber, wie viele andere Deutsche, eine lebhafte Erinnerung an die Zerstörung von Gebäuden und Wohnungen während des Krieges.[23]

Josefa Hammann, die damals als junges Mädchen an der Parade teilnahm, erinnert sich des 16. Juli 1939 als »eines wirklich schönen, sonnigen Tages unter dem blauen bayerischen Himmel, der später mit einem heftigen Regenguß endete«.[24] Sie war wegen ihrer Größe und ihres blondhaarigen ›arischen‹ Typus ausgewählt worden (»die nordische Rasse sollte hier vorgeführt werden«, wie sie ironisch formuliert), und man hatte sie zur Tanzschule geschickt, um dort zu lernen, wie man anständig geht. Sie erinnert sich, durch die Straßen zum Haus der Deutschen Kunst gelaufen zu sein, dann weiter durch die Stadt zum Odeonsplatz, wo Hitler und die Nazispitzen warteten. Am Abend gab es Tanz und Belustigungen auf allen Plätzen Münchens, selbst im Nymphenburger Schloß. Als unschuldige Acht-

zehnjährige hatte sie der Anwesenheit Hitlers und seiner Parteigenossen (viele mit ihren hübsch gekleideten Frauen) sowie den bayerischen Größen wenig Aufmerksamkeit geschenkt. Sie betont, daß die jungen Leute zur damaligen Zeit an Politik nicht interessiert waren, und »daß das Ganze für uns mit Politik überhaupt nichts zu tun hatte«. Es war im wesentlichen ein wundervoller Tag, eine Gelegenheit, andere Menschen zu treffen, Spaß zu haben und sich selbst in unterschiedlichsten Kostümen zu zeigen.[25]

Frau Hammann erinnert sich lebhaft der Tanzgruppen, der Theateraufführungen und Konzerte, die zum Fest gehörten. Da sie aus bescheidenen Verhältnissen stammte, waren solche Aufführungen normalerweise »bei weitem zu kostspielig und unerschwinglich für uns, daher galt diese Art von Festlichkeiten als etwas ganz Großes, man konnte überall umsonst teilnehmen«.[26] Inmitten all dieser Freude schenkte sie den Münchner Juden wenig Beachtung, da sie zu ihnen praktisch keine Verbindungen hatte. Sie erinnert sich aber, während des Kristallnachts-Pogroms im November 1938 jüdische Geschäfte mit zerbrochenen Fensterscheiben am Gärtnerplatz und auch am Marienplatz gesehen zu haben. Es war das erste Mal in ihrem Leben, daß sie mutwillig zerstörte Geschäfte sah, und sie vermochte nicht zu verstehen, wie das geschehen konnte. Die Leute standen dabei, und »jeder sagte, das hätte die SA gemacht, das seien Juden, und ihre Geschäfte hätte man zerstört«.[27] Damals war sie bestürzt. »Niemand«, so sagt sie, »hatte irgendeine Vorstellung von diesen Dingen oder dachte darüber nach. Was war mit den Juden los? Was hatten sie mit den Juden vor, verstehen Sie?«[28]

Frau Hammanns Erinnerungen an Adolf Wagner und Hitler sind ebenfalls interessant. Wagner, einer von Hitlers alten Münchner Kameraden und ehe-

*Kostümierung für den Führer: Josefa Hammann (ganz rechts)
und Freundinnen. München 1933.*

maliger bayerischer Minister für Unterricht und
Kultus, war der Gastgeber des Tages der Deutschen
Kunst. Er war auch Frau Hammanns früherer Chef
und »ein sadistischer selbstgerechter Mensch ... Er
schrie jedes Mal schrecklich herum, wenn irgend
etwas los war und er es nicht gleich verstand. Einmal
forderte er mich auf, jemanden zu schlagen, wissen
Sie.«[29] Wenn etwas nicht glatt lief, »dann herrschte
im Zimmer das absolute Chaos. Es war wirklich
schlimm«, erinnert sie sich. Wagner war außerdem
ein notorischer Schürzenjäger, der einfach jedes
Mädchen nahm, das er wollte, sei es im Büro oder
auf der Straße. Dieser rauhe Bayer mit einem Holzbein und einer dicken Fechtnarbe aus seiner Studentenzeit benahm sich oft ›wie ein Wilder‹. Doch
liebte er es, bombastische Reden über die kulturelle
Renaissance der Nazis und über die große künstlerische Tradition Münchens zu halten.

Frau Hammann wurde beinahe von Panik ge-
packt, wenn Hitler die Baubehörde, bei der sie
arbeitete, besuchte, um Entwürfe und Bauzeich-
nungen zu prüfen. »Es gab immer ein großes Tohu-
wabohu, weil natürlich alle flitzen mußten, alle Türen hatten offen zu stehen, wenn Hitler eintraf, und
das Haus glich einem aufgeregten Bienenschwarm.
Er selbst war sehr leicht erregbar, und oft, wenn etwas nicht gleich so funktionierte, wie er es sich vor-
stellte, oder wenn jemand ihm widersprochen hat,
dann hat es weniger als zehn Minuten gedauert, da

sind alle Türen zugeflogen, und sie waren wieder
weg.«[30] Frau Hammanns allgemeiner Eindruck von
Hitler war der eines im Grunde unsicheren, reizba-
ren und machtbesessenen Menschen mit dem überwältigenden Wunsch, bewundert und gefürchtet zu
werden.

Das glich ganz und gar nicht dem Eindruck, den
er in Else Peitz erweckte, die ihn recht gut kannte.
Der Führer war ein regelmäßiger Gast im Hause der
Familie außerhalb Münchens am Tegernsee. Er kam
dorthin, um ihren Vater, Adolf Müller – den Herausgeber von *Mein Kampf* und des führenden Nazi-
blattes *Völkischer Beobachter* –, zu besuchen. Im
Rückblick, 50 Jahre später, hält sie Hitler immer
noch für einen echten Gentleman – »im privaten
Umgang war er sehr aufmerksam und galant«.[31]
Nachdem er von ihrer Verlobung erfahren hatte, war
er mit Blumen gekommen, speziell um ihr zu gratu-
lieren. Später hatte er sich bereit erklärt, ihr Trau-
zeuge zu sein. Er hatte die höchste Achtung vor den
Frauen – (»Er dachte stets, jede Frau sei heilig«) –,
»und ein Zimmer vor einer Frau zu betreten war für
ihn undenkbar«.[32] Nach Meinung von Frau Peitz
heiratete er niemals, weil er im Hinblick auf die großen Verpflichtungen und Gefahren, die er auf sich
genommen hatte, seine Ehefrau nicht unglücklich
machen wollte. Er betrachtete sich »als mit dem
deutschen Volk verheiratet«, was aber seine ritter-
liche Hochachtung für die Frauen und »alle schönen
Dinge« nicht verringerte. Frau Peitz betonte Hitlers
große Liebe zur Kunst. Er schätzte die Malerei, das
Theater (insbesondere die Komödie) und die Architektur. In der Gesellschaft von Künstlern war er stets
begeistert. Hitler hatte das Haus der Deutschen
Kunst wirklich gern und bewunderte große Architekten wie etwa Troost. Seine Vorliebe, gleichermaßen für Baukunst, Malerei oder Musik, galt der Klas-
sik, »weil sie weit ewigkeitsverbundener war als diese
modernen Ideen«. Er war vor allem ein »leidenschaftlicher Liebhaber der Oper« und bestand darauf, daß die Schauspieler für ihre Rollen körperlich
tauglich sein sollten. Er forderte beispielsweise, daß
sogar die großen Stars mit hervorragenden Stimmen
»für ihre Opernrolle abnehmen sollten«.[33] Naturge-

mäß »liebte Hitler Wagner und besaß auch einiges Musikverständnis«.

Frau Peitz hebt Hitlers persönliche Bescheidenheit stark hervor und erinnert sich liebevoll seiner sommerlichen Besuche am Tegernsee... »Er pflegte mit sechs oder acht Leuten zu kommen, mit Goebbels und anderen Parteigenossen ... sie tranken Kaffee mit uns, oder sie schauten uns jungen Frauen zu, während wir im See herumschwammen ... es machte irgendwie Spaß und war recht lustig. Aber später natürlich, als Hitler an die Macht gelangte, wurde alles etwas schwieriger, weil eine große Zahl Nationalsozialisten ebenfalls kommen wollten, um den Führer zu treffen. ›Wo ist mein Führer‹, sagten sie. Und natürlich wollte er das nicht ... er wollte alles in einem viel engeren privaten Rahmen haben. Wir sagten zum Beispiel niemals ›Heil, mein Führer‹, sondern begrüßten ihn mit: ›Guten Morgen, Herr Hitler!‹«[34]

Else Peitz.

In *Good Morning, Mr. Hitler!* erscheinen Frau Peitz' Erinnerungen an den Juli 1939 nicht weniger idyllisch. Sie meint, daß zur damaligen Zeit »jeder Mensch liebte, dabei zu sein, jeder war im Einsatz, und all diese Freude löste etwas aus ... wir glaubten, in eine bessere Zukunft zu gehen, und dachten nicht an das, was tatsächlich auf uns zukam.«[35]

Die Menschen dachten positiv und freuten sich über ihr eigenes Engagement. Da es noch kein Fernsehen gab und jeder ein bescheideneres Leben führte, »sah man derartigen Festlichkeiten besonders freudig entgegen«. Außerdem gedieh die Industrie, die Autobahnen und andere öffentliche Aufträge hatten die Arbeitslosigkeit merklich verringert und in der Bevölkerung die Hoffnung geweckt, daß es wirtschaftlich aufwärts ging. Auch das Prestige des Dritten Reiches war erheblich gewachsen. Frau

Peitz erinnert sich an den großen diplomatischen Empfang in Berlin Anfang 1939, als viele ausländische Vertreter kamen, um Hitler zu sehen. Auch die öffentlichen Feiern »machten einen enormen Eindruck auf den Rest der Welt«.[36]

Andererseits gab es über »die Judenfrage nie viel zu hören«. Nach Meinung von Frau Peitz wurde sie von den Nazis ›sehr diskret‹ gehandhabt. »Sie pflegten fortwährend zu sagen, es sei nicht erlaubt, etwas in einem jüdischen Geschäft zu kaufen. Und es gab so entzückende große Läden in der Kaufingerstraße, die fast ausschließlich den Juden gehörten. Und der Chef des Krankenhauses, zum Beispiel, war ein Jude. Die Juden halten wirklich zusammen und haben einen ausgesprochenen Familiensinn ... und es gab eine große Zahl von Beamten, die ebenfalls Juden waren, und sie sorgten füreinander, verstehen Sie.«[37]

Auf die Frage, ob sie oder andere Deutsche im Jahre 1939 wußten, was mit den Juden geschah, besteht sie darauf, daß sich die Kenntnis davon erst *nach* dem Krieg verbreitete. »Ab und zu hörte man, daß sie Verbindungen mit anderen Ländern hatten, und daß einige eingesperrt worden waren. Wenn man dann fragte ›Ja, warum denn?‹, wurde es streng geheimgehalten... Die Leute sagten allenfalls, sie wollten mit ihnen nichts zu tun haben, und sie wollten sicher sein, daß keiner von ihnen ein öffentliches Amt bekleidete ... Vielleicht waren alle diesbezüglich zu gleichgültig, aber natürlich gab es auch einige sehr sehr geachtete Juden, wissen Sie.«[38]

Frau Peitz gibt zu, daß sie von der Existenz eines Konzentrationslagers namens Dachau wußte, sie glaubte aber, es sei ausschließlich für politische Gegner. Sie war erstaunt, später von all den Schrecklichkeiten zu erfahren, die man den Juden angetan hatte.

Wie so viele Deutsche ihrer Generation beharrt sie darauf, »daß wir seinerzeit nichts wußten. Und selbst wenn etwas darüber gesagt wurde, wußten wir nichts Verläßliches. Niemand glaubte es, niemand wollte es glauben.«[39] Bis zum heutigen Tage glaubt sie nicht, daß Hitler Antisemit war! Folgende Anekdote, die sie erzählt, ist einfach unschätzbar: »Zum Beispiel hatte seine [Hitlers] Wohnung am Prinzregentenplatz einem Juden gehört, und der Jude lebte auf der ersten Etage und Hitler auf der zweiten, wissen Sie. Und wenn Hitler zu Weihnachten eine große Kiste Wein erhielt, schickte er sie immer herunter zu den Juden. Nein, er schickte sie nicht herunter − ich habe das falsch ausgedrückt − er beschaffte eine Kiste Wein von den Juden und gab sie an die SA oder SS, weil er Antialkoholiker war. Aber es war ihnen nicht erlaubt, dem Juden auf dem ersten Stock ein einziges Haar auf dem Kopf zu krümmen. Natürlich hat die Partei gesagt, man sollte eine andere Wohnung für ihn finden, aber das war völlig unmöglich. Er persönlich handelte niemals gegen einen Juden. Vielleicht befahl er es − ich weiß es nicht −, aber so war es.«[40]

Frau Peitz gibt zu, daß die Nachricht von den Todeslagern ihr völlig unglaubhaft erschien, als sie nach 1945 enthüllt wurde. Wie viele Menschen, hatte sie immer angenommen, daß Hitler »einen untadeligen Charakter habe, und dann stellte es sich heraus, daß es nicht stimmte«. Dennoch glaubt sie weiterhin, daß Deutschland nicht allein für den Ausbruch des Zweiten Weltkrieges verantwortlich war. Die Engländer und Franzosen waren ebenfalls schuldig, weil sie Deutschland wirtschaftlich, technologisch und militärisch niederhalten wollten.

Beim Anblick der Bilder des Films von Hans Feierabend erinnert sie sich in nostalgischer Weise des Jahres 1939 als eines Höhepunktes ihres Lebens. Sie sah den Aufmarsch voller Optimismus und mit Nationalstolz. Sie besuchte das Haus der Deutschen Kunst in jenem Sommer regelmäßig. Es war so schön, es gab ihr ein solches Gefühl der Reinheit, daß sie heim gehen wollte, um die Wohnung zu säubern! Das war etwas Erhebendes, und es vermittelte ihr eine Empfindung von Stärke und Ordnung, völlig unähnlich der modernen Kunst, die sie nie verstehen konnte. Es war »sehr tröstlich«, »beeindruckend« und »konstruktiv«, diese »massigen Meisterwerke« an den Wänden der Großen Deutschen Kunstausstellung anzuschauen.

Eine solche Reaktion war naturgemäß genau das, was die Nazis mit ihren großartigen Festveranstaltungen und Kunstausstellungen zu erreichen hofften. Als Hitler die deutschen Kunstgalerien und Museen von dem reinigte, was er für dekadenten modernen Schund hielt, war er von der Zustimmung der Massen überzeugt. Ob das deutsche Volk darin mit ihm einig ging, daß moderne Kunst im wahrsten Sinne des Wortes ein Zeichen kultureller und biologischer Degeneration sei, ist wohl eine offene Frage. Aber das Ziel, eine Nation gesund und heil zu machen, indem man sie von jüdischen, bolschewistischen und anderen künstlerischen ›Verunreinigungen‹ befreite, war durchaus populär. Wie wir gesehen haben, resultierte daraus nach 1937 ein Stil der Malerei, der ausgesprochen antimodern war und die Werke von Picasso, Chagall, Paul Klee, der Impressionisten und selbst der führenden deutschen Expressionisten aus Deutschland verbannte. Die Werke dieser und vieler anderer moderner Maler wurden als ›entartete Kunst‹ gebrandmarkt, beschlagnahmt oder in einigen Fällen sogar verbrannt. An ihre Stelle traten beruhigende Landschaften, glänzende Akte und rustikale Idylle, an denen ein österreichischer Abstinenzler der unteren Mittelklasse wie Adolf Hitler mit einfachem spartanischen Geschmack Gefallen finden konnte.

Der Münchner Maler Günther Grassmann (selbst ein minder wichtiges Opfer der Säuberungsaktion) äußerte sich im Interview für den BBC-Film einigermaßen sarkastisch zu dieser Nazi-›Un-Kunst‹. In seiner Sicht wurde nach der Vernichtung der freieren ›modernen‹ Strömung im Dritten Reich die Kunst auf Nazi-Kitsch, überzogene ›Helden‹-Propaganda und ländliche Fantasie reduziert. Er erinnerte sich, wie Hitler 1937 einen seiner berühmt-berüchtigten Wutausbrüche bekam, als er eine Vorschau der ersten Ausstellung im Haus der Deutschen Kunst besuchte. »»Wo sind die großen deutschen Künst-

*Der Nazi-Reichsadler schmückt den Münchner Hauptbahnhof am Vorabend des
Tages der Deutschen Kunst 1939.*

*Hitler sah in der von dekadenten Einflüssen befreiten deutschen Nation den Vorreiter
für eine neue künstlerische Sicht.*

ler?‹ fragte er wütend. ›Ja, gut, die sind alle im Keller.‹ ›Und warum sind sie dort?‹ Und Frau Gerdy
Troost hatte den Mut, zu sagen: ›Weil sie Kitsch
sind.‹ Das machte auf Hitler keinen merklichen Eindruck, er bestieg ein kleines Wägelchen und wurde
durch die verschiedenen Räume gefahren, wobei er
in sämtliche Richtungen
schrie ›Raus! Raus! Raus!‹
Danach wurde die gesamte
Jury entlassen, und er er-
nannte an ihrer Stelle den Fotografen Heinrich Hoffmann
zum verantwortlichen Kurator der Ausstellung.«[41]

Grassmanns eigene Rolle
während der Feierlichkeiten
anläßlich des Tages der Deutschen Kunst war augen-
scheinlich auf das Malen einiger Flaggen und Wappen im
Auftrage von Professor Her-

Günther Grassmann.

mann Kaspar, einem ihm nahestehenden persönlichen Freund und einem der zwei Hauptorganisato-
ren des Ereignisses, beschränkt,. Er hegte jedoch keinerlei Spur Sympathie für die Art und Weise, mit der
sich andere, opportunistischere Künstler der sogenannten ›Nazi‹-Kunst angepaßt hatten, die nichts als
geschmacklose, der staatlichen Unterdrückungs-
ideologie untergeordnete Propaganda war. Selbst
anscheinend ›neutrale‹ Themen wie Landschaften
und Stilleben, die um des Geldes willen, wegen der
Stellung oder des Prestiges gemalt wurden, waren im
Innern »eine Lüge und ein fauler Kompromiß« mit
einem verrotteten System. Grassmann, der berich-
tet, daß er bereits 1931 von der SA bewußtlos ge-
schlagen worden war, weil er gegen die rassistische
Kunstdoktrin von Alfred Rosenberg und Schultze-
Naumburg protestiert hatte, gab sich keinen Illusionen bezüglich des Nazismus hin. Er gab aber auch
zu, daß der gewöhnliche deutsche Bürger, der einer
kontrollierten Presse ausgeliefert war, während der
dreißiger Jahre die »schlimmsten Seiten des
Nationalsozialismus« oft nicht erfassen konnte.[42]
Diejenigen, die mehr Einblick besaßen, hofften

fälschlicherweise darauf, daß vielleicht gemäßigtere
Politiker die Macht innerhalb der Nazi-Partei übernehmen könnten.

Grassmanns heutige Zurückweisung der gesamten Nazi-Kunst ist angesichts ihrer verlogenen Rolle
als tragendes Element im Nazi-Propagandaapparat
des Dritten Reiches nur allzu
verständlich. Dennoch ist ein
derartiges, allumfassendes
Verdammungsurteil letztlich
wenig hilfreich, wenn wir
verstehen wollen, warum die
Nazi-Methode der ästheti-
schen Politik sich als so erfolgreich erwies. Hitler mag
seiner Herkunft nach ein er-
folgloser Künstler und ein
provinzieller Kleinbürger gewesen sein, wenn es aber um
die visuelle Organisation der
Massenpolitik ging, erhob
sich seine Mittelmäßigkeit zu einem genialen Niveau. In der Inszenierung von Massenereignissen als
eines beständigen unerbittlichen Angriffs auf die
Sinne, »mit der Absicht, das Publikum mittels ver-
zückter Ersatzgefühle zu hypnotisieren«, hatten Hitler und Goebbels, wenn überhaupt, nur wenige ih-
resgleichen.[43] Die Mischung von Marschsäulen,
Flaggen, Emblemen, Uniformen und erregender
Musik – die das Vulgäre und Ästhetische, das Barba-
rische und Idyllische, Gewalttätiges und Sentimen-
talität, verbanden – war eines der hervorstechend-
sten Kennzeichen des Nazismus.

Die Nazi-Massenästhetik mit ihrer theatralischen
wagnerianischen Inszenierung konnte als ein gigan-
tisches Happening erlebt werden. Sie war darauf aus,
einen pseudoreligiösen Zustand der Unterwerfung
und ein Gefühl mystischer Einheit mit der Volksgemeinschaft zu erschaffen – Ziele, die weitgehend erreicht wurden. Durch Umzüge wie die während des
Tages der Deutschen Kunst waren die Nazis imstande, die karnevalistische Atmosphäre zur Ver-
mittlung des Mythos des germanischen Volkes zu
nutzen, das sich selbst und seine geschichtliche

Dekorative Flaggen, reichlich mit Hakenkreuzen geschmückt, wurden durch ganz München getragen.

Größe anbetet. Diese Art nationalistischer Demonstration diente zur Überwindung der Klassengrenzen und zur weiteren Stärkung der Bande zwischen Herrschern und Beherrschten. Kunst und Kultur spielten eine entscheidende Rolle bei dieser Vorspiegelung und der Aufrechterhaltung einer harmonischen Fassade von Frohsinn, Freude und Spontaneität. Mit diesen Mitteln konnte das System seinen Anspruch verstärken (der vor 1939 teilweise berechtigt gewesen war), daß es sich ebenso auf die Zustimmung und Unterstützung der Massen gründete wie auf staatliche Unterdrückung oder Terror.

Die Nazis konnten der Welt und ihrem eigenen Volk demonstrieren, daß die Führung des Dritten Reiches mit seinen Bürgern eins war, und daß sie die Erben einer großen ›arischen‹ Kultur waren, die ihrerseits die Quelle und der Hüter der europäischen Zivilisation sei. Ein wichtiger Teil dieser Strategie war die Wiederherstellung von Münchens kultureller Vorreiterrolle, die es unter den bayerischen Königen des 19. Jahrhunderts genossen hatte. Ein anderer Aspekt war das umfangreiche Bauprogramm, das Hitlers Anspruch unterstreichen sollte, er lege den Grundstein zu einem Tausendjährigen, ›ewige Werte‹ symbolisierenden Reich. Gleichermaßen wichtig war jedoch der populäre Aspekt bei der Absicht der Nazis, zum ersten Mal in der deutschen Geschichte die Kunst den Massen wirklich zugänglich zu machen. Was auf der politischen Ebene durch die großen Parteiversammlungen erreicht worden war, das Zusammenschmieden einer Nation, wurde auf der künstlerischen Ebene durch die spektakulären Aufzüge in München wiederholt.

Dies war die verborgene ideologische und politische Strategie, die hinter der Kulturpolitik Nazi-Deutschlands lag.

Ein Wochenende
in München

»Dieser Film ist eine Rarität – er ist einmalig. Mein Vater machte diesen Film und bewahrte ihn immer zu Hause auf. Wir sahen ihn als Kinder oder mit Freunden, haben ihn aber nie öffentlich gezeigt ... Dieser Film ist ein wichtiges Dokument der Zeitgeschichte und ich bin froh, daß er jetzt doch unter die Menschen kommt.«
BERNDT FEIERABEND

»Komischerweise war an solchen Festtagen immer strahlend schönes Wetter, und da haben die Leute immer gesagt, es ist Hitler-Wetter. Bis auf den einen Festzug, wo der Wolkenbruch kam.«
JOSEFA HAMMANN

Münchens Haus der Deutschen Kunst, 1933 gebaut, eines der ersten offiziellen Nazigebäude.

»Das ist der Hauptbahnhof. O mein Gott, ihn
haben sie im Krieg sehr schlimm zerstört. Ja, sehr vieles
wurde im Krieg sehr schlimm zerstört.«
INGE UNGEWITTER

»Das ist der Friedensengel. Wirklich, wenn man diese
Bilder so sieht, kann man sich nicht vorstellen, daß da
so viel Zeit dazwischen liegt, weil dieser Friedensengel
mit dem Springbrunnen auf dem Bild genauso
aussieht wie heute.«
CHARLOTTE KNOBLOCH

Münchens Hauptstraßen wurden für das Deutsche Kunstfest reich geschmückt.

*»Da war schon wochenlang vorher der Aufwand, bis alles dekoriert war. Es gab so viele
Vorbereitungen. Stellen Sie sich das mal vor, zigtausend Meter an Fahnen und
Stoffen und all diese Denkmäler, die sie zur Erinnerung aufgestellt haben. Es war ja
ein großer Aufwand – also ganz unwahrscheinlich.«*
JOSEFA HAMMANN

*»Das Ereignis war höchst interessant. Wie heute auch, wenn etwas Besonderes ist,
gefilmt wird, weil es toll ist, so war es damals auch. Es war jedenfalls ein großes Ereignis
für München. Die ganze Stadt war mit Dekorationen übersät. Ich bin jedenfalls mit
dem offenen Wagen durch die Stadt gefahren und habe den ganzen Weg gefilmt,
und das war einfach ein einmaliges Erlebnis.«*
MARTIN SUMMER

Adolf Hitlers offizielle Residenz am Münchner Prinzregentenplatz.

Das Nymphenburger Schloß:
Schauplatz eines verschwenderischen Empfanges für die
nationale und internationale Presse am Freitag, den 14. Juli 1939.

»*Das ist einfach für mich völlig unvorstellbar, daß die Leute hier so fröhlich sein können,*
wenn nur 20 Kilometer entfernt das Konzentrationslager Dachau steht, überfüllt mit
Menschen, die nichts verbrochen haben und die nur wegen ihrer Rasse oder wegen ihrer
Weltanschauung hinter Stacheldraht gebracht und gequält werden. Es ist unglaublich.
Ich kann mir überhaupt nicht vorstellen, daß ein Jude auch nur in die Nähe dieses Platzes
gekommen wäre, es sei denn, daß er überhaupt nicht als Jude zu erkennen war – aber
selbst dann hätte er sich vor all diesen Menschen gefürchtet. Sehen Sie, bei diesem ganzen
Machtapparat gab es nicht nur die Furcht vor den Gesetzen. Sie fürchteten auch die
Macht an sich, daß dieser Machtapparat alles tun konnte, was er wollte.
Schließlich haben sie ja gewußt, was auf sie zukommt.«
CHARLOTTE KNOBLOCH

»*Theater und Konzerte, das war für uns alles*
viel zu teuer und unerschwinglich,
so daß diese Art von Festlichkeiten natürlich
etwas ganz Besonderes waren, weil man alles
kostenlos miterleben durfte.
Das waren schon echte Tanzgruppen,
keine gewöhnlichen Leute aus dem Volk.«
JOSEFA HAMMANN

Tee auf der Restaurantterrasse des Hauses der Deutschen Kunst, ein beliebter Treffpunkt im Vorkriegsmünchen.
Im Hintergrund der Englische Garten.

»Wenn man in die Stadt ging, mußte man natürlich Hut und Mantel und Handschuhe
und Schal tragen, das gehörte schon alles dazu ... Man mußte eben einen Sommermantel
und einen Wintermantel haben und korrekt angezogen sein. Ich bin ja sehr gerne ins
Theater gegangen, vor allem in die Oper, da sah man dann sehr viele schöne Kleider.
Es war immer etwas Festliches ... Ich habe da schon viel Freude gehabt.«
ELSE PEITZ

»Man mußte ja den Stern tragen, und wenn man damit auf der Straße gesehen wurde,
konnte es auch passieren, daß man sofort irgendwohin verschleppt wurde. Wir waren
vogelfrei, obwohl es streng verboten war, versuchten wir den Stern irgendwie zu verstecken:
Man konnte die Jacke drüberfallen lassen oder ihn hinter der Handtasche verschwinden
lassen, so daß man nicht so öffentlich als Jude gekennzeichnet war und nicht so leicht von
anderen unterschieden werden konnte. Es war eine Situation, wo man sich überhaupt nicht
vorstellen kann, in welcher Angst die Leute gelebt haben. Viele der Münchner Juden –
auch Freunde meiner Familie – haben Selbstmord begangen,
weil sie es einfach nicht mehr ertragen haben.«
CHARLOTTE KNOBLOCH

*»Diese braunen Uniformen mit ihren Hakenkreuzen . . . ich kann mich
noch gut daran erinnern. Aber eben so, wie sich ein Kind erinnert, diese
schwarzen Uniformen, diese SS-Uniformen, dieser Hitlergruß.
Das sah man damals überall. Sogar der Hausmeister, jeder . . ., einfach jeder
in der Bevölkerung hat sich sehr schnell an diese Grußform gewöhnt.«*
CHARLOTTE KNOBLOCH

LINKE SEITE OBEN: *Die Ehrengarde vor dem Haus der Deutschen Kunst.*
LINKE SEITE UNTEN: *Die Gäste treffen zur Eröffnung der Ausstellung ein, Sonntagmorgen, 16. Juli 1939.*
UNTEN: *Hitler inspiziert die Ehrengarde, als er am Haus der Deutschen Kunst eintrifft.*

Soviel ich weiß, hat er (Adolf Wagner) Herrn Feierabend mit einem Ausweis versorgt,
damit er den Tag der Deutschen Kunst aus nächster Nähe filmen konnte . . .
Wenn man als Filmamateur Gelegenheit hat, solche Aufnahmen zu machen,
dann nimmt man natürlich seine Chance wahr.«
MARTIN SUMMER

OBEN LINKS: *August von Finck, der Münchner Bankier und Kurator des Hauses der Deutschen Kunst.*
OBEN RECHTS: *Adolf Wagner, der offizielle Gastgeber des Tages der Deutschen Kunst.*
UNTEN LINKS: *Militärbesucher auf den Stufen des Hauses der Deutschen Kunst.*
UNTEN RECHTS: *Ankunft Hitlers und Himmlers.*

Ankunft von Dr. Robert Ley und Begleiterin.

*»Vor allem war Hitler ja sehr geltungsbedürftig. Er mußte sich ja mit solchen
Massenveranstaltungen irgendwie sein Publikum verschaffen. So stelle ich mir das wenigstens vor.
Wie gesagt, habe ich damals nicht richtig darüber nachgedacht.«*
JOSEFA HAMMANN

*»Ja also, wir haben ihn als einen guten Mann
kennengelernt, aber was dann rausgekommen ist,
war wirklich ganz schrecklich. Na ja, vielleicht
war er auch nur ein Schauspieler.«*
ELSE PEITZ

*Freiherr von Finck grüßt Hitler
unter den Blicken von Himmler und anderen
Mitgliedern der Nazielite.*

*Das Jahr 1939 sollte das letzte sein,
in dem Hitler die Große Deutsche Kunstausstellung
offiziell eröffnete.*

*Die Teilnahme an den Münchner Kunsttagen
war für alle Naziführer Pflicht – Göring war
einer der wenigen Abwesenden.*

»Da ist Hitler persönlich mit seinem Gefolge, seinen Getreuen, wie sie es genannt haben . . .
Als junges Mädchen bin ich ihm in München einmal begegnet.
Er stieg aus seinem Wagen aus und hat uns alle begrüßt und die Hand gedrückt und den
Kopf gestreichelt, und dann ist er wieder weitergefahren.«
JOSEFA HAMMANN

»Er (Hans Feierabend) schien anders zu sein. Andere Filmer hätten die Stellen,
auf denen Hitler nicht gut aussah, weggeschnitten, während er, der Amateur, einfach alles
aufgenommen hat. Der hat das alles gelassen und war sehr aufmerksam.«
MARTIN SUMMER

Hitler, Wagner und Himmler auf den Stufen des Hauses der Deutschen Kunst.

Im Haus der Deutschen Kunst. Hitler, links von ihm Wagner, zu seiner Rechten von Finck und Heß.

Hitler lobt die »Säuberung« der deutschen Kunst während seiner
Eröffnungsrede zur Kunstausstellung 1939.

»Das ursprüngliche Ziel der deutschen Kunst ist jetzt erreicht.
Die architektonische Wiedergeburt begann vor drei Jahren hier in
München, genauso wie die Säuberung der Malerei und Plastik.
Der ganze Schwindel der dekadenten, ekelhaften, betrügerischen
und populären Kunst ist weggefegt worden. Wir haben jetzt
einen neuen, anständigen und bewundernswerten
Maßstab erreicht.«
ADOLF HITLER

OBEN: *Hitler, bei seiner Besichtigung der Kunstausstellung von 1939, in Begleitung von Dino Alfieri,*
Gerdy Troost und (zu seiner Linken) Himmler.
UNTEN LINKS: *Ein italienischer Gast auf der Münchner Ausstellung.*
UNTEN RECHTS: *Hitler und seine Gäste bewundern »Galatea«, eine Skulptur von Fritz Klimsch.*

»Die Nazi-Maler haben dann veranlaßt, daß Hitler nach München kommt, um die
Ausstellung zu besuchen und zu begutachten. Das war 1937. Und dann hat Hitler
einen seiner bekannten Wutanfälle bekommen . . . ›Wo sind die guten deutschen
Künstler?‹ sagte er. ›Ja, die sind im Keller.‹ ›Und warum sind sie dort?‹
Und Frau Troost hatte noch den Mut zu sagen: ›Weil das Kitsch ist.‹ Das hat aber
den Hitler nicht sehr beeindruckt, und er ist dann auf ein kleines Wägelchen gestiegen,
und hat sich durch sämtliche Räume fahren lassen und hat also überall hinausgeschrien:
›Raus, raus, raus!‹ Er hat dann die ganze Jury abgesetzt und den Fotografen Hoffmann
als den eigentlichen Leiter der Ausstellung eingesetzt. Und so ist dann die erste
Ausstellung im Haus der Deutschen Kunst entstanden, mit all diesen übertriebenen
propagandistischen Malereien, teils bäuerlicher, teils heroischer Art, die die künstlerische
Richtung für die gesamte weitere Periode der Naziherrschaft bestimmten.«
GÜNTHER GRASSMANN

»Hitler war ein bißchen größenwahnsinnig, nicht wahr, und wollte sich bei diesen
Festlichkeiten besonders herausstellen. Ich habe keine Ahnung davon, was er wirklich
von Kunst verstand. War es überhaupt für ihn Kunst. Er war ja angeblich ein Maler –
obwohl ich nie etwas gesehen habe, was er gemalt hat.«
JOSEFA HAMMANN

»Die nackte Frau spielt in der Kunst überhaupt eine große Rolle, und das ist schließlich
ein Thema, das die bildende Kunst durch die Jahrtausende begleitet hat. Nur daß es dann
von den Nazis pervertiert wurde und auf diese einseitige Weise dargestellt worden ist . . .
Wenn Sie sich das alles anschauen . . . Ja, das ist ein Knie und ein Ellbogen, und das
stimmt alles, da sind alle Erhebungen von Knochen, die man alle sehen kann. Aber es ist
auf's Letzte getrieben, daß es einfach abstoßend ist . . . Da ist einfach die Kunst
an die Propaganda verraten worden.«
GÜNTHER GRASSMANN

»Im Haus der Kunst – ach das war wunderbar, wissen Sie.
Es wurde immer das Schöne gezeigt, immer die schönen und interessanten Dinge.
Niemals die modernen Künstler. Ich bin natürlich nicht für diese moderne Malerei,
weil man sich zu wenig vorstellen kann.«
ELSE PEITZ

»Wir haben Hitler nicht eingeladen, weil der ja meistens etwas anderes
zu tun hatte, aber er wußte ja, daß ich meine Verlobung feierte,
und da hat er mitten am Abend angerufen und gefragt, ob er denn
vorbeikommen dürfte. Ich antwortete: ›Ja, natürlich, es wäre uns eine
Freude, wenn Sie kämen.‹ Und so ist er dann mit Blumen gekommen
und hat mir gratuliert und bei dieser Gelegenheit auch meinen
Mann kennengelernt … Er ist nie alleine gekommen. Er hatte immer
einige Freunde dabei, vor allem den Fotografen Hoffmann,
der ein ständiger Begleiter war … Später, als es Sommer war, und wir
im Haus meiner Eltern am Tegernsee Besuch hatten,
kam er mit sechs oder acht anderen Leuten, wie etwa Goebbels und
vielen anderen von der Partei, und die haben dann bei uns Kaffee
getrunken oder haben zugeschaut, wie wir jungen Mädchen im See
herumgeschwommen sind und so. Es war alles sehr lustig.
Aber später, als Hitler zur Macht kam, war natürlich alles etwas
schwieriger, weil dann auch sehr viele andere Nationalsozialisten kommen
wollten, um den Führer zu sehen. ›Wo ist mein Führer?‹ pflegten sie
dann zu fragen. Er wollte natürlich, daß alles mehr privat gestaltet wurde.
Wir haben darum nie ›Heil, mein Führer‹, sondern immer
›Grüß Gott, Herr Hitler‹ gesagt.«
ELSE PEITZ

*»Wenn man mitten drin steht in so einer Zeit, ist sie ja einem sehr viel weniger klar,
als es nachher der Fall ist. Sie dürfen nicht vergessen, wie wenig der einzelne Bürger
über die schlimmsten Seiten des Nationalsozialismus Bescheid wußte.
Unsere Presse war ja damals vollständig kontrolliert.«*
GÜNTHER GRASSMANN

OBEN LINKS: *Hitler grüßt vom fahrenden Wagen aus.*
OBEN RECHTS: *Julius Streicher, der Gauleiter von Nürnberg.*
UNTEN LINKS: *Luftwaffengenerale verlassen die Kunstausstellung.*
UNTEN RECHTS: *Die militärische und zivile Elite der Nazis vor dem Haus der Deutschen Kunst.*

GEGENÜBERLIEGENDE SEITE: *Frauen und Kinder unter den Schaulustigen warten auf Hitler.*

»Man konnte sie ja nicht alle im Vorbeigehen einzeln erkennen, aber man kannte
natürlich die bayerische Hautevolee, also vom Minister Wagner bis Rudolf Heß, der zwar
nicht richtig nach Bayern gehörte, sondern ein geladener Gast war. Und dann all die
verschiedenen Herren, die Hitlers persönliche Freunde waren: Gruppenführer Soundso
und all diese Leute und ihre Frauen.«
JOSEFA HAMMANN

OBEN: *Rudolf Heß und Hitler bei der Ankunft auf dem Münchner Odeonsplatz am Sonntag nachmittag, den 16. Juli 1939.*
UNTEN LINKS: *Adolf Wagner, Gauleiter von Bayern, und seine Gäste, Adolf Hitler, Alfieri und Goebbels.*
UNTEN RECHTS: *Albert Speer mit Gerdy Troost auf der Aussichtsplattform des Odeonsplatzes.*

*»Man kann es kaum glauben, daß die Leute vor 55 oder 60
Jahren so begeistert waren und sich von dieser ganzen
Pracht so einnehmen ließen . . . Man könnte meinen, es wäre
gestern gewesen, wenn man die Menschen auf diesen
Bildern sieht. Unglaublich. Das haben die perfekt
gemacht; die Deutschen sind wirklich ein perfektionistisches
Volk. Ich muß sagen, was sie tun, das tun sie perfekt.
Sie haben auch die Juden perfekt vernichtet.«*

CHARLOTTE KNOBLOCH

»Wir marschierten mal eben zum Haus der
Deutschen Kunst und dann weiter durch die Stadt zum
Odeonsplatz, wo die hohen Herren alle saßen und uns
zuwinkten. Es gab einen Wolkenbruch,
aber das hat sich dann wieder gelegt. Und wir
machten mit unserem Festzug bis zum Ende weiter.
Am Abend konnten wir dann zum Tanzen gehen,
weil auf allen öffentlichen Plätzen getanzt
und gefeiert wurde.«
JOSEFA HAMMANN

Robert Ley mit Nazi-Führern und ihren Frauen als Zuschauer
beim Festzug.

»Zweitausend Jahre Deutscher Kultur«

Der Festzug von 1939

»Es war ein herrlicher Tag. Das war ein so schönes Erlebnis, daß ich es bis heute
mit meinen siebzig Jahren noch nicht vergessen habe. Und offiziell hatte es für uns eigentlich
nichts mit Politik zu tun. Es war einfach ein schöner Tag, wo man sich mit anderen
Menschen getroffen hat und wo man sich unterschiedlich verkleiden und etwas darstellen
konnte – und da waren wir dann eigentlich ganz glücklich.«
JOSEFA HAMMANN

»Ich war eine Rokoko-Dame und gehörte zum Wagen, der mit einer Orgel bestückt war.
Hitler schwärmte ja sehr für Bayreuth- und Wagnermusik. Es war ein herrlich schöner
Tag, ein strahlender Sonnentag mit einem blauen bayerischen Himmel, der allerdings etwas
später von einem Wolkenbruch abgelöst wurde . . . Aber das alles hat uns ja nicht sehr
viel ausgemacht. Als junger Mensch übergeht man so etwas. Es war auf jeden Fall
sehr schön, eigentlich sehr lustig, kann man sagen.«
JOSEFA HAMMANN

Auf dem Umzug waren prunkvoll geschmückte Wagen mit verschiedenen Aufbauten zu sehen, die einige militärische,
kulturelle und mythologische Ereignisse in der Geschichte der Deutschen verherrlichen sollten. 6000 kostümierte Teilnehmer
waren dabei aktiv, es gab viele Wagen mit Ochsengespannen, deren Symbole für »Blut und Boden« standen und einen Wagen
mit einer goldenen Büste der Pallas Athene zur Feier der »klassischen Wurzeln« Deutschlands.

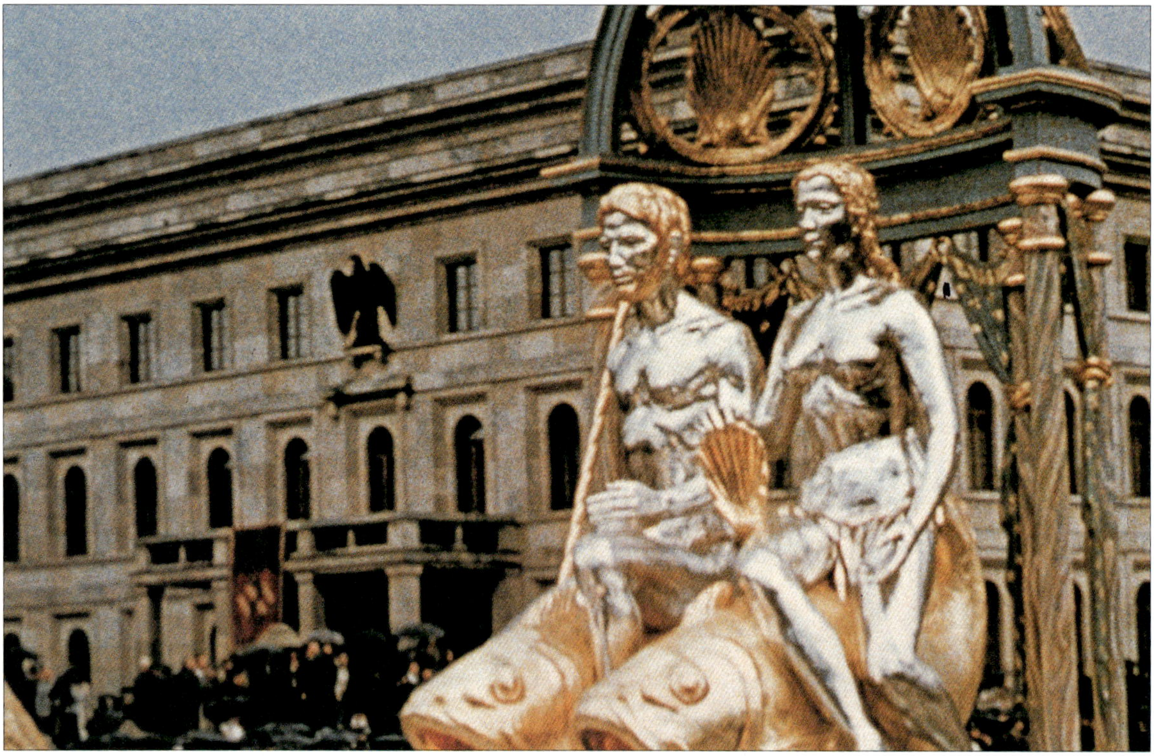

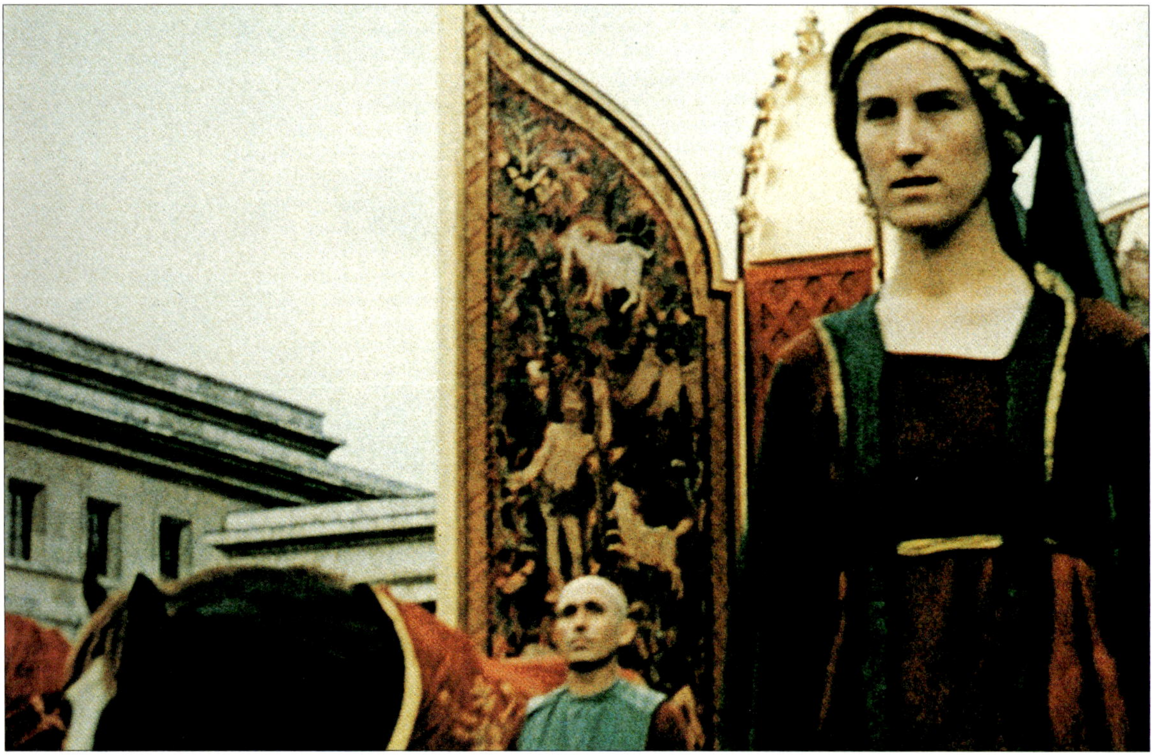

»In München gab es eine lange Festzugs-Tradition. Es gab jedes Jahr einen
Faschingsumzug, zu dem wir Künstler sehr viel Witz und Können
beisteuerten ... Und diese Tradition wollten die Nazis dann für ihre
Propaganda verwenden und sagten dann ›Ja, wir werden jetzt auch Festzüge
veranstalten‹ ... Da kamen natürlich unglaublich viele Leute hin.«
GÜNTHER GRASSMANN

Die Strecke des Festzuges verband historisch bedeutende Münchner Gebäude mit den
neuen Nazibauten, einschließlich Führerbau und Ehrentempel.

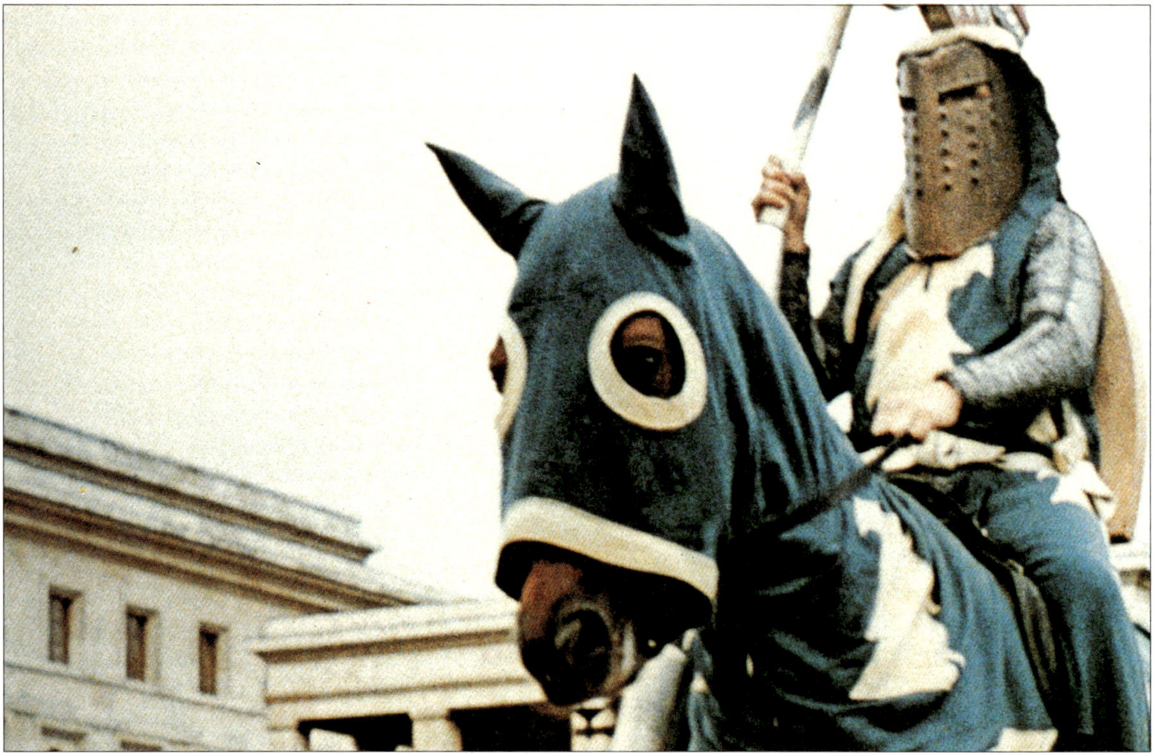

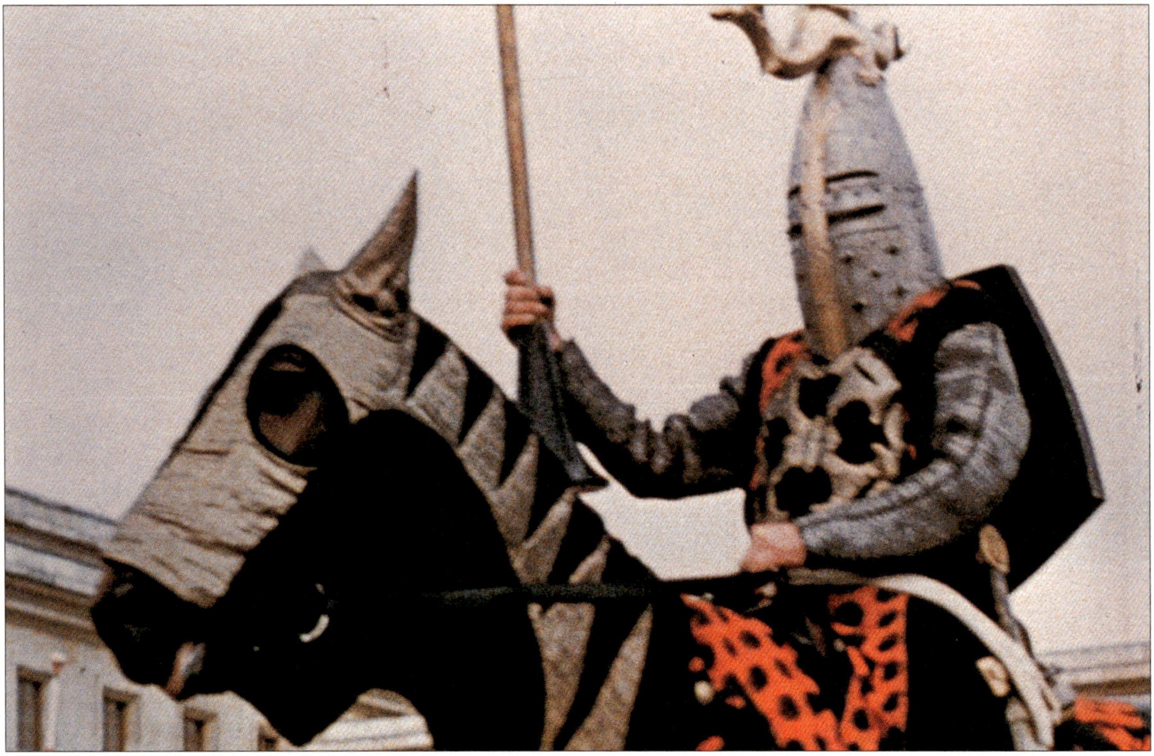

»Ich bin Malerin, ich studiere die Kunst . . . Ich war eine erfahrene Reiterin und nahm
auch an Reitvorführungen teil, und 1939, als ich 15 Jahre alt war, fragte man mich,
ob ich zu Pferd an dem Festzug teilnehmen wollte. Nun, ich sagte natürlich
›Ja, das ist sehr interessant.‹ Also wurde ich zu einer Walküre, das war mein Kostüm,
mit einem eisernen Brustpanzer und einem Helm mit Schwingen dran.
Und in der einen Hand hielt ich, wie sagt man noch, einen Speer und einen Schild.
Ich ritt auf einer sehr eindrucksvollen, reinrassigen Stute, ein wunderschönes Pferd,
das aber ein wenig nervös war . . . Und das wichtigste dabei war . . . nicht von
diesem ganzen Eisenzeug zerquetscht zu werden und sich nicht von dem unruhigen Pferd
aus der Fassung bringen zu lassen. Drumherum war nämlich sehr viel los,
viel Lärm und Musik und eine Menge Leute. Mit 15 war das natürlich alles ein sehr
großes Abenteuer, ja ein Abenteuer.«

INGE UNGEWITTER

»Kreuzfahrer« nach »Naziart«, der die mittelalterlichen Elemente des
Münchner Festzuges unterstreichen sollte.

*»Die Kosten für den Festzug wurden teils von der Stadt und teils von der Reichskultur-
kammer getragen. Jeder deutsche Kunstmaler, Architekt oder Schriftsteller mußte damals
Mitglied der Reichskulturkammer werden. Das Fest war sehr teuer: Über 4000 Leute
haben an den Vorbereitungen mitgewirkt. Sie haben 1 700 000 Arbeitsstunden gebraucht,
um all die Kostüme und andere Requisiten für den Festzug fertigzustellen.«*
WINFRIED NERDINGER

*»Es ist unglaublich, in welchem Glanz die Stadt erstrahlte . . . Die ganze Stadt
wurde mit großem Aufwand präsentiert, so richtig als Hauptstadt der Bewegung – Sie hat
ihrem Beinamen alle Ehre gemacht . . . Wo sollten die Juden da noch einen Platz finden?
Da hat sich keiner hingetraut – oder jedenfalls nicht offiziell.«*
CHARLOTTE KNOBLOCH

LINKE SEITE OBEN: *Ein riesiger goldener Adler, als dauerhafter, symbolischer Blickpunkt
auf ein tausendjähriges Nazi-Reich.*
LINKE SEITE UNTEN: *Eine »Vater Rhein«-Figur zur Feier der deutschen Befreiung
des Rheinlands 1936.*
UNTEN: *Nazi-Standarten vor dem Ehrentempel.*

»Der Festzug ist an uns vorbeigegangen. Das war alles sehr geschmackvoll und sehr schön, aber eben zu schön, um Geschichte wirklich lebendig zu machen. Ich sagte schon damals, daß das einzige, was wirkliche Verbindung zum Leben hatte, die Reichswehrkompanie war, die am Schluß des Zuges im langsamen Gleichschritt mitmarschierte. Das war das wirkliche Leben dieser Zeit. Tragischerweise hat sich meine damalige Vorstellung als richtig erwiesen.«
GÜNTHER GRASSMANN

»Diese riesigen Festveranstaltungen haben natürlich einen großen Eindruck auf die übrige Welt gemacht.«
ELSE PEITZ

Abteilungen der SA (LINKS) und SS (OBEN) aus ganz Deutschland nahmen an dem Umzug teil.

FOLGENDE DOPPELSEITE: Die Nazifeierlichkeiten zum Tag der Deutschen Kunst im Juli 1939 brachten über eine Million Menschen auf die Beine.

Die bewegenden Bilder von Hans Feierabends Film zeigen uns die glänzende Oberfläche, jedoch wird für den aufmerksamen Betrachter auch der
dahinterliegende Abgrund sichtbar. Unter dem strahlend blauen bayerischen Himmel führt uns die Kamera – vorbei an den Wolken weißgekleide-
ter Mädchen, den paradierenden Pferden, den blauroten Bannern und den
marschierenden Braunhemden – zurück zu der schaurigen Welt des »arischen« Jahrtausends. Eine Welt der Brutalität und des Kitschs, der Konzentrationslager und »Kultur«, in der sich der große Schirmherr der Künste bald
in einen Massen-Scharfrichter verwandeln sollte.

Amerikanische Reporter nach der Befreiung des KZs Dachau, Mai 1945.

KAPITEL 7:

Nationalismus über alles

*»Wer gegenwärtig über Deutschland nachdenkt und nach Antworten
auf die deutsche Frage sucht, muß Auschwitz mitdenken.«*
GÜNTER GRASS, 1990

Am 9. November 1989 ebnete der Fall der Berliner Mauer, die den Osten vom Westen im Herzen Europas getrennt hatte, den Weg für die Wiedervereinigung Deutschlands. Nach vierzig Jahren Teilung war das Wiederaufleben einer 80 Millionen Menschen umfassenden einheitlichen deutschen Nation ein umwälzendes Ereignis. Es beschleunigte einerseits den Zusammenbruch des Kommunismus in Osteuropa und der Sowjetunion und wurde andererseits durch diesen erst ermöglicht. Zunächst euphorisch als Triumph der westlichen Demokratie und der kapitalistischen Marktwirtschaft begrüßt, stellte es sich in der Folgezeit heraus, daß dieses Ereignis sehr unterschiedlich bewertet werden kann. Weit davon entfernt, das »Ende der Geschichte« zu verkünden, hat das plötzliche Ende der *Pax Sovietica* die Wiederkehr weniger schöner Aspekte der europäischen Vorkriegs-Vergangenheit wieder zum Vorschein gebracht. Die Gefühle der Freude über die Befreiung vom Joch der sowjetischen Unterdrückung wurden durch das Gespenst einer neuen und gewalttätigen Fremdenfeindlichkeit in Deutschland und dem übrigen Mittel- und Osteuropa überschattet.[1]

Das Wiederaufleben des rechtsgerichteten Extremismus hat während der letzten Jahre eine Kettenreaktion von Bombenattentaten, Vandalismus und Mordanschlägen auf Ausländer in Deutschland ausgelöst, die einige beunruhigende Fragen neu aufwirft.[2] Diese wurden vom damaligen deutschen Bundespräsidenten Richard von Weizsäcker anläß-

lich einer Massenversammlung in Berlin am 8. November 1992 treffend zusammengefaßt:

> Machen wir uns nichts vor! Was im Laufe dieses Jahres geschehen ist, das hat es bei uns noch nie gegeben in der Nachkriegszeit. Es geht bösartig zu: Schwere Ausschreitungen gegen Ausländerheime, Hetze gegen Fremde, Anschläge auf kleine Kinder, geschändete jüdische Friedhöfe, Verwüstungen in den Gedenkstätten der KZ Sachsenhausen, Ravensbrück und Überlingen, brutaler Rechtsextremismus, wachsende Gewalt gegen die Schwachen, egal ob gegen Fremde oder Deutsche, Brandstifter und Totschläger sind unterwegs![3]

Kurz nach der Wiedervereinigung begann die Gewalt auf der Straße gegen Ausländer zuzunehmen. Im Oktober 1991 belagerten Neonazis und Skinheads in der sächsischen Stadt Hoyerswerda sechs Tage lang das Quartier von 230 Ausländern und bewarfen es mit Steinen und Molotow-Cocktails. Zum Jubel vieler Einheimischer wurden die Ausländer zum Verlassen der Quartiere gezwungen, zur Bestrafung der Gewalttäter wurde nicht viel unternommen. Im August 1992 sah die Polizei tatenlos zu, wie Neonazis die Quartiere für Asylsuchende in Rostock zwei Tage belagerten.[4] Dadurch wurde eine weitere Welle brutaler Gewalt Jugendlicher ausgelöst.

Insgesamt gab es im Laufe des Jahres 1992 mehr als 2500 Angriffe durch Neonazis und radikale Rechte; dabei gab es 17 Tote und 600 Verletzte, viele Flüchtlingsheime wurden schwer beschädigt. Die Anschläge richteten sich primär gegen Asylsuchende der Dritten Welt (Afrikaner, Asiaten, Araber), Zigeuner, türkische Gastarbeiter und Menschen, die vor dem wirtschaftlichen und sozialen Chaos flüchteten, das durch den Zusammenbruch des Kommunismus verursacht wurde. Obwohl nur wenige Juden zu direkten Opfern körperlicher Gewalt wurden, gab es viele Angriffe gegen jüdische Synagogen, Friedhöfe und Holocaust-Stätten. Zwischen Oktober 1990 und dem Sommer 1992 wurden beispielsweise nicht weniger als 367 jüdische Friedhöfe geschändet. In Erfurt, der Hauptstadt von Thüringen, verstreute ein junger Neonazi abgetrennte Schweineköpfe in der örtlichen Synagoge.[5]

Ende August 1992 wurde eine Bombe auf die Holocaust-Gedenkstätte in Berlin geworfen, den Platz, von dem aus 50 Jahre zuvor Tausende jüdischer Berliner Einwohner in die Todeslager im Osten deportiert wurden. Nicht lange danach wurde der jüdische Friedhof in Berlin-Weißensee entweiht. Diese Vorkommnisse ließen die kleine deutsch-jüdische Gemeinde von ca. 60000 Menschen (die

Die Brandstiftung in Solingen, Juni 1993: Nach dem Brandanschlag, bei dem fünf Menschen starben. Das auf dem Boden ausgebreitete Spruchband trägt den Text: »Durch die Entscheidung der deutschen Regierung und ihrer Ausländerpolitik ist die Brandstiftung in Solingen zustande gekommen. Deswegen werde ich meine Kinder morgen nicht zur Schule schicken.«

heute nur etwa ein Zehntel der Mitglieder hat wie zur Zeit der Machtergreifung durch die Nazis) erkennen, daß ihre Sicherheit nicht länger gewährleistet sei. Diese Ereignisse waren auch ein Hinweis auf die enge Verbindung zwischen der dramatischen Zunahme der Fremdenfeindlichkeit und dem Wiederaufleben des Antisemitismus im neuen Deutschland.

Ende des Jahres 1992 hatten die Angriffe auf Ausländer, Minderheitengruppen und sogar körper-

lich Behinderte ein Ausmaß angenommen, das seit der Nazi-Ära noch nicht dagewesen war. Die mörderischsten Angriffe fanden gegen türkische Gastarbeiter statt, sogenannte »Ausländer«, die seit einer ganzen Generation in Deutschland lebten und viel zum Wirtschaftswachstum Nachkriegsdeutschlands beigetragen hatten. In der westdeutschen Stadt Mölln verursachte eine Bombenexplosion am 22. November 1992 den Tod einer 51jährigen türkischen Frau, ihrer Enkelin und ihrer Nichte.[6] Fünf weitere Menschen starben infolge einer Brandstiftung gegen einen türkischen Haushalt in Solingen im Mai 1993. Gemäß einem Bericht des Verfassungsschutzes gab es im Jahr 1993 insgesamt 2232 Vorkommnisse von Gewalttaten durch Neonazis und Skinheads, was einen leichten Rückgang gegenüber dem Vorjahr bedeutete.[7] Aber die Gesamtzahl allgemeiner Vergehen durch Rechtsextremisten und Antisemiten nahm zu, was auch 72 Gewalttaten gegen Juden einschloß.[8] Aus dem Zusammenhang des letzten Jahrzehnts heraus betrachtet, zeigen diese statistischen Zahlen immer noch eine schockierende Eskalation, speziell seit der Wiedervereinigung. Im Jahr 1983 wurden nur 73 Akte rassistischer Gewalt verzeichnet, 1989 (dem letzten Jahr des geteilten Deutschlands) betrug die Zahl 264, und im Jahr 1992 kletterte diese steil auf 2584.[9] Es gab auch mehr Schändungen jüdischer Friedhöfe als am Vortag der Machtergreifung durch die Nazis im Jahr 1933.

Zu Anfang versäumte es die Regierung Kohl, die Bedrohung durch die Neonazis ernst zu nehmen, und erst 1993 wurde eine strengere Politik und ein Durchgreifen mittels Gesetzesmaßnahmen gegen Rechtsradikale sichtbar.[10] Einige Offizielle schienen zunächst die Schuld eher bei den Opfern als bei den Tätern zu sehen. Sie konzentrierten sich hauptsächlich auf die große Zahl von Ausländern in Deutschland und wünschten eher, das ultraliberale Asylrecht zu ändern, als Rechtsextremisten unter Kontrolle zu bringen. Schließlich verbot der Innenminister zwei neonazistische Parteien (die Nationale Front und die Deutsche Alternative) sowie fünf neonazistische Rockgruppen, dies jedoch erst nach massiven Protesten. Die Tragödie von Mölln hatte viele Deutsche endlich dazu aufgerüttelt, auf die Straße zu gehen, um gegen neonazistische Gewalt zu demonstrieren. Hunderttausende von Demonstranten schritten mit Kerzen oder Laternen stumm durch die Zentren von Berlin, München, Frankfurt und anderen deutschen Städten. Diese Demonstrationen trugen viel zur Verbesserung der Atmosphäre bei und halfen, das etwas beschädigte Bild vom Nachkriegs-Deutschland bezüglich Toleranz und Demokratie zurechtzurükken.[11]

Die deutsche Regierung verschärfte – durch diese öffentliche Reaktion aufgerüttelt – ihre Maßnahmen gegen Neonazis, schränkte allerdings auch den Zustrom von Fremden äußerst stark ein. Wie bei den Nachbarregierungen in Frankreich, Großbritannien und Holland lag die Antwort der deutschen Regierung auf die weitverbreitete Fremdenfeindlichkeit zunächst darin, rechte Thesen aufzugreifen und in Gesetzesform zu verwirklichen. Man nahm an, daß die Anwesenheit einer großen Anzahl von Fremden die wachsende Unterstützung neonazistischer Gruppen und volksparteilicher oder neofaschistischer Bewegungen *erkläre*. Durch Begrenzung der Einwanderungszahlen und Reduzierung der Asylbewerber wäre der Druck von seiten der extremen Rechten zu neutralisieren.[12] Tatsächlich gelang es nicht, durch strenge Asylgesetze die Angriffe auf türkische Gastarbeiter, Ausländer oder Juden zu stoppen. Der Grund dafür ist nicht schwer zu begreifen. Es handelt sich in Wirklichkeit um ein Rassen-, nicht um ein Einwanderungsproblem; eu-

ropaweit gibt es einen verbreiteten Hang dazu, Menschen anderer Hautfarbe, Religion oder ethnischem Hintergrund als »Fremdkörper« zu behandeln.[13] Ohne diese tiefverwurzelte Fremdenfeindlichkeit wäre die Tolerierung neonazistischer Gewaltanwendung und die stillschweigende Bereitschaft verschiedener europäischer Regierungen, ihre Einwanderungspolitik von Rechtsradikalen mitbestimmen zu lassen, nur schwer zu verstehen.

Natürlich stimmt es, daß Deutschland mit sechs Millionen ausländischen Einwohnern (darunter ein Drittel muslimische Türken) und zwei Millionen Asylbewerbern seit 1989 ein ganz besonderes Problem hatte.[14] Die meisten dieser Asylbewerber sind tatsächlich in Wirklichkeit Wirtschaftsflüchtlinge, die Zugang zu Europas reichstem Wohlfahrtsstaat suchen. Im Jahr 1992, dem Jahr mit den meisten neonazistischen Gewalttaten, waren es in Deutschland 438000 Asylbewerber (60 Prozent der Gesamtzahl innerhalb der Europäischen Gemeinschaft), die an die Tür einer ohnehin überstrapazierten Wirtschaft klopften.[15] Die Kosten der deutschen Einheit mit riesigem Kapitaltransfer, um die marode ostdeutsche Wirtschaft zu retten, die zunehmende Arbeitslosigkeit und die Verschuldung führten zu einer wachsenden Reaktion gegen Ausländer im allgemeinen. Der Zusammenbruch der gesamten ostdeutschen Infrastruktur nach der rapide zustandegekommenen Vereinigung beider Teile Deutschlands schuf nicht nur hohe Arbeitslosigkeit, Unsicherheit und die Angst vor Veränderungen, sondern zog auch eine tiefe Demoralisierung nach sich.[16] Durch das aggressive neue, kapitalistische Ethos verwirrt und von ihren reicheren westdeutschen Landsleuten geschmäht, fühlten sich Ostdeutsche durch die Versprechungen eines Wirtschaftswunders betrogen, litten an einem mangelhaften Selbstbewußtsein und hatten so allen Grund für ihre Ressentiments.[17] Natürlich wuchs auf diesem fruchtbaren Boden trotz der antifaschistischen Tradition der Deutschen Demokratischen Republik die Sympathie für den Rechtsextremismus. Obwohl es heute nur noch wenige Fremdarbeiter und noch weniger Juden in der Ex-DDR gibt, erwies es sich als ein leichtes, in Krisenzeiten sowohl die Fremdenfeindlichkeit ohne Fremde als auch den Anti-Semitismus ohne Juden aus der Vergangenheit in die Gegenwart zu übertragen.[18]

Eigentlich gab es den Neonazismus in der DDR als Ausdruck abgrundtiefer negativer Gefühle gegen die kommunistischen Machthaber schon seit den frühen 80er Jahren; damals ging er von jugendlichen Straßenbanden und Fußballfangruppen aus. Auch gab es ein weiter verbreitetes, latentes gesamtdeutsches Gefühl und einen alltäglichen Rassismus gegen Fremdarbeiter, Studenten aus der Dritten Welt und dabei insbesondere gegen Farbige. Überragende sportliche Leistungen wurden von der werktätigen Bevölkerung Ostdeutschlands beispielsweise gern als Zeichen der Überlegenheit der weißen Rasse gesehen.[19] Ausdrücke wie »Negermusik« (das abschätzige Wort für angelsächsischen Rock, Jazz und Blues, die in Ostdeutschland offiziell verboten waren) wurden dem Vokabular des Dritten Reiches entnommen und sogar vom kommunistischen Regime bei seinem Kampf gegen die amerikanische »imperialistische« Kultur angewandt.[20]

Obwohl die ostdeutschen Stalinisten ursprünglich ein weitreichenderes Entnazifizierungs-Programm durchgeführt hatten, als dies im Nachkriegs-Westdeutschland der Fall war, endete ihr Antifaschismus schließlich mehr in einer rituellen Geste als in einer wirksamen Umerziehung. Es war unwahrscheinlich, daß ein totalitäres Regime, das sich auf die Methoden eines Polizeistaates verließ und dessen Indoktrination und Propaganda nichts weiter hervorbrachte als Unaufrichtigkeit, einen echten Antifaschismus hervorbringen konnte. Die Armee hatte den Stechschritt der Wehrmacht übernommen, und ihre Jugendparaden boten mehr als nur eine flüchtige Ähnlichkeit mit denen des Dritten Reiches.[21] Die kommunistische Jugend in ihren blauen Hemden behauptete, für proletarischen »Internationalismus« zu stehen, doch ihre Betonung der Gruppenkonformität und ihr paramilitärischer Drill erinnerten ebenso an die Nazivergangenheit wie das Versprechen eines neuen sozialistischen Erwachens. Beide Systeme boten mit ihrer reglementierten Ordnung,

ihrer Vollbeschäftigungsgarantie und ihrer weitverbreiteten Feindlichkeit gegenüber dem pluralistischen westlichen Liberalismus ähnliche Anziehungspunkte. Zur gleichen Zeit ermunterte die Verlogenheit der ostdeutschen Propaganda einen Teil der rebellierenden Jugend dazu, sich nach dem Zusammenbruch des Kommunismus dem Neonazismus als gegensätzlichem Pol und »Intimfeind« des alten Regimes zuzuwenden. Eine ähnliche Dynamik ist im aggressiven Nationalismus, dem Antisemitismus und neonazistischen Trends zu finden, die Rußland und Osteuropa seit 1989 überschwemmt haben.

Die politische Enttäuschung und Entfremdung der Jugend in der Ex-DDR wurde durch die aktive Anwerbung westdeutscher rechtsextremistischer Gruppen nach der Wiedervereinigung bevorzugt in die neonazistische Richtung geleitet. Mitte des Jahres 1991 wurde geschätzt, daß es etwa 50000 Sympathisanten der extremen Rechten unter der Jugend im Osten Deutschlands gab.[22] Sachsen, Sachsen-Anhalt und Teile von Brandenburg wurden bereits als Hochburgen des Neonazismus angesehen, die Stadt Dresden wetteiferte dabei um den Titel »Hauptstadt der Bewegung«. Laut Umfragen unter Jugendlichen in Sachsen gegen Ende des Jahres 1990 hatten 15 bis 20 Prozent der jungen Leute »eine stark autoritäre Haltung«, und die Hälfte dieser Gruppe stimmte dem ultra-nationalistischen Schlachtruf »Deutschland den Deutschen!« zu.[23] 46 Prozent der Auszubildenden und 23 Prozent der Schüler gingen auch konform mit dem noch radikaleren Neo-Nazi-Slogan »Ausländer raus!«. Diese Statistiken enthüllten eine tiefe Verwirrung, Desorientierung und Frustration innerhalb der Jugend – einen Zustand schwerer wirtschaftlicher, moralischer und psychologischer Deprivation, der dem Zusammenbruch des alten Regimes folgte.

Eine heftige Abwehr, Entfremdung und Bitterkeit aufgrund enttäuschter Erwartungen sowie die Angst vor der Zukunft führten zur verzweifelten Suche nach Sündenböcken und waren für die wachsende Anziehungskraft der extremen Rechten verantwortlich. Dies galt insbesondere für die jungen männlichen Angehörigen der Arbeiterklasse in den öden Betonwüsten von Dresden, Leipzig und anderen ostdeutschen Städten. Die Neigung zum Neonazismus besteht auch in grenznahen Gebieten zu Polen, sowohl wegen der althergebrachten negativen Haltung gegenüber Polen als auch aus Angst vor einem Zustrom von Asylsuchenden aus dem Osten.[24] Ein Großteil der aufhetzenden Neonazi-Propaganda stammt von Gary Rex Laucks NSDAP-AO in den Vereinigten Staaten und von Ernst Zundel, einem Exildeutschen in Toronto, Kanada, vermittelt durch seinen Münchner »Agenten« Beda Ewald Althans.[25]

Die Neonazi-Bewegung hat sich, ob nun im Osten oder im Westen, in wachsendem Maße in der Subkultur der Skinheads festgesetzt. Banden von Skinheads, die im Osten besonders brutal und gewalttätig vorgehen, eignen sich oft so etwas wie die örtliche Polizeigewalt an, übernehmen ganze Wohngebiete und unterdrücken ihre Gegner durch Terror. Jugendzentren und Bars sind ihr Kampfplatz und dienen auch als Zentren für die Rekrutierung neuer Anhänger. Viele Skinheads sind arbeitslos oder nur Gelegenheitsarbeiter, sind schlecht ausgebildet, kommen aus zerrütteten Familien und haben ein Vorstrafenregister wegen Jugendkriminalität.[26] Die primitiven Slogans des deutschen Nationalismus, die auf Begriffen von Blut, Rasse und Volksgemeinschaft gründen, bieten ihnen sowohl eine primitive Ideologie als auch ein neues Zugehörigkeitsgefühl.

Die Musik ist ein Schlüsselelement dieser Subkultur, sie dient zur Festigung der Bandenethik, als Mittel zur Rekrutierung neuer Anhänger, als Propagandawaffe und als Anregung für Gewalt und Rassismus.[27] Obwohl das deutsche Gesetz die Verbreitung neonazistischer Propaganda offiziell untersagt, sind diese Lieder auf Kassette, CD oder LP über Versandhäuser erhältlich, äußerst erfolgreich dabei war die Plattenfirma Rock-O-Rama. Durch diese Rockmusik werden Skinheads in eine Welt neonazistischer Bigotterie, in eine Ideologie »weiße Macht« und den »Heldenkampf« um die Rasse und die Nation eingeführt. Die nihilistische Botschaft dieser Bands ist bereits aus ihren Namen wie Störkraft,

Volkszorn, Endsieg, Reich'n'Roll, Bomber, Stuka oder Werwolf ersichtlich. Die Texte erwecken vorsätzlich den Haß auf Türken, Juden, Homosexuelle und andere »undeutsche« Elemente. Sie handeln davon, Türken in Konzentrationslager zu schicken, Juden Messer in den Bauch zu stechen, die weiße Rasse zu verteidigen. Die Rockgruppe Volkszorn singt: »Muslim, oh Muslim, du bist ein nach Knoblauch stinkendes Schwein, wie viele Deutsche legtest du schon herein?« Endsiegs berüchtigter Kanaken-Song (Kanake ist beleidigender Slang für Türke) ruft ganz offen zum Völkermord auf: »Tötet eure Kinder, mißbraucht eure Frauen, vernichtet eure Rasse.« Die Frankfurter Band Böhse Onkelz (einige ihrer Alben waren in Deutschland Bestseller) erzählt ihren Zuhörern, daß »wir mit unserem Blut Geschichte schreiben«.[28]

Diese und andere Liedtexte glorifizieren Gewalt, Straßenkrieg, Rassismus und Antisemitismus. Einige Songs beklagen Deutschlands Niederlage im Zweiten Weltkrieg oder rühmen Hitlers früheren Stellvertreter und berühmten Nazi-»Märtyrer« Rudolf Heß. Diese Skinhead-Musik, ob in Deutschland, Italien, Frankreich, Großbritannien oder den USA, enthält eine unmißverständliche neonazistische Botschaft und besitzt die Macht, rohe Emotionen zu erwecken. Hakenkreuz-Fahnen dekorieren die Bühnen der Bands, Skinheads schreien mit ausgestreckten Armen »Sieg Heil!«, Bier fließt in Strömen ebenso wie das Blut ihrer Opfer. An dieser Stelle folgt ein Auszug aus einem ADL-Umfragebericht beim Open-Air-Konzert in Massen am 3. Oktober 1992, das von der neonazistischen Gruppe Deutsche Alternative gesponsort wurde:

Es zog mehr als 1500 Skinheads an, viele von ihnen mit Messern, Äxten, Baseballschlägern und Materialien zur Herstellung von Sprengsätzen bewaffnet. Nachdem sie mehrere Stunden der hämmernden Musik der selbsternannten »Fascho-Bands« gelauscht hatten, und aufgewiegelt durch eine Menge Alkohol, griffen betrunkene Teenager einen Bus mit polnischen Touristen an, warfen Fensterscheiben ein und schlugen auf alle Menschen in ihrer Umgebung ein.[29]

Die Herrschaft des Mobs: Der harte Kern der zur British National Party (BNP) gehörenden Skinheads feiert den lokalen Wahlsieg des BNP-Vorstandsmitglieds Derek Beacon in Millwall, September 1993.

Ähnliche Szenen der Gewalt (in Großbritannien wie auch in Deutschland) spielen sich häufig anläßlich von Sportveranstaltungen ab. Skinheads zeigen Naziflaggen, brüllen rassistische Slogans und begehen brutale Gewaltakte, die zu Verletzung und Verkrüppelung Dutzender von Opfern führen. Während der Welle von Angriffen gegen Asylsuchende, Fremdarbeiter und jüdische Ziele in Deutschland reihten sich die Skinheads selbstverständlich in den Mob ein. Im Jahr 1993 wurde die Zahl rechtsgerichteter jugendlicher Skinheads, die an solchen Gewaltakten teilnahmen und der Polizei bekannt waren, auf etwa 5600 geschätzt. Jedoch liegt die Gesamtzahl sicher viel höher und wächst noch immer.[30]

Nach dem Angriff in Rostock im August 1992 breiteten sich Straßenkämpfe zerstörerischen Ausmaßes und Bombenanschläge durch neonazistische Gruppen vehement aus – was durch die schlaffe Haltung seitens der Polizei und gewisser offener Sympathie der Bevölkerung, speziell im früheren Ostdeutschland, noch begünstigt wurde. Diese waren im Gegensatz zu den Aussagen der Behörden zu dieser Zeit keine spontanen Angriffe durch kleine Gruppen betrunkener Jugendlicher, die auf zufällige Opfer stießen. Sie waren organisierte und wohlvorbereitete Gewalttaten durch gut bewaffnete Banden, die durch extrem-nationalistische Hetzreden gegen Fremde und Juden angeregt wurden.[31] Tatsächlich schienen die Neonazi-Gruppen im Osten mit ihren modernen Mobiltelefonen und Faxschaltungen oft besser ausgerüstet und sicherlich stärker motiviert zu sein als die schlecht ausgebildete, unterbesetzte ostdeutsche Polizei. Seit dem Zusammenbruch der verhaßten Stasi nach dem Kollaps der DDR waren deren demokratische Nachfolger ganz augenscheinlich nicht in der Lage, mit dieser Situation fertig zu werden. Auch waren sie nicht immun gegen die wachsende Flut des deutschen Nationalismus. Sowohl in Ost- als auch in Westdeutschland sympathisiert ein Teil der Polizei mit der rechtsradikalen Partei der Republikaner, was ihr mildes Vorgehen gegen ausländerfeindlichen Mob erklären dürfte.

Laut Verfassungsschutz gab es im Jahr 1993 nicht weniger als 77 verschiedene rechtsextremistische Gruppen in Deutschland mit 42400 Mitgliedern (Mehrfachmitgliedschaften wurden hierbei außer acht gelassen), von denen etwa ein Drittel militante Neonazis waren. Im Dezember 1992 wurden zwei dieser Organisationen, die Nationale Offensive und die Deutsche Alternative, wegen des Besitzes von Waffen und Sprengstoff verboten. Diese Gruppen waren öffentlich gegen liberal-demokratische Institutionen und zugunsten eines völkischen Staates eingetreten, während sie gleichzeitig Gewalttaten gegen Fremde, Juden und Asylsuchende verübten.[32] Die Nationaldemokratische Partei Deutschlands (NPD) mit 5000 Mitgliedern, die Deutsche Freiheitliche Arbeiterpartei (FAP) und die kleine Deutsche Liga für Volk und Heimat bestehen jedoch weiterhin und halten die Neonazi-Flagge hoch. Eine ihrer erfolgreicheren Aktionen war die Planung und Ausführung des Rudolf-Heß-Gedächtnis-Marsches am 14. August 1993. Es gelang ihnen, die Polizei auszutricksen und ihre verbotene Versammlung zur großen Blamage der Behörden im Stadtzentrum von Fulda in Hessen abzuhalten.

Auch gelang es den deutschen Neonazis, einige ihrer internationalen Kontakte mit verschiedenen extrem rechtsgerichteten Organisationen in Rußland und Osteuropa zu festigen. Die Internationalisierung der Kontakte, der Austausch und rassistische Propaganda wurden generell zu einem wichtigen Attribut der Neonazi-Szene, das durch den Einsatz elektronischer Medien – schwer zu verfolgen und noch schwerer zu bremsen – noch begünstigt wurde. Rassistisches und antisemitisches Material werden heute oft über Computer-Netzwerke und elektroni-

sche Bulletin Board-Systeme oder durch die Produktion und den Vertrieb von Videokassetten vertrieben. Es gibt neonazistische Telefonnetzwerke und Hot-Lines wie auch Computerspiele, die das neue Evangelium verbreiten, nach dem der Holocaust nie stattgefunden hat.[33] So hilft der »elektronische« Faschismus dabei, das Gift der Nazis am Leben zu erhalten, öffentliche Verbote und Zensur durch die Behörden zu umgehen und gegenseitige Hilfe zwischen den Mitgliedern der Neonazi-Internationale zu leisten.

Trotzdem darf das richtige Augenmaß bei der Beurteilung der neonazistischen Bedrohung nicht verlorengehen. Vielleicht werden Fernsehkameras wie magnetisch von den Orten des Geschehens neonazistischer Ausschreitungen auf den Straßen Deutschlands und anderer europäischer Länder angezogen. Die Insignien, die Märsche, die Uniformen, die Ehrenbezeigungen und die Slogans sind sofort erkennbar. Sie erinnern uns schaudernd an Braun- und Schwarzhemden, an Nazis und Faschisten, an etwas, von dem wir glauben, es zu kennen und damit umgehen zu können. Wie wir gesehen haben, ist die Gewalt real genug und schockierend; und das gilt auch für den blinden, primitiven Rassismus, der dahintersteht.[34] Doch eigentlich kann er ein stabiles demokratisches System wie das des heutigen Deutschlands nicht zu Fall bringen. Die Bedrohung durch heutige Neonazis kann sicherlich nicht mit der massiven Armee der Braunhemden verglichen werden, die die Straßen während der letzten Jahre der Weimarer Republik kontrollierte.

Die Neonazis sind immer noch isoliert und stehen absolut außerhalb der politischen Hauptströmung – konfrontiert mit einer deutschen Regierung, die sich der liberalen Demokratie und Gesetz und Ordnung verschrieben hat. Weder in offiziellen Regierungskreisen noch bei den großen politischen Parteien, den führenden Presseorganen, der Industrie, den Intellektuellen oder der seriösen öffentlichen Meinung gibt es irgendwelche Hinweise auf die Sehnsucht nach dem Dritten Reich. Die Art grenzenloser nationaler Ambitionen und des zügellosen Militarismus, die zwei Weltkriege auslösten, scheint endgültig und wahrhaft tot zu sein. Das neue wiedervereinigte Deutschland ist – vielleicht zum ersten Mal in seiner Geschichte – so etwas wie ein »normaler« Nationalstaat, wenn auch vielleicht etwas selbstzufriedener, passiver und pazifistischer, als es ihm guttut.[35]

Wenn auch der Militarismus kaum sichtbar ist, und die Bundesrepublik bis vor kurzem eine bemerkenswert friedliche Konsumgesellschaft war, bleibt doch immer noch Raum zur Sorge über die Gegenwart und die Zukunft.[36] In den 40 Jahren seit 1949 widmeten sich die Westdeutschen eifrig dem Aufbau einer stabilen, blühenden Demokratie. Sie ordneten ihr nationales Bewußtsein freiwillig in den Gesamtrahmen der NATO und den Gemeinsamen Markt ein und wurden zu Modelleuropäern. Allmählich entwickelten sie sich zum wirtschaftlichen Dynamo der Europäischen Gemeinschaft. Heute sieht es so aus, als werde Berlin wieder einmal zum wirtschaftlichen und politischen Zentrum, wie es dies im Jahr 1900 schon einmal und dann wieder unter gänzlich anderen Umständen im Jahr 1940 war. Werden die neuen Bürden der Macht und Verantwortung die deutsche Zuwendung zum Westen ändern und einen neuen, selbstbewußten Nationalismus mit sich führen, der Europa aus dem Gleichgewicht bringen könnte? Sind die Ängste vor einem Vierten Reich, die man manchmal in benachbarten europäischen Hauptstädten hört, völlig fehl am Platz? Wird der starke deutsche Wille zu einer »Normalisierung« und der Ruf nach einer robusten, gesunden nationalen Identität, die auf der konservativen rechten Seite zunehmend zu hören sind, zu einer Flucht vor der Verantwortung führen?[37] Werden sie die Erinnerung an den Holocaust nicht zugunsten eines bequemeren, beruhigenderen und gleichzeitig irreführenden Empfindens der deutschen Vergangenheit auslöschen? Günter Grass' Warnung an die Mitmenschen seines Landes, daß, »wer gegenwärtig über Deutschland nachdenkt und nach Antworten auf die deutsche Frage sucht, auch Auschwitz mitdenken muß«, ist sicherlich angemessen.[38] Doch in der Euphorie über die Wiedervereinigung blieb sie weitgehend unbeachtet.

Es hat sich herausgestellt, daß das neue Deutschland vor dem nationalistischen Virus nicht stärker gefeit ist als seine Nachbarn in West-, Mittel- oder Osteuropa. Darüber hinaus haben Arbeitslosigkeit, Rezession und hohe Einwanderungszahlen wieder einmal Raum für potentiell lebensfähigere nationalpopulistische Bewegungen der radikalen Rechten geschaffen, deren Hauptslogan lautet: »Deutschland den Deutschen«. Seit 1989 wurde dieses politische Vakuum durch die Partei der Republikaner gefüllt, die bis vor kurzem vom Ex-Waffen-SS-Offizier Franz Schönhuber geleitet wurde.[39] Seine Bewegung wie auch Jean-Marie Le Pens Nationale Front in Frankreich, Jörg Haiders wachsende Freiheitliche Partei Österreichs (FPÖ) und der Vlaams Blok in Belgien sind fundamental fremdenfeindlich und stehen im grundsätzlichen Gegensatz zur Existenz einer multikulturellen, multi-ethnischen Gesellschaft.[40] Zur gleichen Zeit war Schönhuber öffentlich gegen den Antisemitismus eingetreten, um sich gegen andere extrem rechte Parteien, insbesondere die Neonazis, abzugrenzen. Diese ehrenwerte Fassade hat ihm einige Wählerstimmen eingebracht. So konnten die Republikaner bei der Wahl in Hessen im März 1993 8,6 Prozent der Wählerstimmen verbuchen. Ihr Ruf nach Gesetz und Ordnung und nach sofortiger Vertreibung »fremder krimineller Elemente« verschaffte ihnen sogar 9,8 Prozent der Wählerstimmen in Frankfurt am Main.[41] Ähnliche Ergebnisse brachten in den letzten Jahren Landeswahlen in Baden-Württemberg, Berlin und der Hochburg Bayern.

Die Zahl der Mitglieder dieser Partei blieb mit etwa 23000 stabil, aber der interne Parteistreit hat ihren Zusammenhalt und ihre Aussichten unterminiert, ebenso wie bei anderen rechtsextremen Parteien. Das voraussehbare schlechte Ergebnis bei den Bundestagswahlen im Jahr 1994 bedeutet jedoch nicht, daß das Problem des Rassismus und des Neonazismus gelöst wäre. Im Kampf um die Wählerstimmen stehen die Republikaner oft in direkter Konkurrenz zu ihrem ärgsten Rivalen, der Deutschen Volksunion (DVU) – einer extrem rechts gerichteten Partei unter der Führung des Münchner

Verlegers und Millionärs Gerhard Frey. Die Zahl der Mitglieder in der DVU ist leicht angestiegen auf 26000, und der Vorsitzende der Partei unterhält enge Verbindung zu dem russischen Faschisten Wladimir Schirinowski und dem Briten David Irving, der den Holocaust leugnet. Die *Deutsche National-Zeitung*, eine wöchentliche Veröffentlichung der DVU mit einer Auflage von 130000 Exemplaren (nach eigenen Angaben), ist noch immer die meistgelesene Zeitung der deutschen extremen Rechten.

Völkische Ultra-Nationalisten wie Frey und Schönhuber in Deutschland oder Haider in Österreich geben sich nicht offen faschistisch und versuchen eine gewisse taktische Distanz zum Neonazismus zu halten. Sie agieren nach den demokratischen Spielregeln, behaupten, die Stimme des Volkes in Einwanderungsfragen wiederzugeben und einen gesunden, einheimischen Widerstand gegen das »Übel« einer multikulturellen Gesellschaft zu repräsentieren. Auch sind sie damit beschäftigt, ein für allemal die Last der deutschen Schuld zu verbannen und zu demonstrieren (in Schönhubers Worten), daß »die Deutschen der Welt viel mehr gegeben haben, als Auschwitz jemals zerstören könnte«.[42] Im Falle der *Deutschen National-Zeitung* gleitet die Ablehnung dessen, was als dauernde »Kriegspropaganda« der Alliierten gegen Deutschland gebrandmarkt wird, über in das gänzliche Leugnen des Holocaust.

Hinter der Anklage der Rechtsextremisten liegt der blinde Glaube an eine internationale jüdische Verschwörung, nach der die »Zionisten« absichtlich die »Auschwitz-Lüge« nährten, um von Deutschland Geld zu erpressen.[43] Wäre dieser monströse »Mythos vom Holocaust« einmal entlarvt, so könnte nicht nur Deutschland, sondern die gesamte weit rechtsextreme Ideologie rehabilitiert werden. Das Weltjudentum wird wieder einmal zum Angreifer und Verfolger, Deutsche (und Nazis) werden zu unschuldigen Opfern. Hätte es keine Gaskammern gegeben, wäre der größte Stolperstein in der deutschen Vergangenheit auf dem Wege zu einer kommenden nationalen Wiedergeburt beseitigt. Keine Angst mehr, keine Schuld, die Wahrheit macht dich frei![44]

Mit der Wiederherstellung der deutschen »Unschuld« ist der Weg frei zu Ultra-Nationalismus, Faschismus und Neonazismus. Der Rassismus kann wieder in einem neuen Glanz erstrahlen, ohne den Beigeschmack des Massenmordes fürchten zu müssen.[45]

Die konservative Rechte ihrerseits hat nie versucht, die deutsche Verantwortung für den Holocaust zu leugnen, bemühte sich jedoch krampfhaft, die Nazi-Vergangenheit zu relativieren und zu normalisieren. Während der letzten zehn Jahre war es eines der Hauptziele von Bundeskanzler Helmut Kohl, Deutschlands negatives Bild zurechtzurücken. Der Vorfall in Bitburg im Jahre 1985 erwuchs direkt aus seinem höchst ungeduldigen Wunsch, aus dem gräßlichen Schatten des Dritten Reiches herauszutreten und als Vertreter eines gesunden, beständigen deutschen Patriotismus zu erscheinen. Die Betonung der *Einzigartigkeit* des Holocaust wurde von Kohl und einigen seiner Berater als Hindernis auf dem Weg zu diesem Ziel empfunden. Schließlich wurde argumentiert, die Verbrechen des Nazismus unterschieden sich im Grunde nicht entscheidend von denen anderer totalitärer Terror-Regimes. Kohls früherer Bundesgenosse, Franz Josef Strauß, erklärte sogar, die »Barbarei« anderer außen vor zu lassen sei eine »historische Fälschung«, die die deutsche Nationalidentität zerstören würde!

Während des sogenannten »Historikerstreits« im Sommer 1986 wurde die Verbindung zwischen der Geschichte und dieser Art politischer Sichtweise deutlicher. Ein führender konservativer Historiker, Ernst Nolte, beharrte in einem Artikel vom Juni 1986 mit dem Titel »Die Vergangenheit, die nicht vergehen wird« auf dem Standpunkt, der Nazi-Massenmord an den Juden sei nur eine »Kopie« der Verbrechen im stalinistischen Gulag.[46] Darüber hinaus, so argumentierte er, sei Hitlers Holocaust im wesentlichen eine präventive Handlung gewesen, die aus der Furcht erwuchs, daß die Deutschen andernfalls einem ähnlichen Schicksal von seiten »jüdischer Bolschewiken« ausgeliefert gewesen wären! Schlimmer noch, Nolte behauptete sogar, daß der Zionistenführer Chaim Weizmann Nazi-Deutschland offiziell den Krieg erklärt habe, indem er Großbritannien im September 1939 unterstützte, womit er Hitlers Behandlung der Juden rechtfertigte.

Diese kindischen, »revisionistischen« Argumente eines führenden deutschen Historikers waren natürlich Wasser auf die Mühlen der Neonazis. Ähnliches – nur auf andere Weise – läßt sich von den Bemühungen eines anderen anerkannten deutschen Historikers, Andreas Hillgruber, sagen. Er beschrieb die Schlacht der Wehrmacht an der Ostfront 1944-1945 als eine *Nibelungen*-ähnliche Saga der Loyalität, die dazu diente, Deutsche vor der »Massenvergewaltigung« sowie einer »Racheorgie« durch die Rote Armee zu schützen.[47] Die deutsche Armee kämpfte für ein nobles Ziel, nämlich für die Erhaltung eines Großmachtstatus des Dritten Reiches, den Roosevelt, Stalin und Churchill böswillig zu zerstören versuchten. In dieser revisionistischen Version der Geschichte ging 1945 das gesamte Zentrum Europas unnötigerweise verloren, weil es vom Nazi-Imperialismus befreit wurde![48] Zur gleichen Zeit, in der das Deutsche Reich militärisch zerstört wurde, ging das europäische Judentum seinem Ende entgegen, als wäre dies ein natürlicher Prozeß. Der unvoreingenommene Leser wäre sich sicher kaum der Tatsache bewußt, daß es Hitlers Drittes Reich war, das in Wirklichkeit das europäische Judentum zerstörte, und daß der »heroische« Widerstand der Wehrmacht die Ausrottung der Juden bis zum bitteren Ende erst ermöglichte.[49]

Nolte und Hillgruber blieben nicht ohne akademische Unterstützung. Einige Wissenschaftler behaupteten, Stalins Liquidation der »Kulaken« sei Vorbild für Hitler gewesen oder zumindest der Hintergrund für seine »Phantasien von der Ausrottung«. Andere stimmten Noltes Ansicht zu, daß der Nazi-Staat bis 1939 eine »konstitutionelle und liberale Idylle« verglichen mit dem sowjetischen Totalitarismus gewesen sei. Wieder andere betonten, daß es – einmal abgesehen von den Gaskammern – keine wesentlichen Unterschiede zwischen den nazistischen und den sowjetischen Vernichtungspraktiken gegeben habe. Solche Bemühungen, die Nazi-Vergangenheit zu normalisieren und zu relativieren, sind bis

jetzt fehlgeschlagen, weil eine beträchtliche Zahl anderer deutscher Historiker sich vehement dagegen gestellt hat.[50] Diese wiesen den Versuch zurück, die Deutschen durch Vergleiche mit der Ex-UdSSR, Kambodscha, Algerien, Vietnam oder anderen tragischen Schauplätzen der Nachkriegszeit zu entlasten; sie waren kritisch gegenüber einer konservativen Sehnsucht nach der deutsch-nationalen Vergangenheit und dem Versuch, daraus eine gesunde nationale Identität abzuleiten, und verteidigten standhaft Deutschlands nachkriegszeitliche Integration in den Westen. Doch diese Polemik und die darauf folgenden Untersuchungen der öffentlichen Meinung zeigten, daß der Wunsch nach Normalisierung der Vergangenheit in Deutschland immer stärker wird.

Am Vorabend der Wiedervereinigung ergab eine detaillierte Auswertung öffentlicher Meinungsumfragen, daß 69 Prozent der Westdeutschen definitiv einen Schlußstrich unter die Nazi-Vergangenheit gezogen sehen wollen.[51] Auch war eine klare Mehrheit der Meinung, daß das dauernde Herumreiten auf der deutschen Schuld im Ausland nur der Ausdruck von Vorurteilen gegenüber deutschem Wohlstand und Erfolg sei. Im Hinblick auf das Dritte Reich waren 43 Prozent der Befragten der Meinung, dieses habe gute und schlechte Seiten gehabt, 38 Prozent sahen darin mehr schlechte als gute Seiten, 16 Prozent sahen nur die schlechten Seiten, und 3 Prozent sahen nur die positiven Aspekte. Zur Person Hitlers waren die Meinungen im allgemeinen eher negativ, obwohl 26 Prozent der Westdeutschen noch immer eine positive Meinung von ihm hatten.[52] Dieser Prozentsatz nahm noch zu, wenn die Frage unter Ausklammerung des Zweiten Weltkrieges und des Holocaust neu gestellt wurde. Man fragte Deutsche, ob Hitler heute nicht als einer der größten Staatsmänner in der deutschen Geschichte angesehen werden würde, wenn er 1935 gestorben oder Ende 1938 einem Attentat zum Opfer gefallen wäre. Die Mehrheit (60 Prozent) wies diese Aussage zurück, aber 38 Prozent waren sich darin einig, daß er als ein großer Staatsmann eingestuft worden wäre. Jedoch betrachteten zwei Drittel der Befragten den

Nationalsozialismus als eine von Anfang an schädliche Bewegung.[53]

Andere Ergebnisse der Umfrage zeigten ein ausgewogeneres Verhältnis, einige waren in ihrer Bedeutung deutlich beunruhigender. So glaubten nur 34 Prozent, daß sechs Millionen Juden durch den Nazi-Holocaust gestorben waren; 42 Prozent konnten darüber keine genaue Aussage machen; 13 Prozent glaubten, die Zahl sei viel zu hoch, und 10 Prozent glaubten, diese sei zu niedrig.[54] 48 Prozent der Westdeutschen waren der Meinung, es gäbe schon genügend Information über das Dritte Reich, aber 45 Prozent verneinten dies; 47 Prozent der Bevölkerung hatten nichts gegen die an Juden gezahlten Entschädigungen einzuwenden, aber 46 Prozent waren der Meinung, diese seien zu hoch. 83 Prozent der Westdeutschen verneinten die Möglichkeit, es könne einmal wieder einen neuen Hitler geben (37 Prozent verneinten dies kategorisch), aber die Hälfte der Bevölkerung war gegen Rassenvermischung und sprach sich für die Erhaltung des rein deutschen Charakters des Landes aus. Unter den Anhängern der Republikaner war der Wunsch nach einem kompletten Ausschluß von Ausländern natürlich viel höher.[55] Aus der Umfrage ergab sich eine klare Verbindung zwischen einer positiven Haltung gegenüber Hitler einerseits und dem Fremdenhaß andererseits.

Eine unter der Schirmherrschaft der Regierung durchgeführte Umfrage im September 1993 ergab das bezeichnende Ergebnis, daß weit mehr Deutsche als vor 4 Jahren der Aussage zustimmten, es bestünde die Gefahr einer Rückkehr zum Nationalsozialismus. 34 Prozent der Westdeutschen und 49 Prozent der Ostdeutschen gegenüber 54 Prozent der Amerikaner (die zur gleichen Zeit befragt wurden) glaubten, es bestehe eine echte Bedrohung.[56]

Weisen aber das Wiederaufleben der Fremdenfeindlichkeit und des Antisemitismus, die neonazistischen Ausschreitungen oder der Wunsch, den Holocaust zu vergessen, tatsächlich auf die Möglichkeit eines erneuten Auflebens des Nazismus hin? Stellen das neue nationale Bewußtsein und Selbstbewußtsein das Vorhandensein festbegründeter rechts-extremistischer Strukturen und das Schwinden vieler Tabus bezüglich der Nazi-Vergangenheit eine ernsthafte Gefahr für die deutsche Demokratie dar?[57] Dies sind äußerst wichtige Fragen, jedoch gibt es noch nicht genügend Daten, um sie vollständig beantworten zu können. Der Historiker befindet sich hier an der Stelle eines Dolmetschers, der versucht, einem langen deutschsprachigen Satz einen Sinn zu geben. Erst am Ende des Satzes weiß er, wie das Verb lautet. Inzwischen ist er so etwas wie ein Prophet der Vergangenheit, überzeugt von seiner Vorhersage des Gestrigen und relativ sicher, daß die Geschichte sich nie zum zweiten Mal wiederholt.

Ungeachtet dessen können einige historische Betrachtungen für das Verständnis der Gegenwart hilfreich sein. Das heutige geeinte Deutschland mit seiner soliden Demokratie, dem stabilen Zwei-Parteien-System, seinem Respekt vor bürgerlichen Freiheiten und noch immer mächtiger Wirtschaft unterscheidet sich stark von Hitlers Reich, das vor 50 Jahren im Berliner Schutt unterging. Der Nationalismus, der in Deutschland und sogar noch stärker in anderen Teilen Europas wiederaufgelebt ist, ist trotzdem noch nicht die integrative, mobilisierende Kraft, die er nach dem Versailler Vertrag in den zwanziger Jahren war. Potentiell wäre dies angesichts der Besetzung durch die Alliierten nach 1945, der Teilung Deutschlands und der Vertreibung von Millionen Deutscher aus den Ostteilen des »Reiches« möglich gewesen, aber anders als bei der Weimarer Republik wurde die Bundesrepublik sehr schnell in die siegreiche westliche Allianz integriert, und Ostdeutschland wurde gezwungen, dem Sowjetblock beizutreten. Die Entschiedenheit der militärischen Niederlage hinderte die Entstehung jeglicher Dolchstoßlegende, wie sie sich nach 1918 entwickelt hatte. Die Leiden der Zivilbevölkerung während des Zweiten Weltkrieges waren ebenfalls eine ernüchternde Erfahrung, die den Nationalsozialismus weitgehend in Verruf brachte. Der Umbruch war nach 1945 wesentlich gewaltiger als nach 1918, auch wenn er keineswegs alles umfaßte.

Die katastrophalen Aspekte des Nationalsozialismus – der totale Zusammenbruch der Städte, die

Vertreibung so vieler Deutscher aus ihrer Heimat nach 1945 – hatte zur Aufgabe vieler deutsch-nationalistischer Illusionen geführt.[58] Auf der anderen Seite zeigte der materielle Erfolg der Bundesrepublik die Vorzüge der Integration in den Gemeinsamen Europäischen Markt und das westliche Bündnis ebenso wie den Nutzen einer pazifistischen Außenpolitik. In wachsendem Maße gründete sich der Patriotismus auf wirtschaftlichen und sportlichen Erfolg und den Respekt für die übergreifenden Werte einer liberalen Demokratie.

Nichtsdestoweniger bildeten die historischen Ereignisse von 1989 einen großen Wendepunkt und führten sehr schnell zum Wiederaufleben einiger schon vergessener nationaler Parolen. Zum ersten Mal innerhalb von Jahrzehnten gab es wegen der Kosten der Wiedervereinigung eine Minderung des Lebensstandards. Die Ausbreitung von Neonazismus und Gewalttätigkeiten der radikalen Rechten in Deutschland und quer durch Europa – wenn auch fragmentiert und sich nur punktuell vermehrend – war ebenfalls ein Symptom eines ernsthaften Unbehagens. Darüber hinaus deutete sie auf die Existenz einer schlummernden, aber hartnäckigen Subkultur des Faschismus und des Nationalismus hin, die das Debakel von 1945 überlebt hatte.[59] Es ist wahr, daß die Rezession der neunziger Jahre nicht mit der großen Depression (1929 – 1933) vergleichbar ist, die Hitlers Nazis zu einer Massenbewegung werden ließ. Es gibt keine mächtigen kommunistischen Parteien mehr, die, wie in den dreißiger Jahren, das Gefühl akuter politischer Polarisierung vermitteln; es gibt keine russischen Revolutionen, die die Mittelklasse in Panik versetzen, keine große Inflation, die sämtliche Ersparnisse auslöscht. Anders als in der Weimarer Republik ist die deutsche liberale Demokratie noch immer stark und das parlamentarische System (im Gegensatz zu Italien) fähig, von Zeit zu Zeit auftretende Krisen vertrauensvoll zu meistern.[60]

Vor allem gibt es heute keine charismatischen faschistischen Führer mehr in Europa, wie Mussolini oder Hitler, die dazu fähig wären, irrationale Wünsche und Sehnsüchte der Massen zu mobilisieren

Neofaschistischer Schick: Alessandra Mussolini, Enkelin des italienischen Diktators Benito Mussolini, nimmt nach ihrem Wahlsieg als Mitglied der rechtsextremen Sozialistischen Bewegung Italiens im April 1992 ihren Platz im Parlament ein.

und das diffuse Gefühl kulturellen Unbehagens in einen massiven Anschlag auf liberale Werte und die moderne Zivilisation umzusetzen. Die »kosmetischen« Verzierungen, die nihilistische Gewalt und das »Straßentheater« des Faschismus sind zwar in geringem Maße noch vorhanden, aber ohne das visionäre Ideal und das propagandistische Flair, um daraus eine neue politische Wirklichkeit zu erschaffen.

Die urbayerische Jovialität von Schönhuber, der yuppiehafte Popularismus von Jörg Haider, die flammende Rhetorik von Le Pen und der sauber umrissene »Neofaschismus« in Berlusconis Regierung bedürfen der sorgfältigen Beobachtung. Doch letztlich scheinen sie nur ein farbloses Abbild der demagogischen Fähigkeiten der Faschistenführer in Italien und Deutschland zwischen den beiden Weltkriegen zu sein. Aus der heutigen Gruppe fremdenfeindlicher Nationalisten ist der photogene 43jährige Jörg Haider, der mehr als 22 Prozent der Stimmen bei den österreichischen Wahlen 1994 gewann, mit Sicherheit der gefährlichste. Er hat beste Aussichten, einer Koalitionsregierung beizutreten und sogar die Kanzlerschaft 1998 zu gewinnen, indem er die starke fremdenfeindliche Stimmung in Österreich ausnutzt.

Man muß jedoch die Diktatoren der Dritten Welt

in der Nachkriegs-Ära betrachten, um authentischere Abbilder der faschistischen und Nazi-Vergangenheit zu finden. Der Stil, die Rhetorik, das Verhalten in der Öffentlichkeit und die offizielle Ideologie mögen anders sein, aber die Techniken, der »totalitäre« Nationalismus und die zugrundeliegenden Phänomene unterscheiden sich nicht so sehr. Hier besteht die gleiche Verehrung der Nation als *Ersatzgottheit*, das gleiche blinde Vertrauen in den Führer und die Einheitspartei als Verkörperung exakter wissenschaftlicher Wahrheit und die gleiche Tendenz, fremde Minderheiten zu verfolgen oder, als Alternative, selbst fiktive Feinde zu erschaffen, die angeblich das Regime bedrohen.[61] Diktatoren der Nachkriegszeit in der Dritten Welt wie Peron, Castro, Nkrumah, Idi Amin, Mao Tse-tung, Kim Il Sung, Pol Pot, Nasser, Gaddhafi und Saddam Hussein haben von den

Heil Haider!: Das strahlende Gesicht des österreichischen Extremismus. Jörg Haider, Vorsitzender der »Freiheitlichen Partei« legt auf dem Parteitag 1993 den kontroversen Entwurf zu einem ausländerfeindlichen Gesetz vor.

faschistischen, nazistischen und stalinistischen Beispielen viel gelernt. In benachteiligten Gesellschaften konnten sie die Massen als Diktaturen mobilisieren, die Ideologie und Organisation, althergebrachte nationale Tradition und moderne Technologie kombinieren. Wie im Falle des europäischen Vorkriegs-Faschismus hat die Kombination einer Mischform von verfälschtem Nationalismus und Sozialismus in Verbindung mit der repressiven Maschinerie eines autoritären Staates und des unbarmherzigen Einsatzes von Gewalt einige schreckliche Ergebnisse hervorgebracht.[62]

Das vielleicht beste heutige Beispiel eines potentiellen Diktators nach dem Strickmuster von Mussolini oder Hitler, der Attribute Europas mit solchen der Dritten Welt kombiniert, ist Wladimir Schirinowski. Der Führer der Liberal-Demokratischen

Partei (offensichtlich ist sie weder das eine noch das andere) Rußlands agiert in einem Umfeld, das einige echte Parallelen zu den letzten Jahren der Weimarer Republik aufweist. Die Desintegration eines großen Reiches, eine niederschmetternde Wirtschaftskrise, politische Instabilität und das starke Gefühl nationaler Demütigung in Rußland sind die idealen Voraussetzungen für eine neue Variante des Nazismus. Das kulturelle Klima mit seinem mystischen Irrationalismus, seiner Hinwendung zur russischen, religiösen und nationalen Vergangenheit, seiner antiwestlichen Haltung der reaktionären »Intelligentsia« und der heftigen Reaktion gegen die wurzellose Moderne hat auch offensichtliche Parallelen zum Deutschland vor der Zeit Hitlers.[63] Schon im Juni 1991 kam Schirinowski irgendwo aus dem Nichts und gewann sechs Millionen Stimmen, weil er den Ultra-Nationalismus der Skinheads und Intellektuellen, der unteren Schicht in den Städten ebenso wie die Ärmsten der Armen auf dem Lande ansprach.[64] Im Dezember 1993 konnte er dank einer ausgeklügelten volkstümlichen Fernsehkampagne fast 25 Prozent der Wählerstimmen bei den Parlamentswahlen einheimsen. Er spielte den Clown, um die Aufmerksamkeit der Masse auf sich zu ziehen, und manipulierte dieses Image geschickt zu seinen Gunsten, während er zugleich eine einfache, mächtige Botschaft verbreitete.

Schirinowskis Wählerschaft besteht aus vielen verärgerten Mitgliedern der gedemütigten Roten Armee, aus vernachlässigten ländlichen Einwohnern, aus ungebildeten Arbeitern der Kleinstädte und gebildeten jungen Männern aus den Großstädten. Sein Programm verlangt nach scharfem

Durchgreifen gegen die Mafia-Kriminalität, nach Recht und Ordnung, nach einem starken russischen Staat, und er verurteilt zutiefst die liberale Demokratie der freien Marktwirtschaft. Schirinowski ist ein offener Anhänger der Expansionspolitik zugunsten der Wiederherstellung der russischen Imperialgrenzen von 1900, der dem Land Gebiete im Westen und Süden einverleiben möchte und ethnische Minderheiten rigoros »russifizieren« möchte. Er spricht sich für eine Form des staatlichen Kapitalismus aus, um Rußlands wirtschaftlichem Chaos, der Armut, der Unordnung und Hyperinflation entgegenzuwirken, die er als Folge des dekadenten westlichen Liberalismus sieht.

Schirinowski und seine Gefolgsleute sind unzweifelhaft von Hitlers Nationalsozialismus beeinflußt. Wie Hitler sieht sich Schirinowski dazu berufen, der alleinige Führer der russischen Rechten zu sein.[65]

Führer der russischen Rechten Wladimir Schirinowski: Im Gorki-Park, während des Wahlkampfes für das russische Präsidentenamt, Moskau im Juni 1991. Bis zum Dezember 1993 hatte seine ausgerechnet Liberal-Demokratisch genannte Partei fast 25 Prozent der Stimmen auf sich vereint.

Im Ausland versucht er, eine antisemitische und antiamerikanische Allianz aufzubauen. Die amerikanische, kosmopolitische Weltordnung soll unterminiert und die »jüdisch-zionistische Verschwörung« in Rußland sowie im Ausland unter Kontrolle gebracht werden. Die zukünftige Ordnung, die er anvisiert, wird von einer ethnisch gesäuberten und wiedererstandenen russischen Weltherrschaft in Allianz mit »Großdeutschland« und den Japanern dominiert werden. Nur eine solche revolutionäre Umwandlung kann angeblich die Zivilisation der weißen Rasse retten.[66]

Wie solche Beispiele verdeutlichen, ist die Welt von heute wirklich voll von Möchtegern-Erben des Zeitalters des Faschismus, die in vielfältiger Weise und in vielen unterschiedlichen Kombinationen das Vermächtnis der Vergangenheit übernehmen. Sie erinnern uns daran, daß Nazismus und Faschismus keine Unfälle der Geschichte waren, keine abartigen Fehltritte, die 1945 dauerhaft und für alle Zeiten begraben wurden. Der Faschismus ist nicht nur ein charakteristisches Kind des 20. Jahrhunderts, sondern auch ein wesentlicher Teil der intellektuellen, kulturellen und politischen Geschichte des Westens.[67] Viele seiner Bestandteile sind auch heute noch präsent, sei es nun der Ruf nach starken Führern, sei es Militarismus, Rassismus, völkischer Nationalismus oder die Befürchtung, daß die Zivilisation selbst durch unaufhaltsame Dekadenz und Verfall bedroht sei. In letzter Instanz ist der *nationale* Mythos wahrscheinlich der stärkste all dieser Faktoren – und bis heute ungebrochen wirksam.[68] Alle Formen des Faschismus sind von nationalen Symbolen und dem Glauben besessen, daß die Nation durch die Zerstörung der alten Ordnung wiedergeboren werden könne.[69] Auch der Nazismus baute auf diesem grundlegenden Mythos nationaler Wiedergeburt auf, der die positive Seite des großen Feldzugs gegen kulturelle Entartung darstellte. Das Hakenkreuz war Symbol dieses nationalen Erwachens und beinhaltete das Versprechen, auf mythische Energien zu bauen und ein neues, »arisches« Jahrtausend einzuläuten. Hermann Rauschning erinnert sich, Hitler habe ihm 1934 gesagt: »Diejenigen, die im Nationalsozialismus nicht mehr sehen als eine politische Bewegung, wissen kaum etwas davon. Er ist sogar noch mehr als eine Religion: er ist der Wille, die Menschheit neu zu erschaffen.«[70]

Faschismus und Nazismus waren kulturelle Rebellionen, bevor sie zu politischen Revolutionen wurden. Fünfzig Jahre nach der militärischen Niederlage bleiben sie ein mehr oder weniger dauerhaftes Charakteristikum der modernen politischen Kultur. Die Macht und der Erfolg von Hitlers Reich bis 1942 gab dem Nazismus eine besondere Stärke, so wie sein biologischer Rassismus ihn zu einem besonderen Zweig am Baum des Faschismus machte. Zusätzlich zu seiner Ideologie war es sein spezieller politischer Stil, seine Rhetorik, der Symbolismus, die Lieder, Zeremonien und das paramilitärische Ethos, die ihn für so viele junge Leute in der Zeit zwischen den Weltkriegen attraktiv machte.[71] Etwas vom Reiz ihrer Emotionen, Mythen und Taten um ihrer selbst willen findet sich immer noch bei den am wenigsten integrierten Mitgliedern der westlichen Gesellschaft wieder. Darüber hinaus hatte der Nazismus als Bewegung, die anti-liberal, anti-bürgerlich, anti-konservativ, anti-marxistisch, antisemitisch und antidemokratisch war und ist, diese Anziehungskraft auf die Jugend als *totale* Opposition gegen das System. Gleichzeitig bot ihm das nationalistische Grundgefühl (verstärkt durch den Rassismus) eine breitere, klassenüberschreitende Anspruchsebene, die auch heute noch sehr lebendig ist; obwohl auch andere Bewegungen und Parteien nicht weniger zur Ausnutzung dieser Ideologie befähigt sind.

Nazismus (wie auch andere Formen des Faschismus) basierte in der Vergangenheit stark auf romantischen Elementen, wie der Liebe zum Heldentum und Abenteuer, der Begeisterung für Gewalt und sogar Tod.[72] Er war eng mit der militärischen Erfahrung aus dem Ersten Weltkrieg, der Liebe zu Uniformen und der Suche nach einer neuen Art der Gemeinschaft verbunden, die die Kameradschaft, die in den Schützengräben entstanden war, bewahren könnte. Diese »heroische« Lebensart ist in Deutschland nach 1945 aus der Mode gekommen, blieb jedoch weiterhin anderswo auf andere Weise und unter anderem Namen bestehen. Der Akzent auf einem konfusen Gefühl von Männlichkeit, Chauvinismus, Militarismus und homosexuellen Untertönen ist aber auch heute noch in vielen Neonazi-Bewegungen vorhanden.[73] Das gleiche gilt auch für das Bedürfnis nach Loyalität, Gehorsam und Unterordnung unter einen Führer.

In diesem Buch haben wir uns auf die Kunst, den Mythos und die Rolle der Bilder als Stützen der Anziehungskraft der Nazis konzentriert. Die Betonung von Rhetorik, Stil, Romantizismus und verführerischen kulturellen Formen zog viele Akademiker, literarische Intellektuelle und Künstler in früherer Zeit zu Faschismus und Nazismus hin. Dieser Aspekt hat an Bedeutung verloren, wenn er auch in der heutigen neofaschistischen und neonazistischen Bewegung weiterbesteht. Das Ausmaß der Nazi-Verbrechen und die von ihnen verursachte totale Zerstörung haben glücklicherweise die Begeisterung für die amoralische Ästhetisierung von Gewalt, Krieg und Massenmobilisierung, die in der Vergangenheit so verbreitet waren, gedämpft. Der jugendliche Enthusiasmus, der nihilistische Aktivismus und die utopischen Träume, die so viele Intellektuelle der Vorkriegszeit berauschten, wurden unwiederbringlich durch das Böse, das der Nazismus mit sich brachte, beschmutzt.[74]

Natürlich personifizierte Hitler in vielfältiger Weise den spezifischen politischen Stil des Nationalsozialismus. Seine Begabung als Redner, Propagandist und Publizist, sein politischer Fanatismus und die von ihm entfesselten Energien üben auch weiterhin eine nicht zu leugnende Faszination aus. Das Unglück, das er Deutschland und Europa brachte, der systematische Massenmord an den Juden und die grausige Unmenschlichkeit seines Regimes haben nichtsdestoweniger dazu beigetragen, den Faschismus in Mißkredit zu bringen. Hitler und seine Bewegung wurden während seiner gesamten Karriere gründlich unterschätzt – und das hatte katastrophale Folgen. Relativ wenige Beobachter erkannten zu jener Zeit, mit welch unheimlichen Fähigkeiten er ehrbare Werte der Mittelklasse auf revolutionäre Art umkehrte, damit sie seinem Terrorsystem dienen konnten.

Hitler und die anderen Naziführer waren das Produkt nicht nur deutscher (und österreichischer) Kultur, sondern auch eines europäischen christlich-bürgerlichen Wertesystems. Ihre grundlegenden

Glaubenshaltungen, ihre Ideologie, ihr Geschmack und ihre Empfindungen wurden im Europa der Jahrhundertwende als radikale Alternative zum vorherrschenden liberalen Status quo entwickelt. Sie machten sich Vorstellungen zu eigen, die bereits vor 1914 hochgeachtet waren und nach dem Ersten Weltkrieg sogar noch aktueller wurden. Zugegebenermaßen waren sowohl Nazismus als auch Faschismus eng mit der Krise der liberalen Demokratie nach 1918 verbunden und verstanden es, mit den Mitteln der Furcht die Unterstützung der Massen zu gewinnen. Doch ihre entsprechenden »Bewegungen« bezogen auch viel von ihrer Kraft aus der Ansicht, sie hätten eine kohärente Weltsicht und sie repräsentierten eine »totale Revolution«, die eine dekadente Zivilisation erneuern würde.[75] Viele Übel der modernen Industrie-Massengesellschaft, gegen die sie revoltierten, sind uns geblieben, ebenso wie die Umstände, die die Gegenreaktion der Nazisten und Faschisten ursprünglich hervorbrachten.

Die ästhetische Politik der Nazis war Teil einer allumfassenden Vision des Menschen und der Gemeinschaft. Ihre sozialen Utopien gipfelten in vernichtenden »ethnischen Säuberungen« eines bis dahin nie dagewesenen Ausmaßes. Die Einzigartigkeit dieser Verbrechen kann niemals ausgelöscht werden, sie sind eine Warnung, wozu der Kult von Instinkt, irrationalen Gefühlen und brutaler Gewalt führen kann. Das Wiederaufleben von Faschismus, Rassismus, Nationalismus und Antisemitismus im heutigen Europa ist eine Mahnung zur rechten Zeit an diejenigen, die vergessen könnten, daß das Vermächtnis der Nazis noch immer Früchte trägt. Doch ohne tieferes Verständnis der kulturellen Wurzeln ist die Saat eines wiederauflebenden Faschismus schwer auszurotten. Es könnte uns insbesonders teuer zu stehen kommen, wenn wir die Quellen der ästhetischen Anziehungskraft und die Verbindung mit dem Nationalismus nicht richtig einschätzen. Die Verwandlung des deutsch-nationalen Ideals ins Völkische erwies sich als entscheidender Wegbereiter des Nazismus; das trifft ebenfalls auf die Vergötterung des Künstlers, die leidenschaftliche Verfolgung des Absoluten und die irrationale Metaphysik der

Zerstörung in vielen Werken der romantischen Kunst zu. Nirgendwo war der Kult rasender Gefühle, das Delirium der Sinne und der Traum von einem »totalen Kunstwerk« offensichtlicher als in der Musik von Richard Wagner, Hitlers kulturellem Helden. Die nazistischen Propagandatechniken machten sich die berauschende Wirkung wagnerianischer Theatralik und sein rassisch-exklusivistisches Ideal der Volksgemeinschaft zunutze. Hitler übertrug als politischer »Künstler« von neo-romantischer Prägung diese Wagnersche Vision buchstäblich in die Sphäre des Massenspektakels. In ähnlicher Weise machten sich die Nazis die Traditionen der klassischen Antike zu eigen, indem sie die ästhetischen Ideale der Griechen (der reinen Form und der körperlichen Perfektion) auf den »arischen« Mythos des nordischen Supermanns übertrugen.

Auf den ersten Blick scheint unser postmodernes elektronisches Zeitalter der vernetzten Massenmedien und schneller Kommunikation weit entfernt von diesem rassistischen Blendwerk, romantischen Exzessen und Träumen ästhetischer Reinheit zu sein, die die Nazis hegten. Gerade das Konzept der »Kultur« und mehr noch das der »ewigen Werte« oder der immerwährenden Schönheitsideale hat sich als mehr als fragwürdig herausgestellt. Wir leben in einer Gesellschaft, in der das Fragmentarische ein integraler Bestandteil unserer sozialen, kulturellen und sogar psychischen Zustände ist. In der heutigen, am Unterhaltungsschauspiel orientierten Gesellschaft beginnen die Grenzen zwischen Realität und Vorstellung sich aufzulösen und zu vermischen. Das Bild wird zum Ziel, der Stil ersetzt die Substanz, und die Kultur des Wortes wird zunehmend bedroht.

In dieser auf das Bild konzentrierten Welt der Postmoderne liegen Gefahr und Befreiung nebeneinander. Die Nazis mögen tatsächlich als Warnung für den Gebrauch und Mißbrauch der Verbildlichung dienen, denn in gewisser Hinsicht waren sie die uneingestandenen Pioniere und Meister der modernen Medienphilosophie – die selbst schon ein Symptom des Wertevakuums in der heutigen Gesellschaft darstellt. Mit der Manipulation moderner Technologien und Medien, mit der meisterlichen

Beherrschung der Psychologie der Massen, ästhetischer Illusionen und visuellen Orchestrierung waren sie ihrer Zeit weit voraus. Der heutige Postmodernismus mit seinem Angriff auf Objektivität, Abstraktion, rationales Denken und systematische Analyse hat einige beunruhigende, wenn nicht sogar ideologische Anklänge an diese faschistischen Prämissen. Die Nazis nahmen mit ihrer Vorliebe für das Mystische und Irrationale, mit der Ausnutzung unbewußter sexueller Triebe und Demonstration der Überlegenheit des Visuellen in gewissen Punkten nichtsahnend unsere postmoderne Situation vorweg. Wenn dieser Zustand »unvermeidlich oberflächlich« und die Medienphilosophie letztlich »Kitsch« ist, dann sind sie unsere Zeitgenossen – mehr, als uns lieb wäre. Wenn das »Sich-zur-Schau-Stellen«, wie es einer der heutigen Medienphilosophen ausdrückt, der Kern der postmodernen Moderne ist, dann waren die Nazis extrem modern.[76] Sie posierten für die Kameras und für die Nachwelt, sie posierten endlos vor den Massen, und für gewisse Zeit stahlen sie allen anderen die Schau.

Der Nazismus war vielleicht die erste Massenbewegung, die die Macht der Medien voll ausnutzte, und das geschah mit aller Finesse und Vulgarität, die Hollywood zu bieten hatte. Nicht ohne Grund waren Hitler und Goebbels Filmfans, die die Bedeutung der neuen Medien ihrer Zeit zur Verbreitung ihrer Ideologie sofort erkannten. Die rassistische Botschaft paßte perfekt zu den ausgeklügelten Medientechniken, ebenso, wie sich ihre romantischen Ideen von der Tiefgründigkeit der »deutschen Seele« problemlos mit der fortschrittlichsten Militärtechnologie verbinden ließen. Am erschreckendsten überhaupt ist, daß die Sadisten und Peiniger in den Todeslagern dazu fähig waren, am Tage massenweise zu töten und nachts der Musik von Mozart und Schubert zu lauschen. Der vielgerühmte humanitäre Einfluß der Kultur erwies sich als unzureichend, um Massenmörder und ihre Helfershelfer an der Durchführung eines monströsen Völkermordes zu hindern. Tatsächlich wurde die Schönheit selbst zum Komplizen von Bestialität und bewirkte eine Abstumpfung gegenüber den Schreien einer gequälten, unterdrückten Menschheit.

Die politisierte Ästhetik der Nazis war von einer fatalen Anziehungskraft, die eine hochzivilisierte Nation verführte und sie in den Abgrund der Unmenschlichkeit stieß. Der nazistische Mythos einer wiedergeborenen Nation, die nach Auslöschung der »Unreinheiten« in ihrer Mitte verlangte, enthält eine ernste Warnung an die Gegenwart. Wir wären daher gut beraten, die Lektion aus dem Zweiten Buch Mose gut zu lernen: »Einen Fremdling sollst Du nicht unterdrücken und ihn nicht bedrängen.«[77] In der hebräischen Bibel wird das Gebot, den Fremden zu lieben, nicht weniger als sechsunddreißigmal wiederholt. In seinem Kommentar hierzu bemerkte der jüdische deutsche Philosoph Hermann Cohen äußerst treffend, daß es der Fremde ist, der Menschen erstmals die Idee der Menschlichkeit entdecken läßt.

HITLERS KREIS

Joseph Goebbels (1897-1945)

Goebbels, 12 Jahren lang Reichspropagandaleiter und – als Präsident der Reichskulturkammer – Kulturdiktator des Dritten Reiches, entstammte einer streng katholischen Arbeiterfamilie aus dem Rheinland. Während des Ersten Weltkrieges war er wegen eines verkrüppelten Fußes vom Militärdienst zurückgestellt worden und litt unter einem starken Gefühl körperlicher Unzulänglichkeit, das er durch politischen Radikalismus und extrem gehässige Rhetorik überkompensierte. Er war der bestausgebildete und intelligenteste der führenden Nazis (mit einem Studium der Geschichte und Literatur an der Universität Heidelberg), dessen Talent und natürliche Begabung · für Theatralik sich

während der späten 20er Jahre in den Berliner Straßenschlachten mit den Kommunisten entfalteten. Goebbels war der Schöpfer des Führermythos – des öffentlichen Bildes von Hitler als politischem Messias und Erlöser des deutschen Volkes. Seine Regie und manipulativen Fähigkeiten waren für den Aufstieg der Nazis zur Macht und für ihre spätere erfolgreiche Fähigkeit, die Begeisterung und Unterstützung der Massen aufrechtzuerhalten, unersetzlich. Nach 1933, als Reichsminister für Volksaufklärung und Propaganda, kontrollierte er sämtliche Kommunikationsmedien: Radio, Presse, Verlagswesen, Literatur und Kino.

Goebbels war ein hervorragender Organisator, ein Meister der Methoden der Massensuggestion, ein hemmungsloser Zyniker und gnadenloser Judenhasser. Trotz eines vorübergehenden Zerwürfnisses wegen seiner ehebrecherischen Liebesaffairen mit hübschen Schauspielerinnen im Jahre 1938 blieb er Hitler stets nahe. Während der Kriegszeit verlor er niemals die Nerven und seinen Kampfgeist und harrte bei Hitler bis zum bitteren Ende im Berliner Bunker 1945 aus. Nach Hitlers Selbstmord entschloß er sich, ihm in den Tod zu folgen. Er ließ seine sechs Kinder von einem SS-Arzt vergiften und sich und seine Frau anschließend von einer SS-Ordonnanz erschießen. Kurz vor seinem Tod erklärte er: »Entweder gehen wir als die größten Staatsmänner oder die größten Verbrecher aller Zeiten in die Geschichte ein.«

Rudolf Heß (1894-1987)

Der ›Stellvertreter des Führers‹, Rudolf Heß, war 1920 in die Nazi-Partei eingetreten. Er hatte an der Universität München studiert, wo er von den geopolitischen Theorien Professor Karl Haushofers stark beeinflußt wurde. Er war einer der ersten Verfechter der Lebensraumpolitik der Nazis. Nach dem fehlgeschlagenen Münchner Putschversuch 1923 saß er mit Hitler zusammen in Festungshaft. Er schrieb den größten Teil des Diktats von *Mein Kampf* nieder und half an einigen Stellen bei der Abfasssung des Textes. Als Hitlers Privatsekretär von 1925 bis 1932 war er seinem

Führer in naiv-ehrlicher und unterwürfiger Weise ergeben, wofür er 1933 mit der Ernennung zu seinem Stellvertreter belohnt wurde. Bei den Massenveranstaltungen pflegte er Hitler mit begeistertem Blick und der Ekstase des echt Gläubigen anzukündigen. Der Nationalsozialismus bedeutete für Heß vor allem kritiklose Gefolgschaft und völlige Unterordnung unter die Befehle des Führers. Mit der Ernennung zum Nachfolger Hitlers und Görings erreichte Heß im Sommer 1939 den Höhepunkt seiner Laufbahn. Sein bizarrer Alleinflug am 10. Mai 1941 nach Schottland, um dort die Briten zu veranlassen, Hitler im Osten freie Hand zu geben, setzte seiner Karriere ein Ende. Er wurde aufgegriffen und als Kriegsgefangener eingesperrt. Hitler ließ ihn für verrückt erklären, und die Nazipresse machte ihn als geistig zerrütteten Idealisten lächerlich. Er wurde in Nürnberg zu lebenslanger Haft verurteilt und zuletzt auf

Betreiben der Russen bis zu seinem Tod im Alter von 92 Jahren im Militärgefängnis der Alliierten in Berlin-Spandau festgehalten. In den Augen der Neonazis erscheint Rudolf Heß weltweit als Märtyrer, sein Grab in Niederbayern gilt als Heiligtum der extremistischen Bewegungen der radikalen Rechten.

Heinrich Himmler (1900-1945)

Der Chef der Gestapo und Reichsführer-SS, Heinrich Himmler, wurde während des Zweiten Weltkrieges zum zweitmächtigsten Mann des Nazi-Imperiums. Er stammte aus Bayern, war katholisch und hatte, nach dem Studium der Landwirtschaft an der Münchner Technischen Hochschule zwischen 1918 und 1922, eine Zeitlang eine Hühnerfarm betrieben. Himmler nahm im November 1923 an dem gescheiterten Hitlerputsch teil und übernahm 1929 die Führung von Hitlers persönlicher Leibwache, der schwarzhemdigen Schutzstaffel (SS), die sich später unter seiner Leitung zu einem eigenen Staat im Staate entwickelte. 1933 wurde Himmler zum Polizeipräsidenten von München und kurze Zeit danach zum Chef der politischen Polizei für ganz Bayern ernannt. Er war der führende Kopf hinter der Säuberungsaktion des Juni 1934, durch die die rivalisierende SA zerschlagen wurde. Als sehr befähigter Organisator, peinlich genau, berechnend und effizient, vervollkommnete Himmler die Methoden des staatlichen Terrorismus gegen politische und andere Gegner des Regimes. 1933 errichtete er in Dachau das erste Konzentrationslager. In der Folge fuhr er fort, das Netz der Lager und die Zahl der Gefangenen ständig zu

erhöhen. Während des Zweiten Weltkrieges war er der oberste Herrscher im System der Todeslager und der ausschließlich Hitler verantwortliche Urheber und Organisator der ›Endlösung‹.

Himmler, ein kleiner mißtrauisch-schüchterner Mann mit pedantischem Benehmen und ruhigen, beherrschten Gesten, glich eher einem bescheidenen Bankangestellten als dem Polizeichef Deutschlands. Selbst 1939 war er in Deutschland kaum und im Ausland noch weniger bekannt, was sich allerdings mit dem Ausbruch des Krieges änderte. Als fanatischer Rassist, der das Großdeutsche Reich als Hüter der ›nordischen‹ Überlegenheit und Wächter einer höheren menschlichen Kultur betrachtete, organisierte Himmler die systematische Ausrottung der Juden und Slawen in Polen, Rußland und anderen Teilen Osteuropas.

Er wurde von den britischen Truppen gefangen genommen und beging – bevor er vor Gericht gestellt werden konnte – am 23. Mai 1945 Selbstmord, indem er eine Giftkapsel schluckte, die in seinem Mund versteckt war.

Robert Ley (1890-1945)

Robert Ley, 1933 bis 1945 Führer der Deutschen Arbeitsfront (DAF), war von Beruf Chemiker und trat 1924 der Nazi-Partei bei. Ein persönlicher Freund Hitlers und ein erbitterter Antisemit, war Ley wegen seiner Neigung zum Alkohol, seines ungehobelten Benehmens und – während der Frühzeit der Bewegung – auch wegen seiner Verwicklungen in Straßenschlachten und andere Schlägereien be-

kannt. Er war der Prototyp eines pöbelhaft-radikalen, antibürgerlichen Nazis und erhielt im November 1932 die Ernennung zum Reichsorganisationsleiter. Weniger als ein Jahr später wurde er mit der Führung der nachmals größten Massenorganisation des Dritten Reiches, der Deutschen Arbeitsfront, beauftragt, die schließlich 25 Millionen deutscher Arbeiter unter ihrer Schirmherrschaft vereinte. Es war ihr Ziel, den Klassenkampf abzuschaffen, den ›sozialen Frieden‹ wiederzuerrichten und die Arbeiter für die Nazi-Ideale zu gewinnen, indem man sich für ihr soziales Wohl einsetzte und die ›richtige‹ kulturelle Atmosphäre schuf. Durch Organisationen wie ›Kraft durch Freude‹, der Ley ebenfalls vorstand, eröffnete die DAF den Massen neue kulturelle Aspekte. Die Deutsche Arbeitsfront bot subventionierte Theater- und Opernbesuche und freien Unterricht an, sie ermöglichte Auslandsreisen zu Billigpreisen sowie Sport- und Erholungsaktivitäten, alles als Teil ihres Strebens nach einem ›klassenlosen‹ Idealzustand. Arbeitgeber und Arbeitnehmer trugen die gleiche einfache blaue Uniform, obwohl der Staat die Löhne und Gehälter einfror und die Arbeiter zwang, mehr und mehr für die verschiedenen ›wohltätigen‹ Zwecke der Nazis zu

spenden. Im Rahmen des Volkswagen-Projekts, das 1938 von der DAF übernommen wurde, leisteten die Arbeiter Ratenzahlungen zur Vorfinanzierung der von ihnen bestellten Fahrzeuge. Während des Dritten Reiches wurde jedoch kein einziges Auto für die Zivilbevölkerung hergestellt, vielmehr steckten Ley und seine Organisation die Gewinne in ihre Taschen. Es war dies ein gutes Beispiel der betrügerischen Fassade des Nazi-Sozialismus. Letztlich war die kämpferische Redeweise der DAF nur ein Teil der umfassenden Propaganda, um ein Höchstmaß von Produktivität zu erzielen und das politische Gewissen der deutschen Arbeiter zum Schweigen zu bringen.

Am 24. Oktober 1945, vor Beginn der Nürnberger Prozesse, beging Ley Selbstmord in seiner Gefängniszelle.

Albert Speer (1905-1981)

Albert Speer war von 1942 bis 1945 Reichsminister für Rüstung und Kriegsproduktion. Er verkörperte das Muster eines intelligenten Technokraten, der einem totalitären Regime getreu und erfolgreich dient. Der Familie eines wohlhabenden Architekten der gehobenen Mittelschicht entstammend, studierte er zunächst an der Technischen Hochschule Karlsruhe und rundete sein Architekturstudium in München und Berlin ab. 1931 wurde er Mitglied der Nazi-Partei, nachdem er mit der hypnotischen Kraft Hitlerscher Redekunst Bekanntschaft gemacht hatte. Ab 1933, beginnend mit den Maifeiern auf dem Tempelhofer Feld, war Speer für die gesamte Planung und Gestaltung der Großkundgebungen der Partei verantwortlich. Er vervollkommnete den NS-Stil öffentlicher Vorbeimärsche sowie die monumentale ›Liturgie‹ der Bewegung und verstand es geschickt, einfallsreiche Lichteffekte und schnell aufgebaute Beflaggung einzusetzen, um den Nürnberger Parteitagen einen berauschenden Glanz zu verleihen. Sein Organisationstalent, technisches Fachwissen und seine künstlerische Imagina-

tion beeindruckten Hitler so sehr, daß er in ihm einen ›genialen Architekten‹ und Jünger sah, der seine eigenen künstlerischen Träume und Visionen eines Großdeutschen Reiches in eine beeindruckende architektonische Realität umsetzen würde. Speer erhielt bald den Auftrag zur Planung einer Vielzahl von Projekten einschließlich der Berliner Reichskanzlei, die im Januar 1939 fertiggestellt wurde. In der Eigenschaft des Generalbauinspektors mußte er auch die Umgestaltung Berlins und anderer deutscher Städte im neoklassizistischen Monumentalstil übernehmen, den er und Hitler so liebten. 1942 wurde er Nachfolger des Reichsministers für Bewaffnung und Munition, Fritz Todt, und vollbrachte trotz massiver alliierter Bombenangriffe wahre Wunder bei der schnellen Steigerung der Kriegsproduktion. Speer wurde 1946 in Nürnberg zu 20 Jahren Gefängnis verurteilt. Seine 1969 veröffentlichten Erinnerungen wurden ein Bestseller, sie vermittelten eine der eindrucksvollsten Darstellungen des ›Innenlebens‹ des Dritten Reiches.

Julius Streicher (1885-1946)

Der aus Oberbayern stammende Julius Streicher war Gründer und Herausgeber der berüchtigsten antisemitisch ausgerichteten Zeitung des Dritten Reiches ›Der Stürmer‹. Volksschullehrer von Beruf, trat er der Nazi-Partei 1921 bei. Vier Jahre später wurde er Gauleiter von Franken. Er verwandelte Nürnberg zu einem persönlichen Lehensgut und machte es zu einem der Zentren des heftigsten Antisemitismus in Deutschland. Streicher war ein unermüdlicher Redner, der den Pöbel aufputschte. Er wurde von Hitler hochgeschätzt, der erklärte, ›Der Stürmer‹ sei die einzige Zeitung, die er begierig von der ersten bis zur letzten Seite lese. Obgleich besser gebildete Deutsche oft von dem groben Stil, den pornographischen Elementen, den rüden Karikaturen und dem fanatischen Antisemitismus der Zeitung angewidert waren, hielt Hitler Streichers Material für amüsant und ausgesprochen geistreich. Die Breitenwirkung der Zeitung wurde durch ein landesweit verbreitetes System von Schaukästen an öffentlichen Plätzen, Bushaltestellen und Straßenecken sowie in Fabrikkantinen und Parks wesentlich gesteigert. Die rassi-

stischen Schlagzeilen und die mit Skandalgeschichten gewürzten Texte zogen viele Leser an.

Die 1935 erlassenen antisemitischen Nürnberger Gesetze waren von Streichers Hetzkampagne maßgeblich beeinflußt, die den Ausschluß der Juden aus allen Bereichen des öffentlichen deutschen Lebens bezweckte. 1937 hatte die Auflage des ›Stürmer‹ sich einer halben Million genähert, und Streicher machte ein Vermögen, indem er seine Verlagsgeschäfte ausweitete und jüdisches Eigentum enteignete. Allerdings begannen die Parteileiter ab 1939 sich über sein psychopathisches Verhalten und seine sexuellen Eskapaden zu beklagen. Seine Verunglimpfungen angesehener Nazi-Funktionäre hinsichtlich ihrer sexuellen Potenz führten schließlich 1940 zu seiner Enthebung aus allen Parteiämtern. Er konnte jedoch seine antisemitische Hetze bis zum Kriegsende fortsetzen. Schließlich wurde er angeklagt und am 16. Oktober 1946 in Nürnberg erhängt. Auf dem Weg zum Galgen beteuerte er noch einmal seine ewige Treue zu Hitler und seinen unsterblichen Haß auf die Juden.

Gerdy Troost

Gerdy Troost war die Witwe von Paul Ludwig Troost (1878-1934), der Hitlers liebster Architekt gewesen war und den er persönlich beauftragt hatte, das Haus der Deutschen Kunst in München zu bauen. Hitlers Beziehung zu Troost war die eines Schülers zu einem bewunderten Lehrmeister, und er besuchte häufig das Studio des Architekten in einem schäbigen Hinterhof der Münchner Theresienstraße. Als Troost nach schwerer Krankheit am 21. März 1934 starb, war dies für Hitler ein schwerer Schlag, er blieb aber Troosts Witwe, einer Innenarchitektin und glühenden Verteidigerin der Werke ihres Ehemannes, eng verbunden. Gemeinsam mit dem Architekten Professor Leonhard Gall über-

nahm Frau Troost das Atelier ihres Mannes und vervollständigte seine Pläne für das Haus der Deutschen Kunst und mehrere andere Bauten. An Hitlers 48. Geburtstag (20. April 1937) wurde sie mit dem Titel Professor geehrt. Ihre Einstellung zur Architektur stimmte mit der Hitlers weitgehend überein und fand 1938 in den beiden Bänden *Das Bauen im neuen Reich*, die vom Verlag der Partei in Bayreuth veröffentlicht wurden, ihren publizistischen Ausdruck. Diese Verschmelzung der völkischen Ideologie mit dem politischen Jargon der Nazis gibt uns einen entscheidenden Einblick in das, was zur Zeit des Dritten Reiches als bestimmende Architektur angesehen wurde. Frau Troost beeinflußte den Kunstge-

schmack in München wesentlich mit und war eine unübersehbare Erscheinung bei den Großen Deutschen
Kunstausstellungen. 1937 protestierte sie energisch, aber
ergebnislos, gegen Hitlers einseitige Auswahl der Werke
für die erste Ausstellung im Haus der Deutschen Kunst.

Albert Speer nannte sie eine gebildete, charaktervolle
Dame, die für ihre Meinung in Kunstfragen mutig eintrat.
Obgleich Hitler ihr oft Gehör schenkte, gelang es ihr
nicht, seinen abscheulichen Kunstgeschmack zu beeinflussen.

Adolf Wagner (1890-1944)

Der Gauleiter von München und bayerische Staatsmini-
ster, Adolf Wagner, war einer von Hitlers ›Alten Kämp-
fern‹ aus den ersten Tagen der Nazi-Bewegung. Ein un-
gehobelter, despotischer und unansehnli-
cher Bayer mit einem Schmiß aus seiner
Studentenzeit und einem Holzbein, war
Wagner für seine Trunksucht und Schür-
zenjägerei bekannt. Dies hinderte ihn jedoch nicht daran, auf der Leiter der Nazi-
Hierarchie in Bayern ständig weiter nach
oben zu klettern. Im November 1929
wurde er zum Gauleiter der NSDAP für
München-Oberbayern ernannt. Im März
1933 wurde er Staatskommissar und im
April des gleichen Jahres Innenminister
und stellvertretender Ministerpräsident Bayerns. Er war
Mitglied jener Clique, die im Juni 1934 in der Nacht der
langen Messer an der Ermordung der SA-Führer beteiligt war. Im November 1936 wurde er bayerischer Minister für Unterricht und Kultus. Adolf Wagner war stark
in die verwaltungstechnischen und organisatorischen
Pläne zur Errichtung des Hauses der Deutschen Kunst
eingebunden. Um die Fertigstellung des Bauwerks zu ermöglichen, holte er finanzielle Zusagen wohlhabender

Industrieller und Bankiers ein. Wagner, der entschlossen
war, Münchens Rolle während des 19. Jahrhunderts als
›Athen an der Isar‹ wiederzubeleben, war ein prominenter Redner und Gastgeber des Tages der
Deutschen Kunst. Anläßlich der Eröffnung
der Großen Deutschen Kunstausstellung
im Jahre 1937 erklärte er überschwenglich,
daß künftig nur die vollkommensten
Werke deutscher Künstler im Haus der
Deutschen Kunst gezeigt werden sollten.
Es war Wagner, der Hans Feierabend beauftragte, 1939 den Farbfilm des Tages der
Deutschen Kunst herzustellen, dem die in
diesem Buch wiedergegebenen Bilder entnommen sind. Wagner war während vieler
Jahre der wirkliche starke Mann Bayerns, hochgeschätzt
von Hitler, zu dem er jederzeit Zugang hatte, und der
ihm für seine Reisen nach Berlin oft eine Sonderma-
schine zur Verfügung stellte. Im Juni 1942 jedoch wurde
der despotische Gauleiter von einem Schlaganfall getroffen, von dem er sich nicht wieder erholte. Er starb am
12. April 1944, und Hitler nahm persönlich am Staatsbe-
gräbnis in der Feldherrnhalle teil.

AUSGEWÄHLTE BIBLIOGRAPHIE

Adam, Peter, *Art of the Third Reich,* New York 1992 (dt. *Kunst im Dritten Reich,* Hamburg 1992).

Alff, Wilhelm, *Der Begriff Faschismus und andere Aufsätze zur Zeitgeschichte,* Frankfurt/M. 1973.

Arendt, Hannah, *The Origins of Totalitarianism,* New York 1951.

Backes, Klaus, *Hitler und die bildenden Künste: Kulturverständnis und Kulturpolitik im Dritten Reich,* Köln 1988.

Baldwin, Peter (Hrsg.), *Reworking the Past: Hitler, the Holocaust and the Historians' Debate,* Boston 1990.

Balfour, Michael, *Propaganda in War 1939-1945. Organizations, Policies and Publics in Britain and Germany,* London 1979.

Bankier, David, *The Germans and the Final Solution. Public Opinion under Nazism,* Cambridge 1992.

Barron, Stephanie et al., *»Degenerate Art«: The Fate of the Avant-Garde in Nazi Germany,* Los Angeles/New York 1991.

Baynes, Norman (Hrsg.), *The Speeches of Adolf Hitler, April 1922 to August 1939,* 2 Bände, London/Oxford 1942.

Behne, Adolf, *Entartete Kunst,* Berlin 1947.

Benjamin, Walter, *Gesammelte Schriften,* Band 3, Frankfurt/M. 1977.

Benn, Gottfried, *Kunst und Macht,* Stuttgart/Berlin 1934.

Berger, John, *The Success and Failure of Picasso,* London 1965.

Bessel, Richard, *Political Violence and the Rise of Nazism,* New Haven/London 1984.

Bleuel, Hans Peter, *Sex and Society in Nazi Germany,* Philadelphia 1973.

Bracher, Karl Dietrich, *The German Dictatorship: The Origins, Structure and Consequences of National Socialism,* London 1991.

Brady, Robert, *The Spirit and Structure of German Fascism,* London 1937.

Bramsted, Ernest K., *Goebbels and National Socialist Propaganda 1925-1945,* London 1965.

Breker, Arno, *Paris, Hitler et Moi,* Paris 1970.

– , *Im Strahlungsfeld der Ereignisse,* Preussisch-Oldendorf, 1972.

Brenner, Hildegard, *Die Kunstpolitik des Nationalsozialismus,* Hamburg 1963.

Broszat, Martin, *German National Socialism 1919-1945,* Santa Barbara 1966.

Bullock, Alan, *Hitler: A Study in Tyranny,* London 1962.

Burden, Hamilton T., *The Nuremberg Party Rallies: 1923-1939,* London 1967.

Busch, Günter, *Entartete Kunst – Geschichte und Moral,* Frankfurt/M. 1969.

Canetti, Elias, *Crowds and Power,* London 1981.

– , *The Conscience of Words and Earwitness,* London 1987.

Castriota, David (Hrsg.), *Artistic Strategy and the Rhetoric of Power,* Southern Illinois University, 1986.

Cecil, Robert, *The Myth of the Master Race: Alfred Rosenberg and Nazi Ideology,* New York 1972.

Cheles, Luciano et al. (Hrsg.), *Neo-Fascism in Europe,* London 1992.

Claus, Jürgen (Hrsg.), *Entartete Kunst: Bildersturm vor 25 Jahren,* München 1962.

Courtade, Francis und Cadars, Pierre, *Le Cinéma Nazi,* Paris 1972.

Crew, David (Hrsg.), *Nazism and German Society 1933-1945,* London 1994.

Darré, Richard Walther, *Neuadel aus Blut und Boden,* München 1930.

– , *Das Bauerntum als Lebensquell der Nordischen Rasse,* 7. Ausgabe, München 1938.

Dawidowicz, Lucy, *The War Against the Jews,* New York 1975.

– , *The Holocaust and the Historians,* Harvard 1981.

Domarus, Max (Hrsg.), *Hitler: Reden und Proklamationen 1932-1945,* Wiesbaden 1973.

Doucet, Friedrich, *Im Banne des Mythos – Die Psychologie des Dritten Reiches,* Esslingen 1979.

Dresler, Adolf (Hrsg.), *Deutsche Kunst und entartete »Kunst«: Kunstwerk und Zerrbild der Weltanschauung,* München 1938.

– , *Das Braune Haus und das Verwaltungsgebäude der Reichsleitung der NSDAP,* 3. Ausgabe, München 1939.

Dreyer, E. A., *Deutsche Kultur im Neuen Reich – Wesen, Aufgaben und Ziele der Reichskulturkammer,* Potsdam 1934.

Eberlin, K., *Was ist Deutsch in der Deutschen Kunst?,* Leipzig 1934.

Elgar, Dietmar, *Expressionism: A Revolution in German Art,* Köln 1989.

Evans, Richard J., *In Hitler's Shadow: West German Historians and the Attempt to Escape the Nazi Past,* New York 1989.

Farias, Victor, *Heidegger and Nazism,* Philadelphia 1989.

Feder, G., *Die Neue Stadt,* Berlin 1939.

Feistel-Rohmeder, Bettina, *Im Terror des Kunstbolschewismus,* Karlsruhe 1938.

Fest, Joachim, *The Face of the Third Reich,* London 1972 (dt. *Das Gesicht des Dritten Reiches,* München 1963).

– , *Hitler,* New York 1974 (dt. *Hitler,* Frankfurt/Wien 1973).

Frazer, Graham und Lancelle, George, *Zhirinovsky: The Little Black Book,* London 1994.

Friedländer, Saul, *L'Antisémitisme Nazi,* Paris 1971.

– , *Reflections of Nazism: An Essay on Kitsch and Death,* New York 1984.

Gamm, Hans-Jochen, *Der Braune Kult,* Hamburg 1962.

Giesler, Hermann, *Ein anderer Hitler – Bericht eines Architekten,* Leoni 1978.

Gilman, Sander, *The Jew's Body,* London/New York 1991.

Glaser, H., *Spießerideologie: Von der Zerstörung des deutschen Geistes im 19. und 20. Jahrhundert,* Freiburg 1964.

Goebbels, Joseph, *Goebbels spricht: Reden aus Kampf und Sieg,* Oldenburg 1933.

– , *Reden,* Düsseldorf 1971.

– , *Signale der neuen Zeit: 25 ausgewählte Reden von Dr. Joseph Goebbels,* München 1938.

– , *Vom Kaiserhof zur Reichskanzlei,* München 1934.

– , *The Goebbels Diaries,* London 1948.

Gombrich, E.H., *Ideals and Idols: Essays on Values in History and in Art,* Oxford 1979.

Gottschewsky, L., *Männerbund und Frauenfrage: Die Frau im Neuen Staat,* München 1978.

Graml, Hermann, *Anti-Semitism in the Third Reich,* Oxford 1992.

Gregor-Dellin, Martin (Hrsg.), *Richard Wagner: Mein Denken,* München/Zürich 1982.

Griffin, Roger, *The Nature of Facism,* London 1993.

Große Deutsche Kunstausstellung 1937, München 1937, Katalog.

Große Deutsche Kunstausstellung 1938, München 1938, Katalog.

Große Deutsche Kunstausstellung 1939, München 1939, Katalog.

Grosshans, Henry, *Hitler and the Artists,* New York 1983.

Grunberger, Richard, *A Social History of the Third Reich,* London 1974 (dt. *Das Zwölfjährige Reich,* Wien 1972).

Guyot, Adelin und Patrick Restellini, *L'Art Nazi,* Paris 1987.

Haffner, Sebastian, *The Meaning of Hitler,* New York 1979.

Hale, Oran J., *The Captive Press in the Third Reich,* Princeton 1964.

Hart-Davis, Duff, *Hitler's Olympics: The 1936 Games,* London 1988.

Hartmann, Wolfgang, *Der historische Festzug,* München 1976.

Heartfield, John, *Krieg im Frieden: Fotomontagen zur Zeit 1930-1938,* Frankfurt/M. 1982.

Heer, Friedrich, *Der politische Glaube des Adolf Hitler: Anatomie einer politischen Religiosität,* München 1968.

Heiber, Helmut, *Joseph Goebbels,* Berlin 1962.

Heidegger, Martin, *Nietzsche: The Will to Power as Art,* New York 1979 (dt. *Gesamtausgabe,* Band 34: *Nietzsche: Der Wille zur Macht als Kunst,* Frankfurt 1985).

Herf, Jeffrey, *Reactionary Modernism: Technology, Culture and Politics in Weimar and the Third Reich,* Cambridge 1987.

Hillgruber, Andreas, *Zweierlei Untergang: Die Zerschlagung des Deutschen Reiches und das Ende des europäischen Judentums,* Berlin 1986.

Hinkel, Hans (Hrsg.), *Handbuch der Reichskulturkammer,* Berlin 1937.

Hinz, Berthold et al. (Hrsg.), *Die Dekoration der Gewalt: Kunst und Medien im Faschismus,* Gießen 1979.

– , *Art in the Third Reich,* New York 1979.

Hitler, Adolf, *Die Rede unseres Führers Adolf Hitler bei der Grundsteinlegung des Hauses der Deutschen Kunst in München am 15. Oktober 1933,* München 1933.

– , *Die Reden Hitlers am Parteitag der Freiheit 1935,* München 1935.

– , *Reden des Führers am Parteitag der Ehre 1936,* München 1936.

– , *Reden des Führers am Parteitag der Arbeit 1937,* München 1938.

– , *Reden des Führers am Parteitag Großdeutschland,* München 1939.

– , *Mein Kampf,* New York/London 1939.

– , *Hitler's Table Talk 1941-1944,* Oxford 1988.

Hochman, Elaine S., *Mies van der Rohe and the Third Reich,* New York 1989.

Hofer, Walther (Hrsg.), *Der Nationalsozialismus: Dokumente 1933-1945,* Frankfurt/M. 1957.

Huber, Engelbert, *Das ist Nationalsozialismus,* Stuttgart 1933.

Hull, David S., *Film in the Third Reich,* Berkeley 1969.

Jäckel, E. und A. Kuhn (Hrsg.), *Hitler, sämtliche Aufzeichnungen 1905-1924,* Stuttgart 1980.

Jäckel, Eberhard, *Hitlers Weltanschauung,* Stuttgart 1981.

Joachimedes, C.M. et al. (Hrsg.), *German Art in the Twentieth Century: Painting and Sculpture 1905-1985,* London 1985.

Joachimsthaler, Anton, *Hitler in München 1908-1920,* München 1992.

Jones, J. Sydney, *Hitler in Vienna 1907-1913,* New York 1983.

Kaes, Anton, *From Hitler to Heimat: The Return of History as Film,* Cambridge, Mass. 1989.

Kershaw, Ian, *Popular Opinion and Political Dissent in the Third Reich: Bavaria 1933-1945,* New York 1983.

– , *The Hitler Myth: Image and Reality in the Third Reich,* Oxford 1989.

Klaus, M., *Mädchen im Dritten Reich: Der Bund Deutscher Mädel,* Köln 1983.

Kochan, Lionel, *Pogrom: 10. November 1938,* London 1957.

Kokoschka, Oskar, *Mein Leben,* München 1971.

Koonz, Claudia, *Mothers in the Fatherland: Women, the Family and Nazi Politics,* London 1987.

Kracauer, Siegfried, *From Caligari to Hitler: A Psychological History of the German Film,* Princeton 1947.

– , *Das Ornament der Masse,* Frankfurt/M. 1963.

Krier, L. (Hrsg.), *Albert Speer: Architektur 1933-1942,* Brüssel 1985.

Lacone-Labarthe, Philippe, *Heidegger, Art and Politics,* Oxford 1990.

Laqueur, Walter, *Weimar: A Cultural History,* London 1974 (dt. *Weimar,* Frankfurt 1976).

– (Hrsg.), *Fascism: A Reader's Guide,* London 1976.

Lehmann-Haupt, Helmut, *Art under a Dictatorship,* Oxford 1954.

Leiser, Erwin, *Nazi Cinema,* London 1974.

Lepper, Barbara, *Verboten, verfolgt: Kunstdiktatur im Dritten Reich,* Duisburg 1983.

Ley, Michael, *Genozid und Heilserwartung: Zum Nationalsozialistischen Mord am Europäischen Judentum,* Wien 1993.

Lotz, Wilhelm, *Schönheit der Arbeit in Deutschland,* Berlin 1940.

Lyotard, Jean-François, *Heidegger et »les juifs«,* Paris 1988.

Maccoby, Hyam, *The Sacred Executioner,* New York 1982.

McLuhan, Marshall, *Understanding Media: The Extensions of Man,* New York 1964.

Mann, Thomas, *Gesammelte Werke,* 13 Bände, Frankfurt/M. 1974.

Maser, Werner, *Adolf Hitler, Legende-Mythos-Wirklichkeit,* München 1974.

Merker, Reinhard, *Die bildenden Künste*

im Nationalsozialismus: Kulturideologie, Kulturpolitik, Kulturproduktion, Köln 1983.

Miller Lane, Barbara, Architecture and Politics in Germany 1918-1945, Cambridge, Mass. 1968 (dt. Architektur und Politik in Deutschland 1918-1945, Braunschweig 1986).

Milza, Pierre und Fanette Roche-Pézard (Hrsg.), Art et Facisme, Paris 1989.

Möller van den Bruck, A., Der preussische Stil, Breslau 1931.

Mosse, George L. (Hrsg.), Nazi Culture, London 1966.

– , The Crisis of German Ideology, New York 1966.

– , The Nationalization of the Masses, New York, 1975.

– , Nationalism and Sexuality, New York 1985.

– (Hrsg.), International Facism: New Thoughts and New Approaches, London 1979.

Nipperdey, Thomas et al. (Hrsg.), Weltbürgerkrieg der Ideologien, Frankfurt/Berlin 1993.

Noakes, Jeremy und Geoffrey Pridham (Hrsg.), Nazism 1919-1945: A Documentary Reader, 2 Bände, Exeter 1984.

Nolte, Ernst, The Three Faces of Facism, London 1965.

Nordau, Max, Entartung, Berlin 1982.

Nye, Robert A., The Origins of Crowd Psychology: Gustave Le Bon and the Crisis of Mass Democracy in the Third Republic, London/Beverly Hills 1975.

Ohana, David, Misdar Ha-Nihilistim, The Order of the Nihilists, Jerusalem 1993.

Orwell, George, The Collected Essays, Journalism and Letters of George Orwell: My Country Right or Left, Band 2, 1940-1943, London 1971.

Padfield, Peter, Hess. Flight for the Führer, London 1991.

Petsch, Joachim, Kunst im Dritten Reich: Architektur, Plastik, Malerei, Köln 1983.

Peukert, David, Inside Nazi Germany: Conformity, Opposition and Racism in Everyday Life, New Haven/London 1987.

Poliakov, Léon, Le Mythe Aryen, Paris 1971.

Probst, V.G., Arno Breker: 60 ans de sculpture, Paris 1981.

Proctor, Robert N., Racial Hygiene: Medicine unter the Nazis, Cambridge, Mass. 1988.

Rauschning, Hermann, The Revolution of Nihilism, New York 1939.

– , Gespräche mit Hitler, Zürich 1940.

Rave, Paul Ortwin, Kunstdiktatur im Dritten Reich, Hamburg 1974.

Reich, Wilhelm, Massenpsychologie des Faschismus, Kopenhagen 1933; nachgedruckt in Frankfurt/M. 1972.

Reichel, Peter, La Fascination du facisme, Paris 1993.

Riefenstahl, Leni, Hinter den Kulissen des Reichsparteitagfilms, München 1935.

Rittich, Werner, Architektur und Bauplastik der Gegenwart, Berlin 1936.

Roh, Franz, »Entartete« Kunst: Kunstbarbarei im Dritten Reich, Hannover 1962.

Rose, Paul, Wagner: Race and Revolution, London 1992.

Rosenberg, Alfred, Revolution in der bildenden Kunst, München 1934.

– , Der Mythos des XX. Jahrhunderts, München 1938.

Rosenfeld, Alvin, Imagining Hitler, Bloomington/Indiana 1985.

Schirach, Baldur von, Zwei Reden zur Deutschen Kunst, München 1941.

Schmeer, K., Regie des öffentlichen Lebens im Dritten Reich, München 1956.

Schmidt, Matthias, Albert Speer: The End of a Myth, London 1985.

– , The New Reich, London 1993.

Schoenbaum, David, Hitler's Social Revolution: Class and Status in Nazi Germany 1933-1939, New York/London 1980.

Scholz, Robert, Architektur und bildende Kunst 1933-1945, Preussisch Oldendorf 1977.

Schönleben, Eduard, Fritz Todt: der Mensch, der Ingenieur, der Nationalsozialist, Oldenburg, Stalling 1943.

Schrade, H., Bauten des Dritten Reiches, Leipzig 1937.

Schroeder, Rudolf, Modern Art in the Third Reich, Offenburg 1952.

Schultze-Naumburg, Paul, Kunst und Rasse, München 1928.

– , Kampf um die Kunst, München 1932.

– , Kunst der Deutschen, Stuttgart 1934.

Schuster, Peter-Klaus (Hrsg.), Die »Kunststadt« München 1937: Nationalsozialismus und »Entartete« Kunst, München 1988.

Seidel, Gil, The Holocaust Denial, Leeds 1986.

Silva, Umberto, Ideologia e arte del fascismo, Mailand 1973.

Sontag, Susan, Under the Sign of Saturn, New York 1980.

Speer, Albert (Hrsg.), Die neue Reichskanzlei, München 1940.

– , Inside the Third Reich, London 1971 (dt. Erinnerungen, Frankfurt/Berlin 1969).

Spengler, Oswald, Der Untergang des Abendlandes, 2 Bände, München 1922.

Spies, Gerty: Drei Jahre Theresienstadt, München 1984.

Staudinger, Hans, The Inner Nazi: A Critical Analysis of Mein Kampf, Baton Rouge 1981.

Stephenson, Jill, Woman in Nazi Society, London 1975.

Stern, Fritz, The Politics of Cultural Despair, Berkeley 1961.

Stern, J.P., Hitler: The Führer and the People, London 1975.

Sternhell, Zeev (Hrsg.), L'Eternel Retour, Paris 1994.

– mit Mario Snajder und Maia Asheri, The Birth of Facist Ideology, Princeton 1994.

Syberberg, Hans-Jürgen, Hitler: A Film from Germany, New York, 1982.

Tabor, Jan (Hrsg.), Kunst und Diktatur: Architektur, Bildhauerei und Malerei in Osterreich, Deutschland, Italien und der Sowjetunion 1922-1956, 2 Bände, Baden 1994.

Taylor, Brandon und Wilfried van der Will (Hrsg.), The Nazification of Art: Art, Design, Music, Architecture and Film in the Third Reich, Winchester 1990.

Taylor, Fred (Hrsg.), The Goebbels Diaries 1939-1941, London 1982.

Taylor, Mark C., und Esa Saarinen, Imagologies. Media Philosophies, London 1994.

Taylor, Robert R., The Word in Stone: The Role of Architecture in National Socialist Ideology, Berkeley/Los Angeles 1974.

Teut, Anna, Architektur im Dritten Reich 1933-1945, Berlin 1967.

Theweleit, Klaus, Male Fantasies, 2 Bände, Minneapolis 1989.

Thies, Jochen, Architekt der Weltherrschaft: Die »Endziele« Hitlers, Düsseldorf 1980.

Troost, Gerdy (Hrsg.), Das Bauen im Neuen Reich, 2 Bände, Bayreuth 1938.

Tyrell, Albrecht, Vom Trommler zum Führer, München 1975.

Vidal-Naquet, Pierre, Les Assassins de la mémoire, Paris 1987.

Vondung, Klaus, Magie und Manipulation: Ideologischer Kult und Politische Religion des Nationalsozialismus, Göttingen 1971.

Waite, Robert G., The Psychopathic God: Adolf Hitler, New York 1977.

Watson, Alan, The Germans. Who are They Now? London 1992.

Welch, David, Nazi Propaganda, London/Canberra 1983.

– , Propaganda and the German Cinema 1933-1945, Oxford 1983.

– , The Third Reich: Politics and Propaganda, London/New York 1993.

Werner, E., L'Art dans le IIIe Reich, Paris 1936.

Willrich, W., Säuberung des Kunsttempels: Eine Kunstpolitische Kampfschrift zur Gesundung deutscher Kunst im Geist nordischer Art, München/Berlin 1937.

Wistrich, Robert (Hrsg.), »Theories of Facism«, Journal of Contemporary History, Oktober 1976, Sonderausgabe.

– , Who's Who in Nazi Germany, New York/London 1982.

– , Hitler's Apocalypse: Jews and the Nazi Legacy, London 1985.

– , Between Redemption and Perdition, London 1990.

– , Anti-Semitism: The Longest Hatred, London/New York 1991.

Wolbert, Klaus, Die Nackten und die Toten des »Dritten Reiches«. Folgen einer politischen Geschichte des Körpers in der Plastik des deutschen Faschismus, Gießen 1982.

Wolin, Richard (Hrsg.), The Heidegger Controversy: A Critical Reader, Cambridge, Mass./London 1993.

Wolters, Rudolf, Albert Speer, Oldenburg 1943.

Wulf, Joseph (Hrsg.), Musik im Dritten Reich, Gütersloh 1963.

– (Hrsg.), Die Bildenden Künste im Dritten Reich: Eine Dokumentation, Gütersloh 1963.

– (Hrsg.), Theater und Film im Dritten Reich, Gütersloh 1964.

– (Hrsg.), Presse und Funk im Dritten Reich, Gütersloh 1964.

Zbryek, Z., Selling the War: Art and Propaganda in World War II, London 1982.

Zelinsky, Hartmut, Richard Wagner – Ein deutsches Thema: Eine Dokumentation zur Wirkungsgeschichte Richard Wagners 1876-1976, Frankfurt/M. 1976.

– , Sieg oder Untergang: Sieg und Untergang, München 1990.

Zeman, Zbynek, Nazi Propaganda, 2. Ausgabe, London/New York 1964.

– , Heckling Hitler: Caricatures of the Third Reich, London 1984.

Zimmermann, Michael, Heidegger's Confrontation with Modernity, Bloomington, Indiana 1990.

ANMERKUNGEN

Kapitel 1:
Nazismus: Image, Kult und Mythos

1 Detlev Peukert, *Inside Nazi Germany: Conformity, Opposition and Racism in Everyday Life*, New Haven/London 1987, S. 208-235.
2 Vgl. Richard J. Evans, *In Hitler's Shadow: West German Historians' and the Attempt to Escape from the Nazi Past*, New York 1989, S. 65-91. Siehe auch den Meinungsaustausch zwischen Martin Broszat und Saul Friedländer in Peter Baldwin (Hrsg.), *Reworking the Past: Hitler, the Holocaust and the Historians' Debate*, Boston 1990, S. 102-134 und im gleichen Band die Aufsätze von Dan Diner, *Between Aporia and Apology: On the Limits of Historicizing National Socialism*, S. 135-145 und Mary Nolan, *The Historikerstreit and Social History*, S. 224-248. Nolan betont, die Sozialgeschichte müsse die Beziehung zwischen Alltag und Terror genauer untersuchen und herausfinden, auf welche Art und Weise Erinnerung strukturiert und durch die Kultur und das politische System sanktioniert wird. Während die Autorin einerseits die Gesamtdarstellung der Alltagsgeschichte verteidigt, gibt sie zu, daß hier Probleme, insbesondere in bezug auf den Holocaust, enthalten sind. Diese werden besonders deutlich durch die »einschränkende Fixierung auf die subjektive Erfahrung, das Fehlen des Zusammenhanges und die Überbetonung von Normalität und Resistenz sowie durch die fehlende Verbindung zwischen Opfern und Nicht-Opfern und die unzureichende Behandlung des Rassismus . . .«, S. 242.
3 Vgl. Alvin Rosenfeld, *Imagining Hitler*, Bloomington, Indiana 1985, S. 103-112; dort findet sich eine suggestive Analyse der Popkultur, Politik und die »Ungerechtigkeit der Bilder«. Rosenfeld zeigt, daß Hitlers Geist in der Unterhaltungsliteratur noch sehr lebendig ist, wenn auch in moralisch zersetzender Form. Phantasien über Nazismus mit übersteigerten Träumen von Macht und Unterwerfung, erotischer Eroberung und der Pornographie der Gewalt, vermischt.
4 Ebenda, S. 104. »Zusammenfassend ist aus Hitler ein Gag, ein schmückendes Beiwerk und ein Teil des Spaßes geworden.«
5 Ebenda zitiert, S. 105.
6 Saul Friedländer, *Reflections of Nazism: An Essay on Kitsch and Death*, New York 1984, S. 18-19.
7 Vgl. die Untersuchung von Imagemacher in der heutigen amerikanischen Politik in »The Game and the Show«, *Guardian Weekend*, 20. November 1993, S. 6-14.
8 Zbynèk Zeman, *Nazi Propaganda*, London 1964, S. 5.
9 Ebenda, S. 28 ff.
10 Marshall McLuhan, *Understanding Media: The Extensions of Man*, New York 1964, S. 261.
11 Ebenda, S. 262-263.
12 Vgl. die Diskussion in Robert R. Taylor, *The Word in Stone: The Role of Ar-*

chitecture in National Socialist Ideology, Berkeley/Los Angeles 1974, S. 199.
13 Werner Rittich, *Architektur und Bauplastik der Gegenwart*, Berlin 1936, S. 21 ff.
14 Eduard Schönleben, *Fritz Todt: der Mensch, der Ingenieur, der Nationalsozialist*, Oldenburg/Stalling 1943, S. 56.
15 Ebenda. Als Dank für den Bau der Autobahnen und des Westwalls wurde Todt vom Hitler mit dem »Deutschen Orden« für besondere Dienste am deutschen Volk ausgezeichnet. Er war der erste Deutsche, der auf diese Weise geehrt wurde. Während des Zweiten Weltkrieges war er, bis zu seinem Tode 1942, als Reichsminister für Bewaffnung und Munition verantwortlich für alle bedeutenden technischen Aufgaben der deutschen Kriegsführung. Vgl. Robert Wistrich, *Who's Who in Nazi Germany*. Betreffend Todts Ansichten über die Beziehung zwischen Ästhetik, Technik und Technologie im Allgemeinen, vgl. Jeffrey Herf, *Reactionary Modernism: Technology, Culture and Politics in Weimar and the Third Reich*, Cambridge 1987, S. 199-204.
16 Ebenda, S. 204-207.
17 Rede von Joseph Goebbels, 17. Februar 1939, anläßlich der Eröffnung der Berliner Autoausstellung, zitiert in ebenda, S. 196.
18 Orwells Essay, »The Frontiers of Art and Propaganda«, war ursprünglich eine Radiosendung, nachgedruckt im *Listener* vom 29. Mai 1941. Vgl. *The Collected Essays, Journalism and Letters of George Orwell: My Country Right or Left*, Vol. II 1940 bis 1943, London 1971, S. 149-153.
19 Ebenda, S. 152.
20 George Orwell, »Literature and Totalitarianism«, ein Rundfunkvortrag im BBC Overseas Service, veröffentlicht im *Listener* vom 19. Juni 1941; vgl. *Collected Essays*, S. 161-164.
21 Vgl. George L. Mosse, *The Crisis of German Ideology*, New York 1964, über die Entwicklung des völkischen Mythos in der deutschen Kultur am Ende des 19. Jahrhunderts.
22 Walter Benjamin, »Theorien des deutschen Faschismus«, in Walter Benjamin, *Gesammelte Schriften*, Band 3, Frankfurt/Main 1977, S. 238-150.
23 Zitiert in Herf, *Reactionary Modernism*, S. 36.
24 Vgl. Robert Wistrich, *Anti-Semitism: The Longest Hatred*, London/New York 1991, zum historischen Hintergrund dieser Argumentation.
25 Adolf Hitler, *Mein Kampf*, München 1933, 36. Aufl.
26 John Berger, The Success and Failure of Picasso, London 1965, S. 70.
27 Das hat sich in den letzten fünf bis zehn Jahren geändert, wie die Bibliographie am Ende dieses Buches zeigt. Vgl. auch die Bemerkungen in Brandon Taylor und Wilfried van der Will (Hrsg.) *The Nazification of Art*, Winchester 1990, S. 4-5.
28 Zu diesem Thema gibt es eine große Kontroverse und eine immer reichlicher werdende Literatur. Vgl. z. B. Jean-François Lyotard, *Heidegger et »les juifs«*, Paris 1988; Victor Farias, *Heidegger and Na-*

zism, Philadelphia 1989; Michael Zimmermann, *Heidegger's Confrontation with Modernity*, Bloomington/Indiana 1990; schließlich Philippe Lacone-Labarthe, *Heidegger, Art and Politics*, Oxford 1990. Einen allgemeinen Überblick bietet Richard Wollin (Hrsg.), *The Heidegger Controversy: A Critical Reader*, Cambridge, Mass./London 1993.
29 Robert S. Wistrich, *Who's Who in Nazi Germany*, S. 88, 143, 304-305.
30 Richard Grunberger, *A Social History of the Third Reich*, London 1974, S. 523.
31 Ebenda, S. 517.
32 Michael Meyer, »The Nazi Musicologist as Myth-Maker in the Third Reich«, *Journal of Contemporary History*, Band 10, Nr.4, Oktober 1975, S. 649-665.
33 Martin Heidegger, *Nietzsche: Der Wille zur Macht als Kunst*, Frankfurt 1985. Diese Nietzsche-Vorlesung hielt Heidegger Ende der dreißiger Jahre, als er sich schon ziemlich vom Nazismus distanziert hatte. Heidegger hatte anfangs geglaubt, daß die Nationalsozialisten eine Kulturrevolution herbeiführen würden, die eine dekadente deutsche und westliche Zivilisation zu den Ursprüngen des Daseins zurückführen. Das deutsche Volk könnte, indem es zu den großartigen Anfängen der Griechen zurückkehrte, den falschen Weg revidieren, der vom seelenlosen westlichen Rationalismus eingeschlagen wurde. Er sah im Nazismus eine Möglichkeit zur Erlösung von den ›bankrotten‹ Systemen der amerikanischen Technokratie und russisch-bolschewistischen Materialismus. Am Ende der dreißiger Jahre war er überzeugt, daß die kulturelle ›Essenz‹ des Nationalsozialismus tatsächlich verraten worden war. Aber er hegte immer mehr Sympathien für dessen Ideale.
34 Meyer, *Nazi Musicologist as Myth-Maker*, S. 646.
35 Friedländer, *Reflections*, S. 42-43.
36 Joachim Fest, *Hitler*, Frankfurt/Berlin 1995, S. 699.
37 Peter Reichel, *La Fascination du fascisme*, Paris 1993, S. 23.
38 Peukert, *Inside Nazi Germany*, S. 42-57.
39 Anton Kaes, *From Hitler to Heimat: The Return of History as Film*, Cambridge/Mass. 1989.
40 Lacone-Labarthe, *Heidegger: Art and Politics*, bietet eine Bewertung des Nationalsozialismus als eine Art von »Nationalästhetizismus«, der sich auf die griechischen Ideale bezieht. In dieser und anderer Hinsicht finden sich einige interessante Parallelen zwischen Hitler und Heidegger.
41 David Low, *Low's Autobiography*, London 1956, S. 250. Informationen über Low, den Karikaturisten des Londoner *Evening Standard* und Beispiele seiner genialen Cartoons über Hitler und das Dritte Reich sind zu finden in Zbynek Zeman, *Heckling Hitler: Caricatures of the Third Reich*, London 1984.

Kapitel 2:
Adolf Hitler: Kunst und Größenwahn

1 Für einen Bericht über die frühen Jahre vgl. Anton Joachimsthaler, *Hitler in München 1908-1920*, München 1992.
2 Joachim C. Fest, *The Face of the Third Reich*, London 1972, S. 35 ff.
3 Vgl. Albrecht Thywell, *Vom Trommler zum Führer*, München 1975.
4 E. Jäckel und A. Kuhn (Hrsg.), *Hitler, sämtliche Aufzeichnungen 1905-1924*, Stuttgart 1980, S. 939.
5 Ian Kershaw, *The Hitler Myth: Image and Reality in the Third Reich*, Oxford 1989, S. 39.
6 *Völkischer Beobachter*, 27. Februar 1933.
7 Kershaw, *The Hitler Myth*, S. 80-82.
8 Max Domarus (Hrsg.), *Hitler: Reden und Proklamationen 1932-1945*, Wiesbaden 1973. Eine Analyse dieser rhetorischen Schnörkel in Hitlers Reden findet sich in J. P. Stern, *Hitler: The Führer and the People*, London 1975.
9 Alan Bullock, *Hitler: A Study in Tyranny*, London 1962, S. 312-371; Kershaw, *The Hitler Myth*, S. 121-147.
10 *Völkischer Beobachter*, 8. November 1938, S. 2. Für einen nützlichen generellen Bericht siehe die Übersicht in Hermann Graml, *Anti-Semitism in the Third Reich*, Oxford 1992, S. 5-29.
11 Peter Löwenberg, *The Kristallnacht as a Public Degradation Ritual*, Leo Baeck Jahrbuch, XXXII, 1987, S. 309-322.
12 Lionel Kochan, *Pogrom: 10. November 1938*, London 1957, S. 15.
13 Löwenberg, *Kristallnacht*, S. 313.
14 Graml, *Anti-Semitism*, S. 142-144.
15 Robert Wistrich, *Hitler's Apocalypse: Jews and the Nazi Legacy*, London 1985.
16 Ian Kershaw, *Popular Opinion and Political Dissent in the Third Reich: Bavaria 1933-45*, New York 1983, S. 175.
17 Graml, *Anti-Semitism*, S. 141.
18 Kershaw, *The Hitler Myth*, S. 142.
19 Ebenda.
20 Max Domarus (Hrsg.), *Hitler: Reden und Proklamationen 1932-1945*, Wiesbaden 1973, S. 1178.
21 Albert Speer, *Inside the Third Reich*, London 1971, S. 235.
22 Zum Thema Propaganda vgl. Zbynek Zeman, *Nazi Propaganda*, 2. Ausgabe, London/New York 1964, und David Welch, *Nazi Propaganda*, London/Canberra 1983.
23 George L. Mosse (Hrsg.), *Nazi Culture*, London 1966, S.XXII-XXVI.
24 Ebenda, S.XXIX.
25 Ebenda, S. 317-318.
26 Ebenda, S. 313.
27 Ebenda, S. 324.
28 Ebenda, S. 332.
29 Vgl. Wistrich, *Hitler's Apocalypse*, S. 34-36.
30 Hans Staudinger, *The Inner Nazi: A Critical Analysis of Mein Kampf*, Baton Rouge 1981, S. 72-77.
31 Ebenda. Vgl. Lucy Dawidowicz, *The War against the Jews*, New York 1975; Sebastian Haffner, *The Meaning of Hitler*, New York 1979; Wistrich, *Hitler's Apocalypse*.

32 Wistrich, *Hitler's Apocalypse*, S. 40 ff. Vgl. auch Michael *Ley, Genozid und Heilserwartung: Zum Nationalsozialistischen Mord am Europäischen Judentum*, Wien 1993.

33 Mosse (Hrsg.), *Nazi Culture*, S. 7.

34 »Hitlers Rede«, 2. September 1933, zitiert in Josef Wulf (Hrsg.), *Die Bildenden Künste im Dritten Reich: Eine Dokumentation*, Gütersloh 1963, S. 64-67.

35 *New York Times*, 3. September 1933.

36 Siehe die ausgezeichnete Übersicht in Stephanie Barron et al., *Degenerate Art: The Fate of the Avant-Garde in Nazi Germany*, Los Angeles/New York 1991.

37 Richard Grunberger, *A Social History of the Third Reich*, London 1974, S. 535-536.

38 Bezüglich einer kompletten Liste der Künstler vgl. Peter-Klaus Schuster (Hrsg.), *Die »Kunststadt« München 1937: Nationalsozialismus und »Entartete Kunst«*, München 1988, S. 122-216.

39 »Entartete Kunst am Pranger«, *Völkischer Beobachter*, 20. Juli 1937, S. 1.

40 *Die Reden Hitlers am Parteitag der Freiheit 1935*, München 1935, München 1935. Zum weitergefaßten Thema vgl. Rudolf Schröder, *Modern Art in the Third Reich*, Offenburg 1952, und Reinhard Merker, *Die Bildenden Künste im Nationalsozialismus: Kulturideologie, Kulturpolitik, Kulturproduktion*, Köln 1983.

41 Vgl. John Heartfield, *Krieg im Frieden: Fotomontagen zur Zeit 1930-1938*, Frankfurt am Main 1982, und Peter Halko, »Zurück zur Ordnung: Der revolutionäre Schock der Moderne und die reaktionäre Antwort«, in Jan Tabor (Hrsg.), *Kunst und Diktatur*, Band 1, Baden 1994, S. 24-29.

42 Peter-Klaus Schuster, »München – Das Verhängnis einer Kunststadt«, in Schuster (Hrsg.), *Die »Kunststadt« München*, S. 22 ff.

43 Vgl. Walter Laqueur, *Weimar: A Cultural History*, New York 1974, S. 162-182.

44 Paul Schultze-Naumburg, *Kunst und Rasse*, München 1928, und *Kampf um die Kunst*, München 1932.

45 Barbara Miller Lane, *Architecture and Politics in Germany 1918-1945*, Cambridge/Mass. 1968, S. 133-140, 156-159.

46 Ebenda, S. 157.

47 Vgl. Hildegard Brenner, *Die Kunstpolitik des Nationalsozialismus*, Hamburg 1963, S. 78-86.

48 Zur Entwicklung der Ansichten Hitlers, betreffend Kunst und Architektur, vgl. Franz Roh, *»Entartete Kunst«: Kunstbarbarei im Dritten Reich*, Hannover 1962, S. 41-48. Vgl. Klaus Backes, *Hitler und die Bildenden Künste: Kulturverständnis und Kunstpolitik im Dritten Reich*, Köln 1988, und Henry Grosshans, *Hitler and the Artists*, New York 1983.

49 Vgl. August Kubizek, *The Young Hitler I Knew*, Boston 1955, und J. Sydney Jones, *Hitler in Vienna 1907-1913*, New York 1983, S. 46-47.

50 Speer, *Inside the Third Reich*, S. 123.

51 Adelin Guyot und Patrick Restellini, *L'Art Nazi*, Paris 1987, S. 56.

52 Robert Wistrich, *Between Redemption and Perdition*, London 1990, S. 56-67.

53 Einen scharfen Kontrast zwischen der Atmosphäre von Berlin und der von München beschreibt Thomas Mann, »Betrachtungen eines Unpolitischen«, in *Gesammelte Werke*, Band 12, Frankfurt/Main 1974, S. 140 ff.

54 Eva von Seckendorff, »Erster Baumeister des Führers: Die NS-Karriere des Innenarchitekten Paul Ludwig Troost« in Tabor (Hrsg.), *Kunst und Diktatur*, Band 2, S. 580-585.

55 Adolf Dresler, *Das Braune Haus und das Verwaltungsgebäude der Reichsleitung der NSDAP*, München 1939.

56 Peter Adam, *Art of the Third Reich*, New York 1992, S. 228-238.

57 *Die Rede unseres Führers Adolf Hitler bei der Grundsteinlegung des Hauses der deutschen Kunst in München am 15. Oktober 1933 München 1937*. Zur Einschätzung vgl. *Das Bauen im Dritten Reich*, Bayreuth 1938; dritte Ausgabe, 1941, S. 10-20. Dieses Buch wurde von Gerdy Troost herausgegeben.

58 Domarus, *Hitler: Reden*, S. 707 (Rede am 19. Juli 1937 anläßlich der Eröffnung des Hauses der Deutschen Kunst). Auch die Rede vom 22. Januar 1938, ebenda, S. 779.

59 Robert R. Taylor, *The Word in Stone: The Role of Architecture in National Socialist Ideology*, Berkeley/Los Angeles 1974, S. 67.

60 Speer, *Inside the Third Reich*, S. 79.

61 Jones, *Hitler in Vienna*, S. 52, bemerkt, daß der Stil von Makart auf Hitler eine starke Faszination ausübte. Er war derart durchdrungen vom Klassizismus und Historizismus des 19. Jahrhunderts, daß er die künstlerische Revolte im Wien der Jahrhundertwende in keiner Weise wahrnahm.

62 Elaine S. Hochman, *Mies van der Rohe and the Third Reich*, New York 1989, beschreibt im Detail die Komplexität und Mehrdeutigkeit der Beziehungen zwischen dem Nazi-Regime und den Architekten der Moderne wie Mies van der Rohe.

63 Speer, *Inside the Third Reich*, S. 80.

64 Taylor, *The Word in Stone*, S. 69 ff.

65 Anson Rabinbach, »The Aesthetics of Production in the Third Reich«, in Robert Wistrich et al. (Hrsg.), *Theories of Fascism*, Journal of Contemporary History, Oktober 1976, Sonderausgabe, S. 43-74.

66 Ebenda, S. 50.

67 Ebenda, S. 66.

68 Adam, *Art of the Third Reich*, S. 239.

69 Taylor, *The Word in Stone*, S. 129.

70 Speer, *Inside the Third Reich*, S. 96-97.

71 Taylor, *The Word in Stone*, S. 138-139.

72 Ebenda, S. 140.

73 Vgl. Norman Baynes (Hrsg.), *The Speeches of Adolf Hitler, April 1922 to August 1939*, London/Oxford 1942, S. 601. Rede vom 9. Januar 1939 anläßlich der Eröffnung der Reichskanzlei.

74 Hermann Giesler, »Bauen im Dritten Reich«, *Kunst im Dritten Reich*, September 1939. Zitiert in Peter Adam, *Kunst im Dritten Reich*, Hamburg 1992, S. 256.

75 Werner Rittich, *Architektur und Bauplastik der Gegenwart*, Berlin 1936, S. 32.

76 Troost, *Das Bauen im Dritten Reich*, Band 1, S. 20.

77 Rittich, *Architektur und Bauplastik der Gegenwart*, S. 36.

78 Domarus, *Hitler: Reden*, S. 707, 19. Juli 1937.

79 Troost, *Das Bauen im Dritten Reich*, Band 1, S. 24.

80 Franz Hofmann, zitiert in Taylor, *The Word in Stone*, S. 266.

81 Vgl. Miller Lane, *Architecture and Politics in Germany*, S. 147. Vgl. auch Joachim Petsch, *Kunst im Dritten Reich: Architektur, Plastik, Malerei*, Köln 1983.

82 Miller Lane, *Architecture and Politics in Germany*, S. 147.

83 Otto Dietrich, »Adolf Hitler als Künstlerischer Mensch«, *Nationalsozialistische Monatshefte*, III 1933, S. 473. Joseph Goebbels, »Die große Kundgebung der deutschen Künstler am Samstag«, *Völkischer Beobachter*, 19. Juli 1937. In einer Rede Thomas Manns aus dem Jahr 1938 gestand dieser Hitler zu, daß er mit all seiner Aufsässigkeit, seiner ungezwungenen Lebensart, Wut auf die Welt, seinem revolutionären Instinkt und seiner »unbewußten Speicherung explosiver Kompensationswünsche« das Temperament eines Künstlers habe. Mann, der ein strikter Gegner des Nazismus war, gab zu, daß diese künstlerische Ader eine durch und durch peinliche Verwandheit sei, die nicht übersehen werden sollte. Vgl. Thomas Mann, *Gesammelte Werke*, Band XII, München 1953, S. 775 ff.

84 Zitiert in Miller Lane, *Architecture and Politics in Germany*, S. 159.

85 *Reden des Führers am Parteitag der Arbeit 1937*, München 1937. Noch 1942 hat Hitler bei seinen Tischgesprächen die Wichtigkeit von Kunst und Architektur dargelegt. Er erklärte seinem Gefolge, er sei gegen seinen Willen Politiker geworden. »Meiner Meinung nach ist Politik nur ein Mittel zum Zweck. Kriege kommen und gehen. Die einzigen bleibenden Dinge sind kulturelle Werte. Daher meine Liebe zur Kunst. Sind nicht die Musik und die Architektur die Kräfte, die die zukünftigen Generationen leiten werden?« Zitiert in Henry Picker, *Hitler's Tischgespräche im Führerhauptquartier*, Stuttgart 1976, S. 167.

86 Miller Lane, *Architecture and Politics in Germany*, S. 189.

87 Ebenda, S. 215.

88 Vgl. Jeffrey Herf, *Reactionary Modernism: Technology, Culture and Politics in Weimar and the Third Reich*, Cambridge 1987, S. 189-216. Ebenso Andrew Graham-Dixon, »As if Hitler never existed«, *The Independent*, 24. September 1994, S. 29. In dieser provokativen Besprechung des *»Deutsche Romantik«*-Festivals an der Londoner South Bank beschreibt Graham-Dixon die »Endlösung« als die erschreckende genetische Umsetzung des idealisierenden Zuges innerhalb der deutschen romantischen Ästhetik, der sich im Verlangen nach vollkommener Reinheit ausdrückte. Während die deutschen Romantiker davon träumten, die Welt zu verändern, hatte Hitler sich schon daran gemacht, dieses in die Tat umzusetzen, im radikal-romantischen künstlerischen Geist eines verrückten, aber entschlossenen Fanatismus.

89 Jochen Thies, *Architekt der Weltherrschaft: Die »Endziele« Hitlers*, Düsseldorf 1980, S. 76-79.

90 Ebenda, S. 79.

91 Jochen Thies, »Hitler's European Building Programme«, *Journal of Contemporary History*, Band XIII, 1978, S. 413-431.

92 Speer, *Inside the Third Reich*, S. 121.

93 Elias Canetti, »Hitler, According to Speer«, *The Conscience of Word and Earwitness*, London 1987, S. 66-91.

Kapitel 3:
Die Verführung der Massen

1 David Schoenbaum, *Hitler's Social Revolution: Class and Status in Nazi Germany 1933-1939*, New York/London 1980, S. 56-59.

2 Vgl. Martin Broszat, *German National Socialism 1919-1945*, Santa Barbara 1966, und die klassische Arbeit von Karl Dietrich Bracher, *The German Dictatorship: The Origins, Structure and Consequence of National Socialism*, London 1991, S. 108-142.

3 Ein Portrait von Röhm und von der SA-Mentalität findet sich bei Joachim C. Fest, *The Face of the Third Reich*, London 1972, S. 207 ff. Zur allgemeinen Frage der Gewalt vgl. Richard Bessel, *Political Violence and the Rise of Nazism*, New Haven/London 1984.

4 Gabriele Petricek, »Auf die Uniform ist Verlaß: Die NS-Disziplinierung durch die Kleidung«, in Jan Tabor (Hrsg.), *Kunst und Diktatur*, Band 1, Baden 1994, S. 56-64.

5 Ebenda. Bezüglich der sozio-psychologischen Implikationen ist es immer noch lohnenswert die wegbereitende Studie von Wilhelm Reich *Massenpsychologie des Faschismus*, Kopenhagen 1933; nachgedruckt Frankfurt/M. 1972, heranzuziehen.

6 Joseph Goebbels, *Vom Kaiserhof zur Reichskanzlei*, München 1934, S. 174.

7 T. Aich, *Massenmensch und Massenwahn*, München 1947, S. 83.

8 Petricek, »Auf die Uniform ist Verlaß«, S. 63.

9 Hans-Jochen Gamm, *Der Braune Kult*, Hamburg 1962, S. 43-56.

10 George L. Mosse, *Confronting the Nation*, Hannover/London 1993, S. 52-53.

11 Klaus Theweleit, *Male Phantasies*, Band 2, *Male Bodies: Psychoanalyzing the White Terror*, Minneapolis 1989, S. 189.

12 Ebenda, S. 43.

13 Ebenda, S. 44.

14 Ebenda, S. 371.

15 Ebenda, S. 317.

16 Vgl. Robert A. Nye, *The Origins of Crowd Psychology: Gustave Le Bon and the Crisis of Mass Democracy in the Third Republic*, London/Beverly Hills 1975, S. 71 ff.

17 Ebenda, S. 178. Zu diesen und anderen französischen Einflüssen auf Mussolini vgl. Zeev Sternhell et al., *The Birth of Fascist Ideology*, Princeton 1994, und die Rückschau von Robert S. Wistrich, »How Fascism began«, *The Times Literary Supplement*, 3. Juni 1994, S. 27-28.

18 Nye, *Origins of Crowd Psychology*, S. 179.

19 Alan Bullock, *Hitler: A Study in Tyranny*, London 1962, S. 68.

20 Ebenda, S. 71.

21 Zitiert in Joachim Fest, *Das Gesicht des Dritten Reiches*, München 1963.

22 Gamm, *Der Braune Kult*, S. 24 ff.

23 Klaus Vondung, *Magie und Manipulation: Ideologischer Kult und Politische Religion des Nationalsozialismus*, Göttingen 1971, S. 34 ff.

24 Robert S. Wistrich, *Hitler's Apocalypse: Jews and the Nazi Legacy*, London 1985, S. 136-153.

25 Vgl. Friedrich Heer, *Der politische Glaube des Adolf Hitler: Anatomie einer politischen Religiosität*, München 1968.

26 Vondung, *Magie und Manipulation*, S. 42-43.

27 Gamm, *Der Braune Kult*, S. 141; Vondung, *Magie und Manipulation*, S. 61-63. Das Zitat stammt aus Richard Grunberger, *A Social History of the Third Reich*, London 1974, S. 105.

28 Gamm, *Der Braune Kult*, S. 142.

29 Michael Ley, *Genozid und Heilserwartung: Zum Nationalsozialistischen Mord am Europäischen Judentum*, Wien 1993, S. 158-212, und Hyam Maccoby, *The Sacred Executioner*, New York 1982, S. 174.

30 George L. Mosse, *The Nationalization of the Masses*, New York 1975, S. 100-114.

31 Paul Lawrence Rose, *Wagner: Race and Revolution*, London 1992, S. 182.

32 Ebenda.

33 Albert Speer, *Inside the Third Reich*, London 1971, S. 219.

34 Thomas Manns außergewöhnliche Bemerkungen sind zitiert in Rose, *Wagner*, S. 184.

35 Mosse, *The Nationalization of the Masses*, S. 193. Vgl. auch Michael Meyer, »The Nazi Musicologist as Myth Maker in the Third Reich«, *Journal of Contemporary History*, Band X, Nr. 4, Oktober 1975, S. 649-666. Meyer weist darauf hin, daß sich die Nazis Wagners »politische Konzeption einer echten Volksgemeinschaft, die durch den Zauber seines ritualisierten

Musikdramas zusammengehalten werden sollte«, 1933 zu eigen machten und die Volksgemeinschaft – aufgrund ihrer erklärten Absicht, sie auf revolutionäre Art und Weise herbeizuführen – diese Aussage als Rechtfertigung ihrer Macht benutzen (S. 650). Wagner stand nicht nur im Mittelpunkt des popularistischen Musikkults während des Dritten Reiches, der anläßlich öffentlicher Ereignisse zelebriert und von offiziellen Funktionären unterstützt wurde, sondern er wurde auch als spiritueller Führer und politischer Visionär hoch angesehen.

36 Mosse, *The Nationalization of the Masses*, S. 194-195.

37 Stuart Woolf, »Les cérémonies du fascisme« in Pierre Milza und Fanette Roche-Pézard (Hrsg.), *Art et Fascisme*, Paris 1989, S. 245-246.

38 Brandon Taylor und Wilfried van der Will, »Aesthetics and National Socialism«, in ihrem Band mit dem Titel *The Nacification of Art: Art, Design, Music, Architecture and Film in the Third Reich*, Winchester 1990, S. 1-13.

39 Hinsichtlich der Vergleichbarkeit vgl. Umberto Silva, *Ideologia e arte del fascismo*, Mailand 1973, Milza und Roche Pézard, *Art et Fascisme*, und besonders die zwei Bände von Tabor (Hrsg.) *Kunst und Diktatur*, die die Kunst in Nazi-Deutschland, Österreich, im faschistischen Italien und in der Sowjetunion während der dreißiger Jahre untersuchen. Ein wichtiger Unterschied zwischen dem Ästhetik-Begriff der Nazis und dem der Sowjetuntion war die bewußt archaische Utopie, für die die Nationalsozialisten als Teil ihrer Revolte gegen die Industrialisierung eintraten.

40 Andreas Fleischer und Frank Kämpfer, »The Political Poster in the Third Reich«, in Taylor und van der Will (Hrsg.), *The Nazification of Art*, S. 183 ff.

41 Zitiert in Jeremy Noakes und Geoffrey Pridham (Hrsg.), *Nacism 1919-1945: A Documentary Reader*, Band II, Exeter 1984, S. 408.

42 Robert Wistrich, *Who's Who in Nazi Germany*, London 1985, S. 98.

43 Ebenda, S. 96 ff.

44 Fest, *The Face of the Third Reich*, S. 130-151.

45 Ernest K. Bramstead, *Goebbels and National Socialist Propaganda 1925-1945*, London 1965. Vgl. auch Joseph Goebbels, *Signale der neuen Zeit: 25 ausgewählte Reden von Dr. Joseph Goebbels*, München 1938.

46 Rede über »Die Aufgaben des Deutschen Theaters«, Berlin, 8. Mai 1933 in Joseph Goebbels, *Goebbels spricht: Reden aus Kampf und Sieg*, Oldenburg 1933.

47 Vgl. Zbynek Zeman, *Nazi Propaganda*, 2. Ausgabe, London/New York 1964.

48 David Welch, *The Third Reich: Politics and Propaganda*, London/New York 1933.

49 Kristian Sotriffer, »Deutsche Gottsucher: Die Gründe für die Verfolgung der Moderne in der NS-Zeit«, in Tabor (Hrsg.), *Kunst und Diktatur*, Band II, S. 534-545.

50 Catherine Milian, »Deutsche Kunstbetrachtung: Das Verbot der Kunstkritik im Nationalsozialismus«, in ebenda, S. 546-549.

51 Vgl. Welch, *The Third Reich*, S. 168-169, bezüglich des Textes über das Verbot der Kunstkritik.

52 Vgl. ebenda, S. 136 ff. für die relevanten Dokumente.

53 Ebenda, S. 139.

54 Ebenda, S. 154-155.

55 Ebenda, S. 146.

56 Zitiert in Grunberger, *A Social History*, S. 510.

57 E. H. Gombrich, »Myth and Reality in German Wartime Broadcasts«, in seinen Ideals and Idols: *Essays on Values in History and in Art*, Oxford 1979, S. 92-111.

58 Siegfried Kracauer, *From Caligari to Hitler: A Psychological History of the German Film*, Princeton 1947, S. 272.

59 Francis Courtade und Pierre Cadars, *Le Cinéma Nazi*, Paris 1972, S. 193-202.

60 David Welch, »›Jews Out!‹ Anti-Semitic Film Propaganda in Nazi Germany and the ›Jewish Question‹«, in *The British Journal of Holocaust Education*, Band I, Nr. 1, Sommer 1992, S. 55-73.

61 Rede vom 28. März 1933, nachgedruckt in Welch, *The Third Reich*, S. 149-154.

62 Ebenda, S. 150. Obwohl Goebbels offensichtlich für die bolschewistische Botschaft in Eisensteins Filmepos aus dem Jahre 1933 keine Sympathien hegte, sollte man sich daran erinnern, daß er selbst Mitte der zwanziger Jahre ein sehr linksgerichteter Nazi war.

63 Bernd Sösemann, »Ein tieferer geschichtlicher Sinn aus dem Wahnsinn«, in Thomas Nipperdey et al. (Hrsg.), *Weltbürgerkrieg der Ideologien*, Frankfurt/Berlin 1993, S. 136-174.

64 Leni Riefenstahl, *Hinter den Kulissen des Reichsparteitagfilms*, München 1935, S. 84.

65 Kracauer, *From Caligari to Hitler*, S. 301.

66 Ebenda. Vgl. auch Peter Reichel, *La Fascination du fascisme*, Paris 1993, S. 125-128.

67 Kracauer, *From Caligari to Hitler*, S. 302-303.

68 Theweleit, *Male Fantasies*, Band II, S. 412-413.

69 Jaqueline Austin, »A Battle of Wills: How Leni Riefenstahl and Frank Capra fought a War with Film and Remade History« in David Castriota (Hrsg.), *Artistic Strategy and the Rhetoric of Power*, Southern Illinois University 1986, S. 157-161.

70 Kracauer, *From Caligari to Hitler*, S. 300.

71 Susan Sontag, »Fascinating Fascism«, *New York Review of Books*, 6. Februar 1975.

Kapitel 4:
Die Kultur der Barbarei

1 Wilhelm Alff, »Die Angst vor der Dekadenz«, in *Der Begriff Faschismus und andere Aufsätze zur Zeitgeschichte*, Frankfurt/M. 1973, S. 124-141. Zur weitreichenden Rolle, die die Ideologie der Dekadenz beim Anschlag auf die liberale Demokratie und bei der Entwicklung des Faschismus spielte, vgl. Zeev Sternhell (Hrsg.), *L'Eternel Retour*, Paris 1994.

2 Max Nordau, *Entartung*, Berlin 1892. Vgl. den Essay von Jan Tabor, »Der Irrweg eines wahnsinnigen Wortes: Entwicklung und Anwendung des Begriffes Entartung«, in Jan Tabor (Hrsg.), *Kunst und Diktatur*, Band I, Baden 1994, S. 90-97 bezüglich des Gebrauchs und Mißbrauchs von Nordaus Vorstellungen von den Nazis.

3 Ebenda, S. 90.

4 Franz Roh, *»Entartete« Kunst: Kunstbarbarei im Dritten Reich*, Hannover 1962, S. 5.

5 Hildegard Brenner, *Die Kunstpolitik des Nationalsozialismus*, Hamburg 1963, S. 12.

6 Walter Laqueur, *Weimar: A Cultural History*, London 1974, S. 80.

7 Paul Ortwin Rave, *Kunstdiktatur im Dritten Reich*, Hamburg 1947, S. 13.

8 Adolf Hitler, *Mein Kampf*, New York/London 1939, S. 354.

9 *New York Times*, 6. September 1934.

10 Ebenda, 13. September 1935.

11 Wolf Willrich, *Säuberung des Kunsttempels: Eine kunstpolitische Kampfschrift zur Gesundung deutscher Kunst im Geist nordischer Art*, München/Berlin 1937.

12 Richard Grunberger, *A Social History of the Third Reich*, London 1974, S. 534.

13 Ebenda, S. 535. Vgl. auch Rave, *Kunstdiktatur*, S. 50.

14 Mario-Andreas von Lüttichau, »Deutsche Kunst und ›entartete Kunst‹: Die Münchner Ausstellungen 1937«, in Peter-Klaus Schuster (Hrsg.), *Die »Kunststadt« München 1937: Nationalsozialismus und »entartete Kunst«*, München 1988, S. 83-118.

15 Vgl. die Rede von Adolf Ziegler anläßlich der Ausstellung über Entartete Kunst 1937, ebenda, S. 217-218.

16 Ebenda.

17 Aus dem Ausstellungsführer, nachgedruckt in J. Wulf (Hrsg.), *Die Bildenden Künste im Dritten Reich: Eine Dokumentation*, Gütersloh 1964, S. 320-321.

18 Bruno E. Werner, »Die Ausstellung entartete Kunst«, *Deutsche Allgemeine Zeitung*, 20. Juli 1937.

19 *Hamburger Tageblatt*, 20. Juli 1937, zitiert in Wulf, *Die Bildenden Künste*, S. 330.

20 Dr. Wilhelm Spael, »Das Haus der deutschen Kunst«, *Kölnische Volkszeitung*, 22. Juli 1937.

21 »Wiedergeburt der deutschen Kunst«, *Kieler Neueste Nachrichten*, 20. Juli 1937, zitiert in Wulf, *Die Bildenden Künste*, S. 330.

22 George L. Mosse (Hrsg.), *Nazi Culture*, London 1966, S. 151-159.

23 Ebenda, S. 157.

24 Ebenda, S. 152.

25 Ebenda, S. 159.

26 Norman Baynes (Hrsg.), *The Speeches of Adolf Hitler, April 1922 bis August 1939*, Band II, London/Oxford 1942, S. 584-593. Vollständiger Text in *Völkischer Beobachter*, 19. Juli 1937, und in Schuster (Hrsg.), *Die »Kunststadt« München*, S. 242-252.

27 Baynes, *Speeches of Adolf Hitler*, S. 585.

28 Ebenda, S. 588.

29 Ebenda, S. 590.

30 Ebenda.

31 Ebenda, S. 591.

32 Ebenda, S. 592.

33 Barbara Lepper, *Verboten, verfolgt: Kunstdiktatur im Dritten Reich*, Duisburg 1983. Vgl. auch Ulrike Aubertin und Annick Lantenois, »La Grande Exposition de ›L'Art Allemand‹ et ›L'Art dégénéré‹: Fondement et symbolique d'une confrontation«, in Pierre Milza und Fanette Roche Pézar (Hrsg.), *Art et Fascisme*, Paris 1989, S. 139 ff.

34 Aubertin und Lantenois, »La Grande Exposition«, S. 145-146.

35 Mosse (Hrsg.), *Nazi Culture*, S. 133 ff.

36 Karl Arndt, »Das ›Haus der Deutschen Kunst‹ – Ein Symbol der neuen Machtverhältnisse«, in Schuster (Hrsg.), *Die »Kunststadt« München*, S. 61.82.

37 Rave, *Kunstdiktatur*, S. 56.

38 Berthold Hinz, *Art in the Third Reich*, New York 1979, S. 40-41.

39 Ebenda, S. 58.

40 Rave, *Kunstdiktatur*, S. 57.

41 Peter Adam, *Art of the Third Reich*, New York 1992, S. 114.

42 Hinz, *Art in the Third Reich*, S. 10.

43 Ebenda, S. 44.

44 Bruno E. Werner, »Erster Gang durch die Kunstausstellung«, *Deutsche Allgemeine Zeitung*, 20. Juli 1937, in Wulf (Hrsg.), *Die Bildenden Künste*, S. 190-191.

45 Zitiert in Hinz, *Art in the Third Reich*, S. 79.

46 Zur Stellung der Frau im Dritten Reich vgl. Jill Stephenson, *Women in Nazi Society*, London 1975 und Claudia Koonz, *Mothers in the Fatherland: Women, the Family and Nazi Politics*, London 1987. Über die Ikonographie von Frauen vgl. Annie Richardson, »The Nazification of Women in Art«, in Brandon Taylor und Wilfried van der Will (Hrsg.), *The Nazification of Art: Art, Design, Music, Architecture and Film in the Third Reich*, Winchester 1990, S. 53-79, und Andrea Theresia Schwaiger, »Weibliche Bestformen: Das Bild der Frau in der NS-Malerei«, in Tabor (Hrsg.), *Kunst und Diktatur*, Band II, S. 550-553.

47 Richardson, »Nazification of Women in Art«, S. 67-70.

48 Mosse (Hrsg.), *Nazi Culture*, S. 39-56.

49 Alfred Rosenberg, *Der Mythos des XX. Jahrhunderts*, München 1938, S. 512.

50 Engelbert Huber, *Das ist Nationalsozialismus*, Stuttgart 1933, S. 121-122.

51 Vgl. Koonz, *Mothers in the Fatherland*. Sie weist darauf hin, daß die Wahlpropaganda der Nazis darum bemüht war, den Vorwurf der Frauenfeindlichkeit abzustreiten, dies gelang auch weitgehend, trotz des übertriebenen männlichen ›Ethos‹ der Bewegung. Hitlers Wirkung auf die Frauen ist gut dokumentiert. Er spielte geschickt mit ihren Emotionen und nützte die Tatsache aus, daß er ein Nichtraucher und ein anti-alkoholisch lebender Junggeselle war, der wegen seiner Überzeugung und der Verteidigung der deutschen Ehre im Gefängnis gesessen hatte. Die pseudo-religiöse Aura und massenhysterische Stimmung, die um Hitler herum erzeugt wurde, schien seine Ausstrahlung auf Frauen noch zu verstärken. Anders als andere führende Nazis wie z. B. Streicher oder Rosenberg vermied er es tunlichst, sie öffentlich zu beleidigen, statt dessen lobte er immer ihre patriotische Gesinnung. Die Unterstützung der Frauen war unabdingbar bei der Aufzucht der von ihm geplanten Herrenrasse.

52 Ebenda.

53 *Völkischer Beobachter*, 25. Dezember 1938.

54 Ebenda. 15. September 1935.

55 *Der SA-Mann*, 18. September 1937, zitiert in Mosse (Hrsg.), *Nazi Culture*, S. 47 ff.

56 Mosse (Hrsg.), *Nazi Culture*, S. 52. Über die Auswirkungen von Swing Jazz und anderen Formen des unorganisierten Widerstands und »Abweichlertums« im Dritten Reich vgl. Detlev Peukert, *Inside Nazi Germany: Conformity, Opposition and Racism in Everyday Life*, New Haven/London 1987, S. 154-174. Peukert weist darauf hin, daß »Swing« eine Form des jugendlichen Protestes der Mittelschicht in Nazi-Deutschland war. Deren Angehörige hörten Jazz, tanzten Jitterbug, benutzten englische Redewendungen, ließen ihr Haar etwas wachsen und führten bei jedem Wetter Regenschirme mit sich. Die Mädchen lackierten ihre Fingernägel. Es existierten aber auch noch aggressivere Zeichen des »Abweichlertums« oder des Aufbegehrens gegen die Gedankenkontrolle und den konformistischen Druck des öffentlichen Lebens im Dritten Reich.

57 Henri Nannen, *Die Kunst im Dritten Reich*, 1937, S. 62.

58 Brenner, *Die Kunstpolitik*, S. 67.

59 Georg Bussmann, »›Degenerate Art‹ – A Look at a Useful Myth«, in C. M. Joachimides et al. (Hrsg.), *German Art in the Twentieth Century: Painting and Sculpture 1905-1985*, London 1985, S. 113-124.

60 Die Parallelen zu den Bücherverbrennungen sind noch größer, wenn man

berücksichtigt, daß 1939 angeblich mehr als 4000 Gemälde im Hof der Feuerwehrzentrale in Berlin verbrannt wurden. Vgl. Grunberger, *A Social History of the Third Reich*, S. 535.

61 *Völkischer Beobachter*, 17. Juli 1937.

62 Mario-Andreas von Lüttichau, in Schuster, (Hrsg.), *Die »Kunststadt« München*, S. 88-89. Vgl. auch W. Hartmann, *Der historische Festzug*, München 1976, und die Kommentare in Hinz, *Art in the Third Reich*, S. 2-4.

63 *Völkischer Beobachter*, 17. Juli 1937. Übersetzung in Hinz, *Art in the Third Reich*.

64 Ebenda.

65 Ebenda.

Kapitel 5:
Eine glitzernde Fassade

1 *Manchester Guardian*, 15. Juli 1939.

2 *Völkischer Beobachter*, 17. Juli 1939, S. 2.

3 Ebenda.

4 Münchner Neueste Nachrichten, 17. Juli 1939. Vgl. auch »Großdeutschlands stolze Geschichte im festlichen Zug«, in *Münchener Stadtanzeiger*, 17. Juli 1939.

5 »Hitler on Aim of Nazi Art«, *Daily Telegraph and Morning Post*, 17. Juli 1939.

6 Ebenda.

7 *Manchester Guardian*, 15. Juli 1939.

8 »Our One Desire Peace: Daladier's Speech«, in ebenda.

9 *Daily Telegraph*, 17. Juli 1939.

10 »Tag der Deutschen Kunst: Schwert schützt Kunst«, *Münchner Zeitung*, 15./16. Juli 1939.

11 Ebenda.

12 Ebenda.

13 »Der Gauleiter spricht«, ebenda.

14 *New York Times*, 17. Juli 1939.

15 *Münchner Zeitung*, 15./16. Juli 1939.

16 Ebenda. Vgl. auch »Nazi ›True Liberty‹ is Art Show Theme«, *New York Times*, 15. Juli 1939.

17 *Münchner Zeitung*, 15./16. Juli 1939, S. 2.

18 »Reichspressechef Dr. Dietrich empfängt«, ebenda.

19 Ebenda.

20 »Goebbels sees Art restored to Folk«, *New York Times*, 16. Juli 1939.

21 Ebenda.

22 Ebenda.

23 Ebenda.

24 »Art Limps in Nazi Germany«, *New York Times*, 23. Juli 1939.

25 Klaus Backes, *Hitler und die bildenden Künste: Kulturverständnis und Kunstpolitik im Dritten Reich*, Köln 1988.

26 *New York Times*, 23. Juli 1939.

27 Ebenda. Beispiele finden sich im offiziellen deutschen Katalog der Ausstellung im Haus der Deutschen Kunst, *Große Deutsche Kunstausstellung 1939*, München 1939.

28 Peter Adam, *Art of the Third Reich*, New York 1992, S. 97.

29 *Die Kunst im Dritten Reich*, April 1939, S. 122. Übersetzung in Adam, Art of the Third Reich, S. 133.

30 *Völkischer Beobachter*, 15. September 1935.

31 Peter Adam, *Kunst im Dritten Reich*, Hamburg 1992, S. 150.

32 Zu Ziegler vgl. Robert Wistrich, *Who's Who in Nazi Germany*, London 1982, S. 347.

33 Adam, *Art of the Third Reich*, S. 153.

34 *Time*, 24. Juli 1939, S. 20. *Time* bezeichnet Paduas Gemälde als die Sensation der Münchner Ausstellung. Das Magazin erinnerte auch an Hitlers Kauf eines Ziegler-Bildes zwei Jahre zuvor während der Münchner Kunstausstellung, um den Lesern zu zeigen, was als hohe Kunst im Dritten Reich angesehen wurde. »Angeblich als Dekoration für sein Schlafzimmer zahlte er 15000 Reichsmark für Adolf Zieglers (Präsident der Reichskammer der Bildenden Künste) Ganzakt einer Frau mit dem Titel *Terpsichore*. Vor dem Verkauf des Bildes hatte das üppige Modell den Führer durch die Ausstellung begleitet. Fast überall auf der Welt würde *Terpsichore* gerade noch einen Werbekalender für Biere schmücken.«

35 *New York Times*, 16. Juli 1939.

36 Walter Horn, »Vorbild und Verpflichtung: Die Große Deutsche Kunstausstellung 1939 in München«, *Nationalsozialistische Monatshefte*, September 1939, S. 830-833, auch zitiert in J. Wulf (Hrsg.), *Die Bildenden Künste im Dritten Reich: Eine Dokumentation*, Gütersloh 1963, S. 192-193.

37 Ebenda.

38 Willibald Sauerländer, »The Nazis' ›Theater of Seduction‹«, *New York Review of Books*, 21. April 1994.

39 Klaus Wolbert, *Die Nackten und die Toten des »Dritten Reiches«: Folgen einer politischen Geschichte des Körpers in der Plastik des deutschen Faschismus*, Gießen 1982, S. 131. Vgl. auch Peter Reichel, *La Fascination du Fascisme*, Paris 1993, S. 341-347. Die Bildhauer befleißigten sich einer übertriebenen formalen Ausdrucksweise und Monumentalität, um dem Nazi-Ideal von Schönheit, Stärke, Jugend und dem Willen zur Macht zu entsprechen. Das Ergebnis gleicht eher Bodybuilding treibenden Sportlern als würdevollen klassischen Skulpturen. Die Besessenheit der Nazis nach »ewigen«, absoluten Werten reduzierte alle relativen und konditionalen Formen auf den Bereich des Vulgären und Inhaltslosen. Klaus Wolpert hat beobachtet, daß je mehr das alleinige Ideal der »vollkommenen Schönheit« im Dritten Reich dominierte, desto weniger der »wirkliche Mensch« und das Individuum in der Praxis geschützt wurden. Es ist verführerisch, eine Verbindung zwischen dem »heldischen« Nazi-Mystizismus vom Supermenschen, den monumentalen und idealisierten Körperformen und dem Willen, alles Schwache, Fehlerhafte, Minderwertige oder nicht ganz Vollkommene zu zerstören, herzustellen.

40 *Völkischer Beobachter*, 24. November 1938.

41 Oliver Rathkolb, »Ganz groß und monumental: Die Bildhauer des Führers: Arno Breker und Josef Thorak«, in Jan Tabor (Hrsg.), *Kunst und Diktatur: Architektur, Bildhauerei und Malerei in Österreich, Deutschland, Italien und der Sowjetunion 1922-1956*, Band II, Baden 1994, S. 586 ff. Vgl. auch Adelin Guyot und Patrick Restellini, *L'Art Nazi*, Paris 1987, S. 137 ff., und Adam, *Art of the Third Reich*, S. 176 ff.

42 Vgl. Werner Rittich, »Zum 40. Geburtstag Arno Brekers«, *Völkischer Beobachter*, 18. August 1940 und »Der Lyriker Arno Breker«, *Völkischer Beobachter*, 15. Juni 1944. Auch Brekers Erinnerungen, *Im Strahlungsfeld der Ereignisse*, Preussisch Oldendorf 1972.

43 *Völkischer Beobachter*, 19. Juli 1937.

44 Baynes, *Speeches of Adolf Hitler*, S. 591.

45 Ebenda, S. 591-592.

46 Goebbels am Tag der Deutschen Kunst, 9. Juli 1938, zitiert in Adam, *Art of the Third Reich*, S. 114.

47 Peter Reichel, *La Fascination du Fascisme*, Paris 1993, S. 340.

48 Adam, *Art of the Third Reich*, S. 114.

49 Wolfgang Hartmann, »Der historische Festzug zum ›Tag der Deutschen Kunst‹«, in Berthold Hinz et al. (Hrsg.), *Die Dekoration der Gewalt: Kunst und Medien im Faschismus*, Gießen 1979, S. 87-100.

50 Ebenda.

51 Robert R. Taylor, *The Word in Stone: The Role of Architecture in the National Socialist Philosophy*, Berkeley/Los Angeles 1974, S. 58, 92-93, 95.

52 Paul Schultze-Naumburg, *Die Kunst der Deutschen*, Stuttgart 1934, S. 44.

53 Taylor, *The Word in Stone*, S. 98.

54 Hartmann, »Der historische Festzug«.

55 Zum Einfluß von Friedrich Gilly und Karl Friedrich Schinkel vgl. Taylor, *The Word in Stone*, S. 99-100. Ihr preußischer, neoklassizistischer Stil wurde von Möller van den Bruck, einem konservativen Theoretiker, in seinem einflußreichen Buch *Der preußische Stil*, 3. Ausgabe, Breslau 1931, hoch gepriesen. Van den Bruck, der den Begriff »Drittes Reich« Anfang der zwanziger Jahre bekannt machte, wurde von Hitler und den Nazis sehr bewundert. Vgl. Fritz Stern, *The Politics of Cultural Despair*, Berkeley 1961, S. 263-266.

56 Gerdy Troost (Hrsg.), *Das Bauen im neuen Reich*, Band I, Bayreuth 1938, S. 9.

57 Hartmann, »Der historische Festzug«, S. 99.

58 Adam, *Art of the Third Reich*, S. 115.

59 Ebenda, S. 114.

60 Hartmann, »Der historische Festzug«, S. 95.

61 »Schmuck für große Tage«, *Völkischer Beobachter*, 3. Juni 1939.

62 *Tag der Deutschen Kunst*, München 1938, S. 18-19, Offizielles Programm.

Kapitel 6:
Braune Hemden, blauer Himmel

1 Die Nazis waren sehr daran interessiert, den Farbfilm und die Fotografie weiterzuentwickeln, obwohl sie lediglich in der Zeit des Zweiten Weltkrieges Spielfilme in Farbe, wie z. B. *Baron von Münchhausen*, 1943, und Veit Harlans *Kolberg*, 1945, produzierten. Die erste dokumentarische Wochenschau in Farbe lief auch erst Ende des Krieges, sie beinhaltete jedoch unverfängliche Themen des täglichen Lebens, wie z. B. Volkstanz, dem Berliner Zoo oder der Erholung am Strand. Farbe hatte damals, im Gegensatz zu Schwarzweiß, einen »magischen«, unwirklichen Effekt, im Vergleich mit unserer heutigen Erfahrung. Der Farbfilm wurde selten verwendet, er war unerschwinglich teuer und somit schwer zugänglich für Amateure. Vgl. die interessanten Bemerkungen von André Gunthert, »La Couleur de l'utopie: La peinture officielle du IIIe Reich«, in Pierre Milza und Fanette Roch-Pézard (Hrsg.), *Art et Fascisme*, Paris 1989, S. 193-207.

2 Craig Brown, »The Evil that Men Do«, *Sunday Times*, 23. Mai 1993. Besprechung of *Good Morning, Mr. Hitler!*

3 Isabel Hilton, »Filming Hitler: July 1939«, *Independent on Sunday*, 16. Mai 1993.

4 Abschrift des Interviews mit Charlotte Knobloch, München. *Good Morning, Mr. Hitler*, Channel Four.

5 Abschrift des Interviews mit Berndt Feierabend, München, ebenda.

6 Zu Details über Dachau in dieser Zeit vgl. Paul Berben, *Dachau: The Official History 1933-1945*, London 1975.

7 Abschrift des Interviews mit Martin Summer, München. *Good Morning, Mr. Hitler*, Channel Four.

8 Ebenda.

9 Abschrift des Interviews mit Peter Feierabend, München, ebenda.

10 Ebenda.

11 Ebenda.

12 Telefongespräch mit Dr. Ernst Eisenmann, Ramat Gan, Israel, September 1993.

13 Abschrift des Interviews mit Berndt Feierabend, München. *Good Morning, Mr. Hitler*, Channel Four.

14 Abschrift des Interviews mit Peter Feierabend, ebenda.

15 Ebenda.

16 Ebenda.

17 Abschrift des Interviews mit Professor Nerdinger, ebenda.

18 Abschrift des Interviews mit Charlotte Knobloch, München. *Good Morning, Mr. Hitler*, Channel 4. Zum Selbstverständnis und zur Entfremdung der Juden, die nach 1945 in Deutschland geblieben sind und über deren Bild von den Deutschen, das nie mehr so sein kann wie zuvor, vgl. Frank Stern, »Antagonistic Memories: The Post-War Survival and Alienation of Jews and Germans«, in Louisa Passerini (Hrsg.), *Memory and Totalitarianism*, Band I, *International Yearbook of Oral History and Life Stories*, Oxford 1992, S. 22-43.

19 Knobloch, ebenda. Weitere Informationen über die aktuelle Haltung von Deutschen gegenüber Juden in David A. Jodice, *United Germany and Jewish Concerns: Attitudes Towards Jews, Israel, and the Holocaust*, American Jewish Committee Working Papers on Contemporary Anti-Semitism, New York 1991.

20 Knobloch, ebenda. Einen düsteren Überblick über die »jüdische Frage« im Rahmen der »deutschen Frage« seit 1945 und das Weiterbestehen des Antisemitismus in Deutschland bietet Henryk M. Broder, *Der Ewige Antisemit: Über Sinn und Funktion eines beständigen Gefühls*, Frankfurt/M. 1987. Broder prägte den bitteren, aber treffenden Satz, daß »die Deutschen den Juden Auschwitz niemals verzeihen werden«, S. 164.

21 Ebenda.

22 Vgl. Hilton, »Filming Hitler«.

23 Abschrift des Interviews mit Inge Ungewitter, München. *Good Morning, Mr. Hitler*, Channel Four. Es ist auffallend, wie oft die Deutschen in persönlichen Gesprächen, Erinnerungen und in Zeugenaussagen jedes Wissen über die Ausrottung der Juden abstreiten. Ihre Sprache wird vage und abstrakt und hinterläßt den Eindruck, daß die Juden einfach aus dem Vorkriegsdeutschland verschwunden sind oder überhaupt unsichtbar waren. Andererseits haben sie genaue Erinnerungen an die durch Bombenangriffe verursachten Zerstörungen des Krieges und an das gesamte Leiden der Deutschen. Die Bombenangriffe der Alliierten waren für sie *das* große Desaster, während sie für die Juden im besetzten Deutschland einen Hoffnungsschimmer darstellten. Dieses Thema ist bei Stern, »Antagonistic Memories«, S. 28-29, gut dargestellt.

24 Abschrift des Interviews mit Josefa Hammann, München. *Good Morning, Mr. Hitler*, Channel Four.

25 Ebenda.

26 Ebenda.

27 Ebenda.

28 Ebenda. Es ist interessant, daß die Ausschreitungen in der Kristallnacht einen gewissen Eindruck auf manche Deutschen machte und bei ihnen allgemeine, wenn auch vage Sympathien für die schikanierten Juden hervorriefen. Aber dieses Gefühl scheint sehr schnell wieder verschwunden zu sein, man hört in den Interviews nur selten, wenn überhaupt, irgendeinen Hinweis auf eine Solidarität der Deutschen mit den Juden. Bezüglich ei-

ner historischen Analyse dieses Syndroms vgl. David Bankier, *The Germans and the Final Solution, Public Opinion under Nazism*, Cambridge 1992.

29 Ebenda.

30 Ebenda.

31 Abschrift des Interviews mit Else Peitz, München. *Good Morning, Mr. Hitler*, Channel Four.

32 Ebenda.

33 Ebenda.

34 Ebenda. Es ist verblüffend, wie die Erinnerungen von Frau Peitz das Bild des spießbürgerlichen Herrn Jedermann widerspiegeln, das Hitler selbst gerne verkörperte. In den Augen der Masse war er die Projektion ihrer eigenen Wünsche und ihres Geschmacks – ob es sich nun um Operetten, Abenteuergeschichten, sentimentale Filme oder um Schokolade und Sahnetorte handelte. Wie Saul Friedländer treffend bemerkte, sind die von Hitlers persönlichem Fotografen, Heinrich Hoffman, zusammengestellten Fotoalben »voll von Bildern spießbürgerlicher Heiterkeit«. Vgl. Saul Friedländer, *Reflections of Nazism: An Essay on Kitsch and Death*, New York 1984, S. 66-67. In dieser Metaphorik fehlt jedoch völlig Hitlers Sadismus, sein revolutionärer Nihilismus und sein absoluter Wille zur Zerstörung.

35 Abschrift des Interviews mit Else Peitz, München. *Good Morning, Mr. Hitler*, Channel Four.

36 Ebenda.

37 Ebenda. Hier werden wir mit der gesamten Palette von Klischeewahrnehmungen konfrontiert, die für die Auswirkungen des Holocaust und den Ablauf der Geschichte unempfänglich waren. Die Juden werden als wohlhabend und als Menschen, die eng zueinander halten, gesehen, und es wurde immer angenommen, sie seien die Besitzer der großen Geschäfte und Betreiber der Krankenhäuser, sogar noch in der Nazi-Zeit. Die Ignoranz ist schlichtweg haarsträubend. Schon 1935 wurden die deutschen Juden ihrer Rechte beraubt; sie waren Bürger zweiter Klasse und lebten in einem System der Rassentrennung, gedemütigt und schikaniert. Seit Sommer 1939, an den sich die deutschen Interviewpartner mit euphorischer Nostalgie zurückerinnern, waren die Juden in einem Zustand hoffnungsloser Verzweiflung, die letzten Reste ihrer ökonomischen Existenz und ihrer menschlichen Würde waren ihnen genommen worden.

38 Ebenda. In diesen oder anderen Erinnerungen gibt es keinerlei Wahrnehmung des täglichen Terrors, der an den Juden begangen wurde, seitdem die Nazis an der Macht waren. Die erschreckend ausweichenden Ausführungen über die »Diskretion« der Nazis geben keinen Hinweis auf die besessene Rassenpropaganda, die Brutalität der SA, die drakonischen antijüdischen Gesetze oder das auf furchtbare Weise effektive »Arisierungsprogramm«. Trotzdem schimmert in den Interviews ein wenig von der völligen Isolation der Juden durch, ohne Anerkennung der deutschen Schuld oder Verantwortung.

39 Ebenda. Wie Stern hervorhebt (»Antagonist Memories«, S. 39), wird in vielen mündlichen Berichten die Existenz von Konzentrationslagern zugegeben, das *Bewußtsein* darüber wird noch bis nach 1945 weggeschoben. So wurden die Verbrechen der Nazis verdrängt, gemeinsam mit jeglicher persönlichen Verantwortung. In diesem Zusammenhang ist es sinnvoll, die Rede von Bundespräsident Richard von Weizsäcker im Bundestag am 8. Mai 1985 als Korrektur zu zitieren. Der Deutsche Präsident bemerkte, daß die Wurzel der Nazi-Tyrannei »Hitlers unermeßlicher Haß gegen unsere jüdischen Mitbürger« war, den er »nie vor der Öffentlichkeit verborgen« hat. Von Weizsäcker fragte demonstrativ: »Wer konnte nichtsahnend bleiben, nach dem Brennen der Synagogen, den Plünderungen, der Stigmatisierung mit dem Davidstern und der unaufhörlichen Verletzung der menschlichen Würde? … Als die unbeschreibliche Wahrheit über den Holocaust nach Kriegsende zu Tage trat, behaupteten viel zu viele von uns, daß sie nichts darüber gewußt hätten oder nicht einmal das Geringste vermutet hätten.«

40 Ebenda.

41 Abschrift des Interviews mit Günter Grassmann, München.

42 Ebenda.

43 Willibald Sauerländer, »The Nazis' Theater of Seduction«, *New York Review of Books*, 2. Spril 1994.

Kapitel 7:
Nationalismus über alles

1 Vgl. Human Rights Watch, *»Foreigners Out«: Xenophobia and Right-Wing Violence in Germany*, New York 1992, und Robert S. Wistrich, »Nationalism and Anti-Semitism in Central and Eastern Europe Today«, in *Anti-Semitism in Post-Totalitarian Europe*, Prag 1993, S. 35-49.

2 Vgl. z.B. *Sunday Times*, 29. November 1992, S. 16, *Daily Telegraph*, 26. November 1992, *The Times*, 28. November 1992, S. 10, und 14. Dezember 1992, S. 6-7. Auch *Newsweek*, 21. September 1992, S. 26 und *Der Spiegel*, 1993, S. 36-48.

3 Zitiert nach Archiv des Bundespresseamtes.

4 Tom Reiss, »Strange World of Germany's Neo-Nazi Youth«, Wall Street Journal, 17. Dezember 1992. Vgl. auch Murray Gordon, »Racism and Anti-Semitism in Germany: Old Problem, New Threat«, *Congress Monthly*, Band 60, Nr. 3, März/April 1993, S. 3-7.

5 Gordon, »Racism and Anti-Semitism in Deutschland«.

6 *The Times*, 24. November 1992, S. 15. Vgl. auch »Fanatics of Fire«, Newsweek, 4. Januar 1993, S. 30.

7 Zahlen zitiert in *Anti-Semitism: World Report 1994*, Institute of Jewish Affairs, London 1994, S. 38.

8 Ebenda.

9 Dies sind offizielle Zahlen des Office for the Protection of the Constitution. Vgl. *Response*, The Wiesenthal Centre World Report, Band 14, Nr. 2, Sommer 1993, S. 2, für eine detailliertere Aufschlüsselung.

10 Vgl. Peter Schneider, »Neo-Nazi Violence: Stop it Now, Explain it Later«, *Harper's*, Juni 1993.

11 Gordon, »Racism and Anti-Semitism in Germany«, S. 6. Der Brandanschlag von Solingen hat auch unter türkischen Einwanderern vehemente Proteste ausgelöst. Sie waren wütend, weil die Regierung das Vorhandensein einer organisierten Aktion der Nazis bestritt.

12 *Anti-Semitism: World Report 1994*, S.X.

13 Scott Sullivan, »Time to Tell the Truth«, *Newsweek*, 27. April 1992, S. 12.

14 »Germany: Including the Ausländers«, *Newsweek*, 28. Juni 1993.

15 Vgl. Steve Vogel, »The Politics of Hate«, *American Legion Magazine*, April 1993.

16 Cornelia Dieckmann und Mario Kessler, »Right-Wing Extremism and Anti-Semitism after the Transformation: The Case of the New German States« in *Anti-Semitism in Post-Totalitarian Europe*, S. 259-271.

17 Über die westdeutsche Arroganz gegenüber ihren ostdeutschen Nachbarn vgl. *Der Spiegel*, 11. Februar 1991, S. 81.

18 Dieckmann und Kessler, »Right-Wing Extremism«, S. 262. Sie stellten fest, daß weniger als ein Prozent der DDR-Bevölkerung Ausländer waren und daß diese praktisch außerhalb ihres Arbeitsplatzes keinerlei Kontakt zu den Ostdeutschen hatten. Die ostdeutsche Jüdische Gemeinde hatte Schätzungen zufolge 2500 bis 3000 Mitglieder. Das kommunistische Regime behauptete, den Antisemitismus ausgemerzt zu haben, verfolgte aber eine aggressiv ablehnende Politik gegenüber Israel und dem Zionismus. Noch bis kurz vor seinen Untergang weigerte sich das Regime, Verantwortung für den Holocaust zu übernehmen oder Reparationszahlungen an Juden außerhalb der DDR zu leisten. Das steht in scharfem Kontrast zur westdeutschen Politik, die die Wiedergutmachung seit Beginn der fünfziger Jahre betrieb.

19 Ebenda, S. 263.

20 Ebenda.

21 Peter Millar, »Still Proud to Be German«, *The Times*, 24. November 1992, S. 15.

22 *Süddeutsche Zeitung*, 6./7. Juli 1991.

23 Christopher T. Husbands, »Neo-Nazis in East Germany: The New Danger?«, *Patterns of Prejudice*, Band 25, Nr. 1, 1991, S. 3-17.

24 Ebenda, S. 14.

25 Zur Zündel-Althans-Verbindung vgl. den umstrittenen Dokumentarfilm *Beruf Neonazi* von Winfried Bonengel. Zündel, ein Deutscher, der, um dem Wehrdienst zu entfliehen, nach Kanada emigrierte, verdiente seinen Lebensunterhalt als Werbegrafiker und als Experte im Retouchieren von Bildern. Als offener Bekenner Hitlers und Holocaust-Leugner verkauft er an die ausländische Neonazigemeinschaft Tonbandaufnahmen und Videokassetten mit Reden ehemaliger Nazigrößen. Mediengerecht zeigt er im Film seine KZ-Häftlingskleidung. Zu Zündels Holocaust-Lüge vgl. *Hitler's Apologists: The Anti-Semitic Propaganda of Holocaust »Revisionism«*, ADL, New York 1993, S. 37-40.

26 *German Neo-Nazis*, S. 4.

27 Sounds of Hate: *Neo-Nazi Rock Music from Germany*, New York 1992. Der Bandleader einer Skinheadband wurde folgendermaßen zitiert: »Musik ist die Nummer eins, sie ist der beste Weg, um Menschen zu erreichen. Durch die Musik können die Menschen die Skinheads erziehen. Politik durch Musik.« Der »hard-driving rock sound« wird mitunter als »Oi-Musik«, oder in den USA als »White Power«, bezeichnet. (Die entsprechende politische Richtung liegt extrem rechts.)

28 *German Neo-Nazis*, S. 4.

29 Ebenda.

30 *Anti-Semitism: World Report 1994*, S. 37.

31 Husbands, »Neo-Nazis in East Germany«, S. 6.

32 *Anti-Semitism: World Report 1994*, S. 36-79.

33 Ebenda, S.XIV.

34 Kommentatoren haben häufig Parallelen zu den dreißiger Jahren festgestellt mit dem Hinweis, daß die Ausländer heutzutage genauso angegriffen würden wie die Juden damals von den Nazis. Der alte Schlachtruf, »Juden raus!«, wurde einfach durch die Skinhead-Parole »Ausländer raus!« ersetzt. Vgl. Charles P. Cozic (Hrsg.), *Nationalism and Ethnic Conflict*, San Diego 1994, S. 151.

35 Vgl. Peter Pulzer, »Unified Germany: A Normal State?«, *German Politics*, Band 3, Nr. 1, April 1994, S. 1-17, und die Bemerkungen von Norman Stone, »Use and Abuse of the Memory of War«, *The Times*, 18. Juli 1994, als Antwort auf Ian Buramas Buch, *Wages of Guilt*, London 1994, der die deutsche und japanische Haltung zu Kriegsverbrechen vergleicht.

36 Vgl. das Interview mit Elie Wiesel, der seine Zweifel an deutscher Moral und politischer Reife hat . »Deutschland ist nicht bereit«, *Der Spiegel*, 1/1991, S. 105-110.

37 Zur Wichtigkeit von Geschichte als Anker einer gesunden deutschen nationalen Identität vgl. Michael Stürmers Artikel, »Geschichte in geschichtslosem Land«, *Frankfurter Allgemeine Zeitung*, 25. April 1986. Zur Verbindung zwischen Historikerstreit und deutschem Nationalismus vgl. Anson Rabinbach, »German Historian Debate the German Past«, *Dissent*, Frühling 1988, S. 192-200, und die Diskussion in Richard J. Evans, *In Hitler's Shadow*, New York 1989.

38 Günter Grass, »Kurze Reden eines vaterlandslosen Gesellen«, *Die Zeit*, 9. Februar 1990.

39 Uwe Backes, »The West German Republikaner: Profile of a Nationalist, Populist Party of Protest«, *Patterns of Prejudice*, 24/1, 1990, S. 3-16, und das Interview mit Schönhuber von Anatol Lieven, »Rabble-Rouser in a Suit«, *The Times*, 24. November 1992.

40 Robert S. Wistrich, »The Shadow of Schindler's List«, *European Brief*, März/April 1994, S. 14-15, und auch meine Vorlesung über Frank Green, veröffentlicht vom Oxford Centre for Hebrew and Jewish Studies, *Anti-Semitism in the New Europe*, Oxford 1994.

41 *Anti-Semitism: World Report 1994*, S. 36.

42 Zitiert in Dieckmann und Kessler, »Right-Wing Extremism«, S. 268.

43 Zur Leugnung des Holocaust vgl. Gil Seidel, *The Holocaust Denial*, Leeds 1986, und Pierre Vidal-Naquet, *Les Assassins de la mémoire*, Paris 1987. Dies ist natürlich ein *internationales* Phänomen mit besonders aktiven Verzweigungen in Großbritannien, Frankreich und den Vereinigten Staaten.

44 Schmidt, *The New Reich*, S. 197. Die große Popularität David Irvings bei den deutschen Rechtsextremisten basiert auf deren Bedürfnis nach psychologischer Befreiung. Er vermittelt ihnen ein gutes Gewissen bezüglicher ihrer Vergangenheit. Als unermüdlicher britischer Verleumder Churchills und heutiger Leugner des Holocaust ist seine »Wahrheit« Wasser auf die Mühlen der Neonazis und der Rechtsextremen in Deutschland.

45 Eine wertvolle Analyse findet sich in Roger Eatwell, »The Holocaust Denial: A Study in Propaganda Technique« in Luciano Cheles et al. (Hrsg.), *Neo-Fascism in Europe*, London 1992, S. 120-146.

46 Ernst Nolte, »Vergangenheit, die nicht vergehen will«, *Frankfurter Allgemeine Zeitung*, 6. Juni 1986. Eine gute Diskussion über Nolte findet sich bei Evans, *In Hitler's Shadow*, S. 24-46.

47 Andreas Hillgruber, *Zweierlei Untergang: Die Zerschlagung des Deutschen Reiches und das Ende des europäischen Judentums*, Berlin 1986. Über Hillgruber vgl. Evans, *In Hitler's Shadow*, S. 47-65; Rainbach, »German Historians Debate the German Past«, S. 192 ff.; Saul Friedländer, »West Germany and the Burden of the Past: The Ongoing Debate«, *Jerusalem Quarterly*, Nr. 42, Frühjahr 1987, S. 4-18.

48 Josef Joffe, »The Battle of the Historians«, *Encounter*, Juni 1987, S. 72-77.

49 Dieser Punkt wird sehr gut vertreten von Friedländer, »West Germany and the Burden of the Past«, S. 8 ff.

50 Die beste Antwort auf jene Historiker, die die Einzigartigkeit des Holocausts bestreiten, gab der Stuttgarter Historiker Eberhard Jäckel, »Die elende Praxis der Untersteller«, *Die Zeit*, Nr.38, 12. September 1986. Jäckel schrieb u. a.: »Die Ausrottung der Juden durch die Nazis war einzigartig, denn niemals zuvor hat ein Staat unter der verantwortlichen Autorität seines Führers entschieden und angekündigt, daß eine bestimmte Gruppe von Menschen, einschließlich der Alten, Frauen, Kinder und Neugeborenen, in ihrer Gesamtheit ausgelöscht werden soll, und dieses Vorhaben mit allen Mitteln, die einem Staat zur Verfügung stehen, in die Tat umgesetzt. . .«

51 »Mit Gestrigen in die Zukunft?«, Spiegel-Umfrage über Hitler, die NS-Zeit und die Folgen, *Der Spiegel*, Nr.15, 1989, S. 150-60. Dieses Ergebnis wurde bei allen Umfragen seit der Wiedervereinigung bestätigt. Die Daten zeigen, daß die Westdeutschen in stärkerem Maße als ihre östlichen Landsleute die Nazi-Vergangenheit vergessen möchten und den Juden im Zusammenhang mit dem Holocaust eine »ausbeuterische« Haltung nachtragen. Vgl. Jennifer Golub, *German Attitudes Towards Jews: What Recent Survey Data Reveal*, New York 1991, und David A. Jodice, *United Germany and Jewish Concerns: Attitudes Towards Jews, Israel and the Holocaust*, American Jewish Committee Working Papers on Contemporary Anti-Semitism, New York 1991, S. 5-6, 15-16, 23-25.

52 *Der Spiegel*, Nr. 15, 1989, S. 150. 6,4 Millionen Westdeutsche hatten eine gute Meinung von Hitler, weitere 5,5 Millionen waren neutral.

53 Ebenda. Das Maß der Ignoranz gegenüber Hitler und Nationalsozialismus ist in jeder Hinsicht beunruhigend. 25 Prozent gaben zu, wenig oder gar nichts über Hitler zu wissen; 22 Prozent behaupteten, viel, 53 Prozent, etwas über ihn zu wissen. Die stärkste Übertreibung war die Aussage eines Drittels aller Westdeutschen, daß ihre Familie gegen Hitler gewesen war!

54 Ebenda.

55 Die Republikaner hatten durchgehend eine ausländerfeindlichere und stärker antisemitische Einstellung als die meisten Westdeutschen. 52 Prozent hatten eine negative Meinung von den Juden (1993 wuchs diese Zahl auf über 60 Prozent) gegenüber 18 Prozent der westdeutschen Bevölkerung; 72 Prozent waren der Meinung, daß die deutsche Rasse reingehalten werden müsse; 67 Prozent hielten Hitler bis auf den Krieg und den Holocaust für einen großen Mann; und 51 Prozent hatten generell eine gute Meinung von Hitler.

56 Vgl. *Anti-Semitism: World Report 1994*, S. 41-42. In derselben Umfrage über Juden gaben 20 Prozent aller Deutschen an, daß sie ihre Landsleute für antisemitisch hielten. 52 Prozent aller Amerikaner hielten die gleiche Umfrage, die gleichzeitig durchgeführt wurde, die Deutschen für antisemitisch.

57 Eine interessante Kontroverse bezüglich dieser Frage findet sich in den Bemerkungen von Frank Stern in *German Unification and the Question of Anti-Semitism*, American Jewish Committee, New York 1991, und die Antworten seiner Kritiker. Vgl. auch die Essays in Hajo Funke (Hrsg.), *Von der Gnade der Geschenkten Nation*, Berlin 1988, die einen nützlichen Hintergrund zu den Meinungsverschiedenheiten am Vorabend der Wiedervereinigung liefern.

58 Heinrich August Winkler, »Nationalism and the Nation-State in Germany«, in Miluláš Teich and Ray Porter (Hrsg.), *The National Question in Europe in Historical Context*, Cambridge 1993, S. 181-195.

59 Ein aufschlußreicher Versuch, den Faschismus der Nachkriegszeit und dessen Subkultur in einem breiteren historischen und theoretischen Kontext zu untersuchen, vgl. Roger Griffin, *The Nature of Fascism*, London 1993, S. 161-179. Vgl. auch David Childs, »The Far Right in Germany since 1945«, in Cheles et al. (Hrsg.), *Neo-Fascism in Europe*, S. 66-85.

60 Die Korruption in der italienischen Politik hat eine Gegenbewegung hervorgerufen, die die Tür zu einer neuen rechten Allianz geöffnet hat. Zum ersten Mal seit 1945 sind Neofaschisten (sich selbst als nationale Allianz bezeichnend) in der Regierung vertreten. Ihr Führer Gianfranco Fini erhielt Ende 1993 47 Prozent der Wählerstimmen in Rom und Alessandra Mussolini (Enkelin des Diktators) erhielt 44 Prozent in Neapel. Finis Anhänger legten vor einiger Zeit ihre Schwarzhemden ab und verurteilten Mussolinis Rassengesetze von 1938 als einen Fehltritt. Aber ihre ausländerfeindliche Plattform leistet dem italienischen Fremdenhaß nur allzu sehr Vorschub. Nach den 94er Wahlen riefen Rechtsgerichtete in Rom »Duce! Duce!« und zeigten während ihrer Siegesfeiern den Hitlergruß. Es bleibt abzuwarten, ob die Nationale Allianz sich wirklich vom faschistischen Erbe lösen und eine respektable rechts-konservative Partei werden kann. Vgl. *Anti-Semitism: World Report 1994*, S. 48-58, über Italien.

61 Vgl. Hugh Seton-Watson, »The Age of Fascism and Its Legacy«, in George L. Mosse (Hrsg.), *International Fascism: New Thoughts and New Approaches*, London 1979, S. 269.

62 Walter Laqueur, »Fascism – the Second Coming«, *Commentary*, Februar 1976, S. 57-62.

63 Walter Laqueur, »From Russia With Hate«, *New Republic*, 5/Februar 1990, S. 21-25. Vgl. auch sein jüngstes Werk *Black Hundred: The Rise of the Extreme Right in Russia*, New York 1993, und Robert S. Wistrich, *Anti-Semitism: The Longest Hatred*, London/New York 1992, S. 171-191.

64 Roger Boyes, »Russia Invaded by a New Army of Fascist Rabble-Rousers«, *The Times*, 13. Februar 1992, S. 10.

65 Jacob W. Kipp, »The Zhirinovsky Threat«, *Foreign Affairs*, Mai/Juni 1994, S. 72-86.

66 Ebenda, S. 84.

67 Vgl. Zeev Sternhell et al., *The Birth of Fascist Ideology*, Princeton 1994, und Robert S. Wistrich, »How Fascism Began«, *Times Literary Supplement*, 3. Juni 1994.

68 Mosse, Einführung zu *International Fascism*, S. 31. Vgl. auch Griffin, *The Nature of Fascism*, S. 32-36, 38-40, 98-106, der seine »palingenetischen Mythos« (der nationalen Wiedergeburt) und seiner Relevanz für das Verständnis von Faschismus und Nazismus analysiert.

69 Ebenda.

70 Hermann Rauschning, *The Revolution of Nihilism*, New York 1939, S. 240-242. Über den Nihilismus und die Relevanz für die totalitären Theorien, Bewegungen und Regime des zwanzigsten Jahrhundertsvgl. auch David Ohana, *Misdar Ha-Nihilistim* (engl. *The Order of the Nihilists*), Jerusalem 1993, hebräisch.

71 Martin Broszat, *German National Socialism 1919-1945*, Santa Barbara 1966, S. 62, bemerkte sehr treffend, daß »es die Dynamik der Partei war mit ihren Paraden, der Zeremonie der Fahnenweihe, den Marschkolonnen der SA, den Uniformen und den Musikkapellen, etc., die die Phantasie der Masse gefangennahm.«

72 Vgl. Saul Friedländer, *Reflections of Nazism. An Essay on Kitsch and Death*, New York 1984, S. 20 ff., zur Art und Weise, auf die diese romantische und kitschigen Elemente noch immer die Künstler faszinieren, die die Erfahrungen der Nazizeit von innen erfassen wollen. Hans-Jürgen Syberbergs *Hitler, A Film from Germany*, New York 1982, ein achtstündiges Filmepos zu diesem Thema, ist ein typisches Beispiel. Schon Susan Sontag bemerkte Syberbergs Berauschung an hinreißenden Bildern und »wollüstiger Qual«; auch Friedländer entdeckt einige beunruhigende Aspekte in Syberbergs ästhetischer Einstellung und der von Rainer Werner Fassbinder in *Lili Marleen*.

Beide Künstler bemühten sich auf ihre Art um eine Synthese von Kitsch und Tod, beide sahen die notwendige Verbindung zwischen Mythos und Kitsch, sowohl in der Nazi-Ära als auch jetzt. Beide schafften es auch, jeglichen moralischen Unterschied zwischen Juden und Nazis zu verwischen. Die Auseinandersetzung 1985 über Fassbinders verbotenes Stück *Der Müll, die Stadt und der Tod*, mit seinem stereotypen Bild vom »reichen Juden«, war ein gutes Beispiel für seine Zweideutigkeit. Vgl. Heiner Lichtenstein (Hrsg.), *Die Fassbinder-Kontroverse*, Frankfurt/M. 1986, hinsichtlich aller relevanten Materialien. Vgl. auch Robert S. Wistrich, *Between Redemption and Perdition*, London 1990, S. 121-129.

73 Schmidt, *The New Reich*, S. 64.

74 Syberberg ist wieder eine Ausnahme von dieser Regel. Vgl. z.B. seinen Ruf nach einer neuen vereinheitlichenden Ästhetik in *Von Unglück und Glück der Kunst in Deutschland nach den letzten Kriege*, München 1990, welches einige sehr befremdende, um nicht zu sagen antisemitisch gefärbte Behauptungen enthält. Obwohl er nicht zu Sympathie mit der Nazi-Vergangenheit aufruft, verlangt Syberberg nach einer authentischen *deutschen* Kunst, eine, die sich nach »den Leuten« richtet und nicht von außen aufgedrängt wird (wie die vorherrschende Kultur, die seiner Ansicht nach typisch ist für das Nachkriegsdeutschland). Dahinter verbirgt sich die Annahme, daß die deutsche Seele seit 1945, als Ergebnis der alliierten und ›jüdischen‹ Vorherrschaft, unfähig gewesen ist, sich selbst auszudrücken. Sie wurde von einer »verhängnisvollen Allianz zwischen einer links-jüdischen Ästhetik« und einer »jüdischen Interpretation der Welt« abgewürgt. Nach der Meinung Syberbergs ging seit 1990 eine gesamte ›jüdische Epoche innerhalb der europäischen Kulturgeschichte‹ zu Ende. Die Deutschen können sich endgültig vom »Auschwitz der Händler« und »den Sonntagsreden unserer Erzieher« befreien. Es ist zu hoffen, daß diese Art metaphysischer, bildungsfeindlicher und pseudophilosophischer Abhandlungen über Ästhetik ein Einzelphänomen bleibt, obwohl es hierfür in Deutschland eine lange Tradition gibt.

75 Zu diesem Thema vgl. die klassischen Essays von Zeev Sternhell, »Fascist Ideology«, in Walter Laqueur (Hrsg.), *Fascism: A Reader's Guide*, London 1976, S. 315-376.

76 Mark C. Taylor and Esa Saarinen, *Imagologies. Media Philosophy*, London 1994.

77 Exodus 22:21.

Die Zitate deutschsprachiger Autoren aus Büchern und Zeitschriften wurden nach Möglichkeit den originalen deutschen Quellen entnommen. Soweit diese nicht mehr verfügbar waren, wurde aus dem Englischen rückübersetzt.
V. D.

REGISTER

BILDNACHWEISE